Richard Hammer

Bewegung allein genügt nicht

Psychomotorik als grundlegendes Prinzip der Alltagsgestaltung

Richard Hammer

Bewegung allein genügt nicht

Psychomotorik als grundlegendes Prinzip der Alltagsgestaltung

verlag modernes lernen - Dortmund

Herstellung: Löer Druck GmbH, 44139 Dortmund

Bestell-Nr. 1190 ISBN 3-8080-0488-6

Inhaltsverzeichnis

Vorwort

„Liebe allein genügt nicht“ formulierte BETTELHEIM und betonte damit, dass es nicht damit getan ist, Kindern Zuwendung zu geben und sich ihnen gegenüber „lieb“ zu zeigen. Kindern und Jugendlichen gute Entwicklungschancen zu geben verlangt mehr als das: eine gut durchdachte und wohl überlegte Gestaltung der Umwelt, in der die Kinder und Jugendlichen aufwachsen.
Die Psychomotorik, in den vergangenen Jahren zunehmend als pädagogische und therapeutische Maßnahme anerkannt, bietet ein Füllhorn an Ideen, Methoden und Materialien, die gut genutzt werden können, um dieser Aufgabe gerecht zu werden.
Im Pallotti-Haus, einer Jugendhilfeeinrichtung im Saarland, wurde im Rahmen eines wissenschaftlichen Forschungsprojektes in einer Wohngruppe erprobt, wie der Alltag von Kindern und Jugendlichen auf der Grundlage der wesentlichen Prinzipien der Psychomotorik gestaltet werden kann. Im Mittelpunkt standen dabei die Begriffe: Körper/Leib, Bewegung, Beziehung, Raum, Zeit, Materialien, Themen und das Erleben.
Ein spannendes Projekt, an dem viele Menschen direkt beteiligt waren oder im Hintergrund das Ihre zum Gelingen beitrugen. Ihnen allen sei hier mein Dank ausgesprochen.
Insbesondere gilt dies für Prof. Dr. G. Hölter, dem ich persönlich wichtige Impulse verdanke, für die MitarbeiterInnen der Tigerbande und Schule, die dieses Projekt aktiv gestaltet haben, für meine Kollegin Mechthild Denzer, die mit ihren Ideen und ihrer Ausdauer immer wieder frischen Wind ins Projekt brachte und nicht zuletzt für meine Frau Brigitte, die mir in all diesen Zeiten den Rücken frei gehalten hat.
Hilfreich für unsere Arbeit war die wohlwollende Unterstützung aus der Leitungsebene des Pallotti-Hauses. Auch dafür sei gedankt.

Doch was hätten wir alle gemacht ohne die Kinder. Ihnen ist dieses Buch gewidmet.

1. Einleitung

„Stacheldraht!“ – nur Stacheldraht kann ihm noch helfen, einsperren und hinter Stacheldraht von den anderen Menschen fern halten.
Dies scheint für einen 15-jährigen Jugendlichen noch die letzte Möglichkeit zu sein, die Gesellschaft vor seinen (Un-)taten zu schützen. Er und seine Kumpel gelten als erziehungsschwierig, verhaltensauffällig, verhaltensgestört eben als Problemkinder. Haben sie Probleme mit der Gesellschaft – oder die Gesellschaft mit ihnen? Oder beides?

Schockierend war für mich, in diesem Gespräch mit Jugendlichen, dass sie selbst ihre Lage so ausweglos einschätzten. Hier scheint es keinen Silberstreifen mehr am Horizont zu geben. Haben sie sich so weit aufgegeben, dass nur noch der Stacheldraht bleibt. Haben sie ihren Kampf um Anerkennung, um die Integration in die Gesellschaft, um ihre Zukunft bereits aufgegeben? Besteht keine Hoffnung mehr, ein Stück Heimat zu finden in dieser Zeit, in diesem Leben?
Es spricht viel Resignation aus ihren Aussagen, dennoch blitzt immer wieder ihr Kampfgeist auf, wenn sie sich wehren gegen die Ausweglosigkeit. Manchmal tun sie dies auf unangemessene Art und Weise. Sie zerstören Dinge, greifen andere an oder legen letztlich Hand an sich selbst. Es gibt aber auch noch Momente, da kämpfen sie um ihre Rechte. Sie klagen die Welt der Erwachsenen an, die ihnen zu wenig Spielraum gibt, ihr Potential auszuschöpfen und zu integrierten Persönlichkeiten zu werden, die aus sich heraus ihr leben bestimmen und führen können.
Es wird sicher nicht leichter. Das Wort von den „Modernisierungsverlierern“ macht die Runde. Es bezeichnet die Kinder und Jugendlichen, die mit den erhöhten Anforderungen unserer Gesellschaft nicht mehr fertig geworden sind. Sie fallen heraus aus dem Gesamtsystem, werden zu Außenseitern – zum Problem.

Ist diesen Kindern und Jugendlichen wirklich nicht mehr zu helfen? Müssen sie wirklich hinter Stacheldraht verschlossen werden?
Sicher gibt es hier keine einfache Antwort. Den Gordischen Knoten zu durchschlagen liegt sicher im Sinne von vielen Menschen, die sich mit dieser Problematik beschäftigen – als Betroffene oder als Professionelle. Aber das Ganze scheint viel zu komplex zu sein um mit einer Lösung zu einem glücklichen Ende gebracht zu werden. Vieles wird spekuliert über Ursachen. Die Jugendlichen selbst boten den einen eindeutigen Grund an: ihre Eltern haben sie schlecht erzogen!

Dies scheint eine einfache Lösung zu sein. Die Verantwortung ist geklärt, sie können sich hinter ihrem Stacheldraht zurückziehen. Aber es hilft ihnen natürlich nicht weiter. Gehen wir davon aus, dass jeder Mensch selbst Akteur seiner Entwicklung ist, dann müssen sie natürlich auch ein Stück Verantwortung mit übernehmen. Sie gestalten ihr Leben – allerdings innerhalb der Rahmenbedingungen, die ihnen von den Erwachsenen zur Verfügung gestellt werden und mit der Unterstützung, die sie von den Erwachsenen bekommen, um diese schwierige Aufgabe – sich zu einer Persönlichkeit zu entwickeln – meistern zu können.

"Wo aber Gefahr ist, wächst das Rettende auch", meint Hölderlin. Wo aber ist hier das Rettende? Es gibt nicht *die* Lösung, es gibt auch nicht *das* Rettende. In diesem komplexen Geflecht von Problemen kann nur die Synergie unterschiedlichster Maßnahmen weiterhelfen. Eine davon könnte die Psychomotorik sein. Allerdings: Psychomotorik allein genügt nicht.

Werden psychomotorische Maßnahmen in einem Umfeld angeboten, das von seiner Grundausrichtung völlig im Widerspruch zu den tragenden Ideen und Rahmenbedingungen der Psychomotorik steht, dann ist die einzelne, konkrete Maßnahme wenig hilfreich. Die Frage, die sich stellt, ist also: welche Entwicklungsbedingungen müssen wir schaffen, damit sich Kinder und Jugendliche in ihrem Umfeld zu gesunden Persönlichkeiten entwickeln können.

Die entsprechenden Antworten suchten wir, eine Arbeitsgruppe von PädagogInnen, MotologInnen und LehrerInnen einer Jugendhilfeeinrichtung, bei der Gestaltung des Alltags einer Heimwohngruppe zu finden.

Ausgangspunkt war dabei die psychomotorische Praxis, die in dieser Jugendhilfeeinrichtung als eigenständiger Ansatz – auf der Grundlage seiner Geschichte (Kap. 2) – entwickelt und praktiziert wurde. Hier soll Kindern und Jugendlichen die Gelegenheit geboten werden, innerhalb des bewegungsorientierten und körperbezogenen Spiels ihre Probleme darzustellen und zu bearbeiten (Kap. 3).

Die Skepsis gegenüber den eigenen Erfahrungen und die Kritik, die bzgl. der Wirksamkeit therapeutischer Einzelmaßnahmen in einer Vielzahl von Transferuntersuchungen im Bereich der Bewegungserziehung formuliert wurde, waren Anstoß für ein Modellprojekt[1], in dem versucht werden sollte, den Alltag einer Wohngruppe auf der Grundlage

---

[1] Dieses Projekt wurde durchgeführt unter der Leitung von Prof. Dr. G. Hölter, finanziert durch die Stiftung Deutsche Jugendmarke und dem Saarländischen Sozialministerium

von Ideen und handlungsleitenden Prinzipien der Psychomotorik zu gestalten. Als zentrale Elemente kristallisierten sich hierbei der sich bewegende Körper, der „intermediäre Bereich“ (WINNICOTT) und die Gestaltungselemente pädagogischer Situationen :Beziehungen, Raum, Zeit, Materialien und Themen heraus, die in gemeinsamen Erlebnissen zum Tragen kommen. Durch die Gestaltung des pädagogischen Alltags als „Psychomotorisches Milieu“, sollte den Kindern und Jugendlichen der mögliche Widerspruch zwischen therapeutischen und pädagogischen Maßnahmen erspart und ihnen gleichzeitig auch noch die Möglichkeit gegeben werden, in der Therapie gemachte Erfahrungen im Alltag zu verarbeiten und zu festigen (Kap. 4).

Wenngleich die Erfahrungen aus diesem Projekt in einer Jugendhilfeeinrichtung gemacht wurden (vgl. HAMMER 1999), so lässt sich doch das Meiste in den Alltag von Familien oder anderer pädagogischer und therapeutischer Einrichtungen übertragen. Es geht hier um die Gestaltung der Lebenswelt von Kindern und Jugendlichen, es geht um Wege, die für eine gesunde Entwicklung von Kindern und Jugendlichen eröffnet werden müssen. Es geht um das kindliche Leben und Erleben – und das finden wir überall wieder. Es geht letztlich um die Frage: wie sorgen wir als Erwachsene dafür, dass Kinder und Jugendliche Lebensbedingungen vorfinden, in denen sie so etwas wie eine Heimat finden, etwas in dem sie zur Persönlichkeit wachsen und die Lebenswelt erhalten können.

2. Aus der Geschichte lernen

> *Kurz: ich bin gegen alle Bemühungen, den Sport zu einem Kulturgut zu machen, schon darum, weil ich weiß, was diese Gesellschaft mit Kulturgütern alles treibt, und der Sport dazu wirklich zu schade ist. Ich bin für den Sport, weil und solange er riskant (ungesund), unkultiviert (also nicht gesellschaftsfähig) und Selbstzweck ist.*
>
> *Bertold Brecht*

Was wir heute tun, ist nur aus seiner Entstehung, vor dem Hintergrund seiner Entwicklungsgeschichte nachzuvollziehen. Eine historische Analyse der körperlichen Erziehung hilft deshalb, die aktuelle Theorie und Praxis der Erziehung durch den Körper und mit der Bewegung besser zu verstehen.
Hieran lässt sich ein weiterer Grund für eine historische Betrachtung anknüpfen. Geschichtsbetrachtung könnte auch dabei helfen, Fehler und Irrtümer zu vermeiden, die in der Vergangenheit schon mehrfach begangen wurden und im Rückblick immer leichter aufgedeckt werden können als in der aktuellen Situation. Ob wir aus den, in diesem historischen Prozess gemachten Erfahrungen auch lernen, aus Fehlentwicklungen die entsprechenden Konsequenzen ziehen und darüber hinaus auch in der Lage sind, die jeweils positiven Ansätze aufzugreifen und, entsprechend den Anforderungen der heutigen Zeit zu differenzieren und weiterzuentwickeln, wird erst die Zukunft zeigen.

2.1 Zur Geschichte der körperlichen Erziehung

Der Körper und die Bewegung werden nicht erst heute im Zusammenhang mit pädagogischen Fragestellungen genannt und in den Mittelpunkt grundlegender Überlegungen über die Erziehung gestellt. Bereits in der griechischen Antike gelang deren Einbindung in das Bildungsideal der Kalokagathie. Später haben sie das Idealbild des edlen Ritters hervorgebracht und das Menschenbild und erzieherische Denken des italienischen Humanismus entschieden geprägt. In den deutschen Philanthropinen galt die Bewegungserziehung als eines der zentralen Medien der Gesamterziehung, während JAHN das Turnen als Fundament seiner Nationalerziehung entwickelte. Nachdem es von seinen politischen Ideen gereinigt war, fand es Mitte des 19. Jahrhunderts Eingang in den Schulen und ist in unserer Zeit als Sport-

unterricht in den Fächerkanon aufgenommen – allerdings nie unumstritten und immer wieder im Kampf um die Berechtigung seiner Existenz.
Was sich im Laufe dieser Zeiten änderte, waren die Begriffe, mit denen die verschiedenen Formen der körperlichen Betätigung bezeichnet wurden. In ihnen spiegelten sich nicht nur die veränderten Inhalte und Methoden wider, sondern auch die gesellschaftlichen Bedingungen, unter denen sich Menschen körperlich betätigten, ohne damit einen produktiven Zweck zu verfolgen.

In der griechischen Antike war es die *Gymnastik* (gr. gymnos = nackt, leicht bekleidet), die für die Gesamtheit der körperlichen Übungen stand. Sie umfasste neben den Disziplinen der Athletik auch Übungen, die der Gesundheit und dem Wohlbefinden dienen sollten. In der nachklassischen Zeit war sie als *Heilgymnastik* ein wesentlicher Bestandteil der Diätetik, die als Zweig der Medizin Anweisung für eine gesunde Lebensweise, d.h. zur Schlafdauer, Tageseinteilung, Auswahl der Nahrung und Körperpflege gab.
An den Ritterakademien wurden die verschiedenen Bewegungsaktivitäten unter dem Begriff der *exercitia corporis* zusammengefasst. Als *Leibesübungen* wurden sie im 16. Jahrhundert und 1794 zum ersten Mal in einem umfassenden Sinn von VIETH in einem Buchtitel: „Enzyklopädie der Leibesübungen" genannt, unter denen er alle Bewegungen und Kraftanwendungen des menschlichen Körpers, insofern sie die Vervollkommnung desselben zum Zwecke haben" verstand (z.n. PEPER 1973, 153).
Zu Beginn des 19. Jahrhunderts versammelte JAHN junge Menschen um sich, mit der Absicht, sie für die nationale Idee zu begeistern. Für seine Leibesübungen, die der Volksbildung einer breiten Masse dienen sollten prägte er den Begriff des *Turnens*, einem „deutschen Urlaut", wie er glaubte, ohne zu wissen, dass es sich dabei um ein Lehnwort aus dem Französischen (tourner = drehen, wenden) handelte. Nach der „Turnsperre" (1819) wird der Begriff zunächst gänzlich gemieden, das bisherige Turnen wurde als *Gymnastik* bezeichnet. Erst nach Aufhebung des Verbots der Turnbewegung (1842) fand es als Turnunterricht Eingang in die Schulen. Es dauerte jedoch nicht lange, bis durch den Einfluss der Spiel- und Sportbewegung das Turnen seine dominierende Position aufgeben musste und heute nur noch als eine unter vielen Sportarten gerechnet wird.
In den 20er Jahren unseres Jahrhunderts konstituierte sich – unter Einfluss der Reformpädagogik – mit der *Leibeserziehung* eine „Erziehung vom Leibe her", die den Anspruch erhob, ein neues Erziehungs-

prinzip einzuführen, das fachübergreifend gegen die einseitig intellektuelle Bildung der schulischen Erziehung wirken sollte und nicht mehr auf die Vermittlung von motorischen Fertigkeiten ausgerichtet war, wie dies noch im traditionellen Turnunterricht der Fall war.
Trotz seines Missbrauchs als „politische“ und als „nationalsozialistische Leibeserziehung“ während des 3. Reichs, wurde dieser Begriff auch nach dem Krieg beibehalten, um auf der Grundlage einer anthropologisch fundierten Bildungstheorie „die Entwicklung und Formung des Menschen in seiner leiblichen Seinsweise als einer existentiellen Grunderfahrung, einer Kategorie sachlicher Welterschließung und sozialer Kommunikation (zu erstreben)“ (BERNETT 1973, 153). Nach wie vor galt noch die Aussage von GAULHOFER, nachdem der Körper/Leib der Ansatz, der ganze Mensch aber das Ziel der Leibeserziehung sein müsse. Das Prinzip der Ganzheitlichkeit spielte eine zentrale Rolle, weshalb sich die Aussagen einer Theorie der Leibeserziehung auch nicht auf das Unterrichtsfach Leibesübungen beschränkten, sondern sich auf vieles bezog, „was über den Unterrichtsgegenstand hinauswies und als Teil der Leibeskultur zu bezeichnen ist: um die Ausstattung und Beleuchtung aller Schulräume, die Kleidung und Ernährung der Schüler, um hygienische Gebräuche“ (GRÖSSING 1993, 61).
Die Leibeserziehung, als praktizierte Pädagogik vom Kinde aus, musste sich den Vorwurf gefallen lassen, den Kontakt zur Realität an den Schulen und vor allem zum gesellschaftlichen Phänomen Sport aufgegeben zu haben, weshalb Anfang der 70er Jahre sich auch weitgehend der Trend zur Einführung des Begriffs *Sportunterricht* an den Schulen durchsetzte. Einhergehend mit der zunehmenden Bedeutung des Sports in der Gesellschaft, veränderte sich auch der Blickwinkel der Sportpädagogen, der sich vom Kind ab- und den Anforderungen des Leistungssports zuwandte. Damit wurde die Bildungsidee der Erziehung durch den Leib/Körper aufgegeben, Sporterziehung war nunmehr in erster Linie eine Hinführung zu den einzelnen Sportarten, deren Regeln, Normen und Wertesystem aus dem Leistungssport entlehnt wurden.
Diese Entwicklung war nicht immer unumstritten, wie die Auseinandersetzung vor allem um die Inhalte des Sportunterrichts zeigt. So wurden neben den traditionellen Schulsportarten immer wieder Formen der Bewegungs- und Körperkultur in den Sportunterricht der Schulen eingebracht, die manche Sportpädagogen um die Existenz ihres Faches fürchten ließ, für andere jedoch eine wünschenswerte Erweiterung des Bildungsgutes bedeutete. Dies musste sich letztlich auch auf die Terminologie auswirken, denn Unterrichtsinhalte wie Pantomime, Körperentspannung, Tanztheater u.ä. ließen sich nicht mehr

ohne weiteres unter dem Begriff „Sport“ fassen. GRÖSSING schlug deshalb den Begriff der *Bewegungserziehung* vor, die im Gesamt einer Körperkultur einen zentralen Platz einnehmen sollte (vgl. ebd.).
Er steht damit nicht alleine, findet doch dieser Begriff spätestens seit dem Beginn der 70er Jahre immer mehr Anwendung, allerdings nicht innerhalb der Sportpädagogik, sondern vor allem im Umfeld der Psychomotorik – allerdings auch hier nicht unumstritten und auch hier in Folge einer längeren Entwicklung.
Zur Kennzeichnung der Wechselwirkungen zwischen dem Psychischen und Somatischen, und als Reaktion gegen die damals vorherrschende biomechanisch-biologische Sichtweise, wurde der Begriff der *Psychomotorik* zu Beginn des 20. Jahrhunderts in der Medizin eingeführt. Nach KIPHARD unterstreicht er die „Identität psychischer und motorischer Prozesse“ (1989, 690) und vermittelt die Bedeutung einer ganzheitlichen Sichtweise des Menschen, die in Frankreich bereits in den 20er Jahren, in Deutschland erst in den 50er Jahren, grundlegend war für Ansätze einer „Erziehung *durch* Bewegung“. Während PFEFFER, wohl beeinflusst von Konzepten der französischen und italienischen Psychomotorik, den Begriff der *Psychomotorischen Erziehung* prägte (vgl. IRMISCHER 1989), bezeichnete KIPHARD seinen Ansatz, psychomotorische Übungen in seiner Arbeit mit „verhaltensgestörten und lernbehinderten Kindern“ einzusetzen, als *Psychomotorische Übungsbehandlung*. In der Folge fanden jedoch immer auch Begriffe Verwendung wie „psychomotorisches Training“, „psychomotorische Therapie“, „psychomotorische Elementarerziehung“, „psychomotorische Nacherziehung“ (vgl. BIELEFELD 1983) – in der Regel davon geprägt, wo die „psychomotorische Praxis“ zur Anwendung kam. Eine Theorie gab es noch nicht. Erste Ansätze dazu gibt es jedoch, seit in Marburg der Studiengang *Motologie* eingerichtet wurde. Ihre praktische Seite hieß nun *Motopädagogik* und *Mototherapie*, je nachdem, ob die Anwender eher im pädagogischen oder klinischen Bereich tätig waren. Um dieser Vielfalt von Begriffen, die sich nicht immer exakt voneinander trennen lassen, ein Ende zu machen, schlägt BIELEFELD mit der *Bewegungserziehung* einen „Terminus mit Integrationscharakter“ vor, der „in ganz hervorragender Weise geeignet (scheint), unterschiedlichste erzieherische Ansätze des Bewegungslernens und -verbesserns zu integrieren“ (1983, 31).

In den letzten Jahren rückte wieder verstärkt der Begriff Psychomotorik in den Mittelpunkt. Seit es die Begriffe Motopädagogik und Mototherapie gibt, besteht auch das Dilemma zu präzisieren, was die Praxis von beiden denn nun wirklich unterscheide. Wird der eine oder

andere Name nur durch den Kontext geprägt, in dem psychomotorisch gearbeitet wird oder gibt es auch inhaltliche Differenzierungen. SEEWALD (1998) legt dar, dass beide Begriffe nicht stimmig sind für das, was in der Praxis der Psychomotorik angeboten wird. In der Pädagogik wird erzogen, gebildet und unterrichtet – auf der Grundlage von pädagogischen Theorien und didaktisch-methodischen Konzepten. Ziel ist es, die heranwachsenden Menschen zu vollwertigen Mitgliedern unserer Gesellschaft zu machen. Dies ist eigentlich nicht das vorrangige Ziel in der psychomotorischen Praxis. Auch nicht, aus kranken gesunde Menschen zu machen, wie es der Therapie als Praxis im medizinischen System obliegt.
In der psychomotorischen Praxis steht die Unterstützung von Entwicklungsprozessen im Vordergrund. Für die Theorieentwicklung der Psychomotorik standen von Anfang bis heute Entwicklungstheorien Pate (PIAGET, ERIKSON, HAVIGHURST, BRONFENBRENNER, SEEWALD u.a.). Was liegt also näher, auch beim Begriff bei der Sache zu bleiben. Psychomotorische Praxis wird verstanden als „psychomotorische Entwicklungsförderung", in der das Kind als Akteur seiner eigenen Entwicklung angesehen wird. Diese Entwicklung vollzieht sich in „Ko-Evolution" (MATURANA/VARELA) mit der Umwelt, in einem lebenslangen Prozess mit altersspezifischen Themen und Aufgaben (vgl. SEEWALD 1998, 140f).
SEEWALD beschreibt die Rolle des Förderers als eher begleitend, anregend, stützend und folgend, wobei sich die Wirkungen vorwiegend auf die Unterstützung der Stärken der Klienten gründen.
Dies ist auch der Grund dafür, dass im folgenden von „psychomotorischer Entwicklungsbegleitung" gesprochen wird. Der Begriff des „Förderns" legt zu sehr die Aktivität auf die Seite des Erwachsenen und macht das Kind letztlich zum Objekt der Fördersituation. Wird die Verantwortung für die Entwicklung wirklich in die Hand des Kindes gelegt, so kann der Erwachsenen diesen Prozess nur begleitend unterstützen.

Noch eine Bemerkung zu verwendeten Begriffen: wenn in dieser Arbeit „Bewegungserziehung" und „körperliche Erziehung" synonym verwendet werden, dann deshalb, weil ihre Grundlage der sich bewegende Körper/Leib ist, vom dem aus und durch den Persönlichkeitsentwicklung stattfindet. Die Begriffe *körperliche Erziehung* oder *Bewegungserziehung* werden also im folgenden in der Regel verwendet, um die Phänomene zu beschreiben, die sich mit der Erziehung und Bildung mittels des Körpers oder der Bewegung befassen.
Wie der historische Überblick zeigen wird, kommen zu verschiedenen

Zeitepochen die jeweils aktuellen Begriffe zur Anwendung, die im jeweiligen gesellschaftlichen Kontext entwickelt wurden, also immer auch Zeichen und Zeugen ihrer Zeit, und niemals ahistorisch und allgemeingültig zur verstehen sind.

2.1.1 Von der „Kalokagathie“ zur „Handlungsfähigkeit im Sport“

„Was wäre, wenn es keinen Sport gäbe?“ Mit dieser, etwas provozierenden Fragestellung eröffnete H.v.Hentig seinen Vortrag auf dem Internationalen Wissenschaftskongress „Sport in unserer Welt – Chancen und Probleme“, der als Rahmenveranstaltung zu den Olympischen Spielen 1972 in München organisiert wurde. Für das anwesende Fachpublikum stellte dies sicher eine beängstigende Frage dar, vor allem, da sie aus dem Mund eines angesehenen Pädagogen kam. Nach einer kurzen Analyse, die sich in einer Gewinn- und Verlustrechnung äußerte, kam jedoch recht schnell die Entwarnung, denn „wie auch immer man das genaue Verhältnis von Sport und Zivilisation bestimmt (...) die Menschen wollen ihn“ (Hentig 1972, 243). Wir finden ihn in Homers Schriften ebenso wie in den althochdeutschen Heldenliedern oder in der klassischen mittelhochdeutschen Literatur wie W.v.Eschenbachs „Parzival“ oder im Nibelungenlied. Zu allen Zeiten und in allen Kulturen gab es „so etwas wie Sport“, da sich die Menschen zwischen Muße und Arbeit immer einen Zwischenbereich offen hielten, deren Aktivitäten folgenlos insofern war, dass seine Leistungen nur auf sich selbst gerichtet waren und nicht einen Zweck nach außen hin verfolgten. Diese „Folgenlosigkeit“ hatte jedoch immer auch zwei Seiten. Einerseits birgt sie wegen ihrer Freiheit ein Befreiungspotential, das der Mensch für seine Entwicklung nutzen kann, andererseits unterliegt der Sport der beliebigen Verfügbarkeit äußerer Mächte, die sich in der Regel als Systemzwänge darstellen. So wie es also immer schon Sport gab, so wurde der Sport als Leibesübung, als Leibeserziehung, als Körpererziehung, als Bewegungserziehung, als Sporterziehung immer auch instrumentalisiert und für Zwecke eingesetzt, die den jeweiligen Interessen derjenigen entsprachen, die ihn in ihrem Sinne nutzten. Betrachten wir also im folgenden die Geschichte der „körperlichen Erziehung“, so gilt, dass diese nicht als Ideengeschichte, also als Ausdruck literarischer und wissenschaftlicher Leistung großer (Sport-)Theoretiker zu verstehen ist, sondern vielmehr als Ergebnis von Anforderungen, die von der Gesellschaft im Interesse des Staates, der Wirtschaft oder des Militär an die „Erziehung durch Sport“ gestellt wurden.

Blicken wir zurück auf die Ursprünge des „Sports" in unserem Kulturkreis, so lässt sich feststellen, dass sich in der *griechischen Antike* die Frage der Instrumentalisierung der körperlichen Erziehung für andere Zwecke noch nicht stellt. Der Mensch wurde – zumindest in der vorplatonischen Epoche – noch als Leib-Seele-Einheit gesehen. Die Bildung des Menschen fand also nicht durch den Leib, sondern im Leib statt. Leibesbildung war Geistesbildung. Es wurde nicht zwischen theoretischer und praktischer Erkenntnis unterschieden[2]. Sinnliche Wahrnehmung und geistiges Erkennen waren eins, der Gedanke wurde in den Dingen wahrgenommen. Als Bildungsideal galt der schöne, durchgebildete Körper, der für einen sittlich guten Menschen stand[3]. Die Erziehung konnte also auf der körperlichen Erziehung, der Gymnastik aufbauen, weil das Geistige noch mit dem Körperlichen verbunden war, weil die geistige Betätigung nur dann einen wirklichen Wert besaß, wenn sie mit lebendigen und leiblichen Formen entwikkelt wurde. Es galt das Prinzip: „je gesünder die leibliche Organisation, um so reicher der Strom der geistigen Offenbarung, da der Gedanke mit der Wahrnehmung noch eine Einheit bildete. Man empfand sich selbst noch als Erzeuger des Gedankens und erlebte eine große Sicherheit im Erkennen, da die Natur selbst das Erkennen leitete" (PRÖMM 1978, 29).

FISCHER (1973) relativiert in seinem Aufsatz über die Bedeutung der Leibeserziehung in der Gesamterziehung dieses verherrlichende Bild der körperlichen Erziehung der Griechen. SOKRATES (469 – 399) und PLATON (427 – 347) zollten der Gymnastik hohe Anerkennung und hielten sie für notwendig, jedoch nicht als ein Element der „Bildung des Weisen". „Weise, gebildet kann auch sein, auf wen der Tadel des Sprichworts zutrifft, er könne weder lesen noch schwimmen" (ebd. 159). Und wenn SOKRATES in die Turnhallen Athens ging, dann nicht nur weil er der Gymnastik Anerkennung zollen wollte. Ihm war es wichtig, die Tugend der Jugend heranzubilden – und dies ging nicht über athletische Übungen. Diese waren Voraussetzung, sie halfen, den Körper gesund zu erhalten, „denn Beschwerden und Untüchtigkeit des Körpers behindern das Tun des vernünftig gewollten" (ebd. 160).

Im Rückgriff auf die traditionelle Erziehung der Vorfahren betonte auch PLATON wieder das Ebenmaß der leiblichen und geistigen Erzie-

---

[2] Der Begriff „Theorie" – heute im Gegensatz zur Praxis stehend – kommt von „theorein", d.h. anschauen, betrachten.

[3] Bedenklich wird diese Verbindung von Schönheit und Sittlichkeit, vor dem Hintergrund der Praxis, mit Behinderten zu verfahren. Missgestaltete Kinder wurden in der griechischen Antike ausgesetzt oder getötet.

hung, in der jedoch der Körper dem Geist unterworfen ist, „denn ein brauchbarer Körper kann durch seine Tauglichkeit nicht die Seele gut und vortrefflich machen, wohl aber kann umgekehrt ein vorzüglicher Geist dem Körper zu seiner Vervollkommnung helfen“ (PLATON, z.n. POPPLOW 1960, 134).
PLATON entwickelte in seinen Schriften ein ausführliches Erziehungsprogramm, das jedoch nie in die Praxis umgesetzt wurde. Dennoch beeinflussten seine literarischen Werke ebenso die Entwicklung der Leibeserziehung bis in die Neuzeit, wie die von ARISTOTELES (384 – 322), der die Gymnastik auch als einen wesentlichen Bestandteil der Gesamterziehung sah, „weil körperliche Tüchtigkeit und moralische Tauglichkeit erst den wahrhaft gebildeten Menschen ausmachen und die Gymnastik zur Entfaltung beider Bereiche einen Beitrag liefern kann“ (GRÖSSING 1993, 214).
Die Wertschätzung der körperlichen Erziehung in der griechischen Antike, die sich in einem bedeutenden philosophischen und literarischem Schrifttum zeigte, galt nicht nur der Charakterbildung des Menschen, sondern wurde darüber hinaus von den medizinischen Wissenschaftlern dieser Zeit gefördert. Ärzte sollten den Gymnasten bei der körperlichen Erziehung unterstützen und mit ihm zu einer gesunden Lebensweise beitragen.
Diese letztlich humane, weil ganzheitliche Erziehung, für die das Zeitalter der griechischen Antike bis heute steht, verschwand in unserem Kulturkreis für lange Jahrhunderte im Schatten der Barbarei. Die Römer kannten nicht das Bildungsideal der „Kalokagathie“, das für die Harmonie von Körper und Geist stand. Für sie galt es, durch *körperliche Erziehung* tüchtige und mutige Soldaten und durch *geistige Bildung* erfolgreiche Politiker und Staatsbeamte heranzubilden.

Diese Trennung wurde auch im *Mittelalter* nicht aufgehoben. Die körperliche Erziehung hatte seinen Stellenwert nur noch in der ritterlichen Ausbildung, in der die „sieben ritterlichen Behendigkeiten“: Reiten, Schwimmen, Pfeil- und Speerschießen, Fechten mit der Lanze und dem Schwert, Jagen, Schach spielen und zur Laute singen, vermittelt wurden. Ansonsten setzte sich die geistige Bildung der christlichen Kirche durch, für die der Körper zunehmend tabuisiert wurde (s. Kap.4.1). Bildungsziel war nun die christliche Vollkommenheit, die durch die sieben freien Künste, einer Verbindung aus christlichem Gedankengut mit den Prinzipien der antiken Rhetorenschule, vermittelt werden sollte.
Das Wissen, das in den Fächern Grammatik, Rhetorik, Dialektik (Trivium) und der Arithmetik, Geometrie, Astronomie und Musik (Qua-

trivium) erworben wurde, war auch im Sinne der wirtschaftlichen Entwicklung dieser Zeit. Der Aufschwung von Handel und Gewerbe verlangte Kenntnisse, die nichts mehr mit dem ritterlichen Bildungsideal zu tun hatten. Lesen, Schreiben und Rechnen wurden zum unabdingbaren Bildungsgut des Bürgertums, das seine Kinder in Kloster- und Domschulen schickte. Die Ausbildung beschränkte sich auf das Notwendigste, das vom Nutzen für die berufliche Tätigkeit bestimmt wurde. Nicht mehr die Bildung zum Menschen, sondern die Ausbildung zum Schreiber oder Kaufmann war der Auftrag, dem sich die Schulen widmeten. Körperliche Erziehung war hierfür natürlich nicht notwendig.

Dies änderte sich erst wieder, als in der *Renaissance* eine Rückbesinnung auf das Bildungsgut der Antike erfolgte und ganzheitlich-humanes Denken wieder in den Mittelpunkt rückte. Diese Entwicklung erfolgte nicht unbeeinflusst vom Strukturwandel, der die abendländische Kultur zu dieser Zeit wesentlich veränderte. Durch die Entdekkungen neuer Kontinente erweiterte sich der Horizont der Menschen ebenso wie die Machtbereiche, deren Vergrößerung zu einer Intensivierung von Handel- und Bankgewerbe führte. Reformation und Gegenreformation sorgten ebenso für soziale Unruhen wie die Bauernkriege und der 30-jährige Krieg, deren Folgen die Massen in tiefes Elend stürzte. Vielleicht lag es daran, dass sich neue Ideen zur Erziehung zunächst in Italien entwickelten. Während dieser Zeit erschienen mehrere Bücher über die körperliche Erziehung, die – nach dem scholastischen Mittelalter – für die wieder neu entstehenden allgemeinen Körperfreuden zeugten.
Es waren in erster Linie Ärzte, die den Wert der Leibesübungen für die Gesundheit betonten. Sie waren jedoch nicht die Einzigen, die den Wert der körperlichen Erziehung erkannten und sich auch vermehrt theoretisch mit diesem Thema auseinander setzten. Wir finden Anregungen bei ERASMUS VON ROTTERDAM, ULRICH HUTTEN, PHILIPP MELANCHTON, MARTIN LUTHER und JOHN LOCKE (1632 – 1703), in dessen „Gedanken über die Erziehung der Kinder“ auch der körperlichen Erziehung Rechnung getragen wurde. Er blieb jedoch bei seinen Erörterungen einiger feudaler Körperübungen (Tanzen, Reiten, Fechten, Ringen), die er unter dem Aspekt des Ausgleichs zur geistigen Anstrengung und körperlichen Abhärtung sieht, noch recht unsystematisch.
Erst *JEAN-JACQUES ROUSSEAU* (1712 – 1778), der dessen Aussagen über eine natürliche Lebensweise aufgreift, entwickelte in seinem Erziehungsroman „Emile“ ein pädagogisches Konzept, in dem die körperliche Erziehung den gleichen, wenn nicht gar einen höheren Stellen-

wert hat, als die moralische und geistige Erziehung. In bewusster Abgrenzung zu den Erziehungszielen des Humanismus und der Aufklärung wurde nun – einer kopernikanischen Wende gleich – die naturgemäße Erziehung, die dem „Gang der Natur" zu folgen hat, in den Vordergrund gerückt. „Im leiblichen Tun des Kindes – in der Bewegung als körperliche Ausdrucksform – sieht ROUSSEAU eine zweifache anthropologische Funktion, einmal eine Ausbildung physischer Fertigkeiten zum Leben in der gegenwärtigen Umwelt und zum anderen Kraftentwicklung für die Zukunft des heranwachsenden Menschen" (GUTSCHE 1973, 168f).

Aus der Kritik der Erziehungsmethoden seiner Zeit forderte ROUSSEAU mehr Bewegungsfreiheit für die Kinder in Schulen, die nicht nur Wissen vermitteln, sondern entschlossenes Handeln lehren sollten. Und dies kann nur gelingen über die körperliche Erziehung, als Grundlage der geistigen und vernunftgemäßen. „Willst du die geistige Kraft deines Zöglings pflegen, so pflege die Kräfte, welche durch sie regiert werden sollen. Übe unablässig den Leib, mache ihn kräftig und gesund, um ihn weise und vernünftig zu machen. Er soll arbeiten, tätig sein, laufen, schreien und sich immer bewegen. Durch seine Kraft soll er ein Mensch sein, bald wird er es sein durch seine Vernunft" (ROUSSEAU, z.n. DIEM, 1971, 750).

Diese Ideen, vom Geist der Aufklärung beeinflusst und weitergegeben (vgl. dazu auch KANT und SCHILLER), wurden von den *Philanthropen* aufgegriffen. Es war dann GUTHSMUTHS, der daraus zum ersten Mal ein geschlossenes System der Leibeserziehung gestaltete, das in das Gesamterziehungssystem der Philanthropen eingeordnet wurde. Durch die Bildung und Stärkung des Körpers sollte ein Gewinn an Geistesvervollkommnung erzielt werden. GUTHSMUTHS entwickelte zu diesem Zweck eine, an pädagogischen und biologischen Grundsätzen orientierte Gymnastik, und stellte deren Inhalte in einem klaren und überschaubaren Ordnungsschema dar, das – betrachtet man sein Lebenswerk – im Laufe der Zeit immer systematischer wurde. Es entstand schließlich „ein System von Übungen, die auf Dauer und Kraft, auf Gewandtheit und Schönheit des Körpers abgezweckt sind" (GUTHSMUTHS z.n. DIETRICH/ LANDAU 1990, 22).

Ursprünglich dem Ideengut ROUSSEAUS folgend, unterwarfen die Philanthropen die körperliche Erziehung immer mehr der bürgerlichen Brauchbarkeit und dem Nutzen für die Lebenspraxis. Das Spiel des Kindes wurde durch rationalistische Berechnung denaturiert. „Das unvernünftig spielende Kind wird zur Räson gebracht, das Elementare zivilisiert, der Nutzwert dem Erlebniswert untergeordnet" (BERNETT 1960, 70).

Über die, immer stärkere Methodisierung des Stoffes hinaus, wurden auch die sozialen Ordnungsformen zunehmend nach dem Vorbild des Militärs geordnet. Es fiel GUTHSMUTHS deshalb auch nicht schwer, seine „Turnübungen“ dem preußischen Minister als „Vorbereitung für die Waffentracht“ anzuempfehlen. Die organische Bewegung, die für ROUSSEAU nach dem „Gang der Natur“ in der körperlichen Erziehung Eingang finden sollte, verlor gegenüber der künstlichen Bewegung immer mehr an Boden. Rationalisierung des Stoffes und der Methoden schufen die Grundlage für ein, an der bürgerlichen Arbeitswelt orientiertes Leistungsprinzip. Die erforderliche Exaktheit und Gleichheit in der Bemessung der Leistung, zu der die körperliche Erziehung hinführen sollte, führte zwangsläufig zur Normierung von Räumen und Geräten, die ihre Strukturen der menschlichen Bewegung vorschrieben. „Der Bewegungsablauf wird zerlegt und durch Befehle und die Vorgabe des Taktes zeitlich gegliedert. Das Bewegungslernen wird methodisch systematisiert (...) Das Gleichmaß der Bewegung in der sozialen Ordnung und im geometrisch gegliederten Raum wird zum Ausdruck gesellschaftlicher Ordnung bzw. Unterordnung“ (DIETRICH/LANDAU 1990, 24).

Nicht für die bürgerliche Arbeitswelt, sondern für den Freiheitskampf gegen die napoleonische Fremdherrschaft führte *JAHN* (1778 – 1852) sein Turnen ein, durch das er die Jugend zur Wehrfähigkeit und zu Nationalbewusstsein heranbilden wollte. Obwohl ihm häufig das Etikett des Volkserziehers angehängt wurde, richteten sich seine erzieherischen Bemühungen nur auf die Jugend des Bürgertums, die auf dem Turnplatz Hasenheide für eine patriotische Befreiungsbewegung politisiert werden sollte (vgl. HAMMER 1976). Diese politische Ausrichtung führte auch 1820 zur „Turnsperre“, die erst 1842 wieder aufgehoben wurde.
Danach wurde die Leibeserziehung zunächst in den Gymnasien eingeführt, wobei es zum großen Teil das Verdienst von *SPIESS* (1810 – 1858) war, dass die Leibeserziehung in den Fächerkanon der Schulen aufgenommen wurde. Die von ihm durchgeführte Anpassung der „Turndidaktik“ an die allgemeine Didaktik ebnete den Weg der Leibeserziehung in die Schulen, bot sie allerdings auch der Instrumentalisierung durch den Staat an. Die Zucht zu üben und „den Geist der Ordnung in Gestalt und That“ zu verwirklichen, waren die obersten Lernziele der Leibeserziehung. Was wollte der preußische Staat mehr.
Nicht gegen diese politische „Verzweckung“, sondern gegen die Erstarrung des Turnwesens richtete sich zunehmend Kritik. Der Gesundheitswert wurde angezweifelt, weil bei der Musterung der jun-

gen Rekruten immer häufiger Mängel an deren Wehrtüchtigkeit festgestellt wurde. Der bevorstehende Krieg und die wachsende Wirtschaft brauchten tüchtige und gesunde Männer. Diese Kritik und die immer attraktiver werdende Sportbewegung, die aus dem feindlichen Ausland in die deutschen Lande herüberschwappte, zwang die bislang dominierenden Turner in den Schulen zu reagieren und sich dem Spiel und der Gymnastik mehr zu öffnen. Die Ziele „Erhaltung der Wehrkraft und Arbeitskraft des Volkes“ blieben jedoch die gleichen.
Daran änderten auch nichts die Ausrufung des „Jahrhunderts des Kindes“ durch E.KEY und die Einflüsse der Reformpädagogik. Sicher, es entstand das „Natürliche Turnen“ (GAULHOFER/STREICHER) und die Sportbewegung setzte sich gegen den Widerstand der Turner durch. Bei Durchsicht der Lehrpläne (vgl. TOBALLA 1973) wird jedoch deutlich, dass das Gesundheitsmotiv nach wie vor an erster Stelle stand und sich in allen Lehrplänen wiederfinden lässt. Auch das Motiv der Charakter- und Persönlichkeitsbildung zog sich wie ein roter Faden durch, wobei die Ziele immer im Sinne der jeweiligen politischen Interessen formuliert wurden. Es waren die staatstragenden Kräfte, die hier ihren Stempel aufprägten und mit den Zielen wie „Erhöhung der Spannkraft und Leistungsfähigkeit“, der „Einordnung in die Gemeinschaft“ und der Entwicklung des „Führertums“ die Weichen stellten für die *NS-Zeit*. Die Turner und Sportler waren bereit für die neue Zeit. Es bedurfte keiner großen Anstrengungen die Turn- und Sportbewegung gleichzuschalten. Um so weniger, als ja die Leibeserziehung im Erziehungssystem der Nationalsozialisten eine bedeutende Aufwertung erhielt. Der ganze pädagogische Betrieb war eher „ungeistig“, die Leibeserziehung erhielt die Vorrangstellung innerhalb der Gesamterziehung, sie war Grundlage der Erziehung des „neuen Menschen“, der vom Leibe aus für den Dienst am Volke erzogen werden sollte.

Nach dem Zusammenbruch des 3. Reiches bestand zunächst einmal kein besonderes gesellschaftliches Interesse an der Leibeserziehung. Materiell und personell schlecht ausgestattet, knüpfte die körperliche Erziehung im fachlichen Teil seiner Lehrpläne an die Zeit vor 1933 an, nur die Ziele wurden so umformuliert, dass jeder Hauch einer erneuten Politisierung des Sports vermieden wurde.
In der Theorie der Leibeserziehung wurde deshalb zurückgegriffen auf das Gedankengut der Reformpädagogik, in der die anthropologische Bedeutung der Leibeserziehung für das menschliche Dasein hervorgehoben wurde. Dieses richtete sich gegen die materialistischen Erscheinungen dieser Zeit, den Rationalismus, Intellektualismus, der Technisierung, Mechanisierung, Automatisierung, Perfektionierung,

Kommerzialisierung und dem Utilitarismus und betonte besonders das Elementare der Leibesübungen als Gegengewicht gegen die Fehlentwicklungen der Zivilisation. Ihr Anliegen war es, „eine durch den Menschen zerstörte organische Ordnung durch Menschen wiederherzustellen“ (BERNETT, z.n. DIETRICH/LANDAU 1990, 29), indem das Leben wieder dort aufgespürt werden sollte, wo es noch nicht verfälscht ist: in der Natur und im Kind. Das Kind mit seinen natürlichen Bewegungen erhielt wieder besondere Beachtung, es wurde gar als „Inkarnation wahren Menschentums, der unverfälschten Natur“ (JOPPICH) betrachtet. Der Leibeserziehung kam die Aufgabe zu, „den biologischen Unterbau, die reine Natur ins Auge zu fassen und diese Naturgrundlage in Ordnung zu halten, ihr die erforderlichen Entwicklungsbedingungen zu schaffen“ (WESERHAUS, z.n. ebd. , 30). Leibeserziehung wurde erneut als wesentlicher Bestandteil der Gesamterziehung, ja sogar als „grundlegende Bildung“ (PASCHEN) bestimmt. Erziehung des Menschen ist ohne Leibeserziehung nicht denkbar, wobei sie gegen die einseitige Geisteserziehung ein Komplement bilden muss, um als Anwalt für die zu wenig berücksichtigten Seiten wie Natur, Raum, Körper, Leib, Leben herzuhalten. Anknüpfend an der anthropologischen Grundthese, dass „die menschliche Bewegung als Einheit von Natur und Geist“ (BUYTENDIJK) ZU sehen ist, verstand sich die Leibeserziehung nicht mehr nur als Bestandteil der Gesamterziehung, sondern als grundlegende Bildung, deren besonderer Wert sich aus überzeitlichen anthropologischen Theorien ableiten lassen sollte.
So hatte sich gegen Ende der 50er Jahre die körperliche Erziehung an den Schulen wieder eingerichtet. Das Fach Leibesübungen hatte seinen überschaubaren Kanon von Inhalten (Turnen, Gymnastik, Spiel und Sport), der in der Sportlehrerausbildung als „Meisterlehre“ vermittelt wurde.

In den folgenden Jahren war eine bewegte Geschichte der Sportpädagogik zu verfolgen. Der Kern der Diskussion zielte auf die Aufwertung und Anerkennung des Faches Sport im Gesamtkanon der Schulfächer. Inhaltlich ging es um die Frage, ob der Sport Ziel oder Mittel der Erziehung sein sollte. In aller Bescheidenheit beschränkten sich die Sportpädagogen schließlich auf das Ziel, „Handlungsfähigkeit im Sport“ zu erzielen.
Doch für wen galt dieses Ziel: „Handlungsfähigkeit im Sport“? War es nicht zu einseitig auf die Rahmenbedingungen der gymnasialen Oberstufe ausgerichtet, um dort im Leistungskurs – gleichberechtigt neben anderen Schulfächern – als Bildungsgut vermittelt zu werden?
Nicht nur, dass „faktisch die gesamte Sportmethodik (...) auf den Un-

terricht mit physisch und psychisch normal entwickelten und reagierenden Kindern ausgerichtet ist“ (Brodtmann, z.n. Hölter 1987, 96), das sportliche Angebot geht auch an der Zielsetzung für die Vor- und Grundschulen, vor allem aber für alle Bereiche der Sondererziehung, vorbei (vgl. Kurz 1987).
Die Normen und Werte des Sports könnten zwar auf den ersten Blick auch den Kindern und Jugendlichen sozialer Randgruppen als „Grundlage für Orientierung, Sicherheit und Verständigung (dienen)“, wie es Kurz (1986, 32) als Ergebnis der „Handlungsfähigkeit im Sport“ beschrieben hat. Die Erfahrung im Umgang mit erziehungsschwierigen Kindern und Jugendlichen zeigt jedoch, dass deren Handlungskompetenzen nicht unbedingt innerhalb der strukturellen Rahmenbedingungen einer mittelschichtsorientierten Institution Sport, in denen ein hohes Maß an Leistungsanstrengungen, Bedürfnisaufschub und Ausdauer verlangt wird, zum Erfolg führen. Diese betroffenen Kinder und Jugendlichen werden zudem durch tieferliegende persönliche und familiäre Konflikte, die letztlich verantwortlich für deren Probleme zeichnen, langfristig daran gehindert, an der sozialen Institution Sport teilzuhaben. Die Institution Sport und die strukturellen Anforderungen stellen bei der Ausübung eines an den Normen und Werten des Leistungssports orientierten Schul- und Vereinssports für „Problemkinder“ eher ein Hindernis dar, als eine Möglichkeit, über den Erwerb von „Handlungsfähigkeit im Sport“ zu einer allgemeinen Handlungsfähigkeit zu gelangen. Ihnen fehlen nicht nur die persönlichen und sozialen Fähigkeiten, deren Mangel sie ja bereits in der Familie und Schule hat scheitern lassen. Eine Reihe von Untersuchungen zeigt, dass diese Kinder und Jugendlichen auch im motorischen Bereich benachteiligt sind, ihre Entwicklungsanstrengungen also von vorne herein auf einer sehr unsicheren Basis stehen. So stellte Woschkind (1967) fest, dass sich die motorischen Leistungen von „Hilfsschülern“ signifikant von Grundschülern unterscheiden. Sie sind langsamer und es fehlt ihnen an der Differenzierung der Bewegungen und der statischen Koordination. Auch Schilling berichtet über mehrere empirische Untersuchungen zur „Motorik Lernbehinderter und Verhaltensgestörter“ und stellt zusammenfassend fest, „dass wesentliche Grundqualifikationen im motorischen und deutlicher noch im psychomotorischen und soziomotorischen Bereich unzureichend sind, um an einem traditionellen Sportunterricht erfolgreich teilzunehmen“ (1992, 22). Um so bedenklicher ist es, wenn auch in den Sonderschulen an den Konzepten eben dieses „traditionellen Sportunterrichts“ festgehalten wird, anstatt Bewegung und Sport als „sinnvolles Tun“ erleben zu lassen, um damit günstige Voraussetzungen für eine langfristige Sporterziehung zu schaffen (vgl. Hölter 1987, 100).

Sommer (1980) rechtfertigt zunächst die Übernahme des Begriffs „Sportunterricht" damit, diese Schüler nicht auszugrenzen und durch die Teilnahme an dem Unterricht „Leibeserziehung" gegenüber den Grund- und Hauptschülern zu stigmatisieren. Sie macht dies aber auch inhaltlich fest, indem sie dem Sportunterricht den spezifischen Auftrag erteilt, „sich an den verschiedenen Sportarten (zu orientieren)" (ebd., 420). So übernimmt sie auch „uneingeschränkt" den „Ziel- und Aufgabenkatalog" für Normalschüler und fordert lediglich eine „sonderpädagogische Akzentuierung" in der „Auswahl und Verwirklichung der Inhalte". Deshalb findet, trotz der bekannten Problematik, bis heute „der Sportunterricht an Sonderschulen weitgehend noch als Vermittlung sportspezifischer Fertigkeiten statt (Schilling 1992, 13). Begründet wird dies von den SportlehrerInnen, denen in der Regel die fachliche Qualifikation für den pädagogisch-therapeutischen Umgang mit „Problemkindern" fehlt (vgl. Bielefeld 1980, doll-Tepper 1976), dann dadurch, dass auch ihre SchülerInnen zu sportlichen Leistungen fähig sind und dies in Vergleichswettkämpfen auch immer wieder beweisen. Dass damit die Ausnahme zur Regel gemacht wird, geht auf Kosten der SchülerInnen, die an diesem System Schulsport scheitern und sich resigniert zurückziehen[4].

Der Sportunterricht in sonderpädagogischen Einrichtungen muss also an den meisten Schülern vorbeigehen, solange er seine Ziele und Inhalte aus einer Sportpädagogik entleiht, die sich einseitig am traditionellen Sport orientiert. Die Mängel dieser sportnahen, dafür aber „leibfernen Schule" (Grupe), sind zwar schon länger bekannt, ohne aber Konsequenzen in der Theorie oder in der Praxis sichtbar werden zu lassen. „Vielmehr werden die negativen Begleiterscheinungen des traditionellen Sportunterrichts durch die Beschäftigung mit den leistungsschwachen SchülerInnen, durch eine Neuorientierung des Schulsonderturnens, durch Thematisierung von Motivation, Kreativität oder sozialem Lernen kompensiert, anstatt diese Probleme kindgemäß und ganzheitlich zu lösen" (Schilling 1992, 17).[5]

---

4 Hier macht sich negativ bemerkbar, dass SportlehrerInnen in der Regel selbst eine Sozialisation hinter sich haben, die ein eher leistungsorientiertes Sportverständnis entstehen ließ. Den Schwierigkeiten von Schülern, die nicht gleich von jeder sportlicher Aktivität begeistert sind, stehen sie ebenso fremd gegenüber, wie den Schülern, deren Probleme einen therapeutischen Zugang verlangen würde (vgl. Hölter 1987, 103ff).

5 Interessant ist die in diesem Zusammenhang gemachte Bemerkung, dass es die Sportwissenschaft versäumt hat, sich generell dem Phänomen der menschlichen Bewegung als Grundbaustein des Sports zuzuwenden. „Wäre dies erfolgt, so wäre es nicht notwendig gewesen, Motologie als neuen Wissenschaftsbereich zu etablieren" (Schilling 1992, 17).

Diese Vernachlässigung gilt auch schon für jene Epoche, die noch nicht geprägt war von der Fokussierung der Bemühungen auf die Vermittlung von „Handlungsfähigkeit im Sport". Auch zu Zeiten, in denen „Leib, Bewegung und Spiel" noch als „Träger" von Bildung und Erziehung gesehen wurden, kümmerte man sich nicht um die Probleme derer, die den Leistungsanforderungen, die üblicherweise in den Leibesübungen gestellt wurden, nicht gewachsen waren. Man sollte diesen Dingen nicht zu tief auf den Grund gehen, wie es „jugendlicher Dilettantismus" oft mit Hilfe der Psychoanalyse tut. „Mit KRETSCHMER sind wir der Ansicht, dass der Mensch am frohesten und sichersten ist, wenn er von seinen Antrieben nicht alles weiß und wenn er über die Geheimnisse des eigenen Lebensgrundes zu schweigen vermag" (DIETZ, z.n. VINNAI 1972, 11). Das gesundheitliche Motiv spielt zwar eine Rolle in den Leibeserziehungen, jedoch nicht in einer ausschließlichen Art und Weise, „obwohl es Situationen gibt, wo auch dies denkbar wäre (etwa in der Bewegungstherapie oder in der Heilpädagogik)" (GRUPE, 1968, 38).

Auf diese Situationen näher einzugehen, hat die Sportpädagogik scheinbar nicht nötig. Fast zwanzig Jahre später findet das „behinderte Kind" bei MEINBERG (1987, 45) eine Erwähnung, aber auch hier nur als eine der offenen Fragen, die in der Sportpädagogik bisher nicht beantwortet wurden. Sie dokumentiert mit dieser Enthaltsamkeit eine Orientierung des Sports an einem Leistungsprinzip, in dem sich eine grundlegende Haltung unserer Gesellschaft widerspiegelt.

Dieser, auf die Fähigkeiten und Fertigkeiten leistungsstarker Kinder und Jugendlicher ausgerichteten Sportpädagogik, kann es nie gelingen, die entsprechenden Antworten für die Probleme zu geben, die sich auftun, wenn – wie es der Deutsche Bildungsrat schon 1973 forderte – behinderte und von Behinderung bedrohte Kinder gemeinsam mit nichtbehinderten pädagogisch gefördert werden. Bei einem Selbstverständnis der Sportdidaktik, die sich nach wie vor der Förderung der leistungsstarken Schüler widmet, ist auch gar nicht zu erwarten, dass sie „die damit auftretenden Aufgaben und Probleme überhaupt erfassen oder gar bewältigen kann. (...) Eine Sportdidaktik, die sich nachweislich bislang höchst unzulänglich die sozialen Prozesse im Sportunterricht zum Reflexions- und Forschungsgegenstand gemacht hat, steht angesichts der Probleme, die mit der Eingliederung und gleichberechtigten Berücksichtigung Behinderter auftreten müssen, mit leeren Händen da" (BRODTMANN 1975,295f).

2.1.2 Körperliche Erziehung mit „Problemkindern“

Nach all dem ist es keine Überraschung, wenn KIPHARD auf dem Kongress zur „Sozialisation im Sport“ (1973) klagen musste, dass Berichte über die Arbeit mit „verhaltensgestörten Kindern“ im Bereich der Sportpädagogik „relativ rar“ sind (1974, 46). Leider hat sich in dieser Richtung bis heute wenig geändert. Diese Zielgruppe führt also innerhalb der Sonderpädagogik in der Regel ein Randdasein. Vielleicht deshalb, weil die sportpädagogischen Erziehungsziele sehr hoch angesetzt werden und bis heute nicht nachgewiesen werden konnte, ob der Sport wirklich „Selbstzucht, Maßhalten, Willenshärte, Entschlusskraft, Mut, Ausdauer und Fleiß“ fördert, wie KIPHARD erwartet, oder zur „Erhöhung des Selbstvertrauens und -wertgefühls, der Selbständigkeit und Ich-Stärkung“ beiträgt, wie es nach KOPP oder auch VOLKAMER angestrebt werden kann (vgl. HÖLTER 1978, 183). An diesem Ziel schließen sich auch BAUR u.a. an, wenn sie den „Sportunterricht für Verhaltensauffällige“ in erster Linie als „Sozialtraining“ verstehen, „mit Hilfe dessen Ich-Stärke aufgebaut bzw. gefestigt, Aggressionen und Angst abgebaut werden, wodurch sich Leistungsbereitschaft und Leistungsverhalten positiv verändern, so dass auch die Wahrscheinlichkeit antisozialen Verhaltens in der Gruppe und gegenüber der Gruppe abnimmt“ (BAUR/KLUGE/STEGLE 1977, 32).
Könnte sich das Medium Bewegung, Spiel und Sport als „via regia“ der erzieherischen Bemühungen mit erziehungsschwierigen Kindern herauskristallisieren? Wenn ja, dann braucht es noch viele Mühen, um dies zu verdeutlichen und letztlich zu institutionalisieren. Bis heute hat weder die Sportpädagogik das Feld der Sonderpädagogik als das ihrige aufgegriffen, noch umgekehrt die „Verhaltensauffälligenpädagogik“ körperliche Erziehung als Medium für ihre Arbeit begriffen (vgl. ebd., 23). Von den wenigen Ausnahmen soll hier die Rede sein.

RIEDER, der bereits 1960 in einem Aufsatz den „Sport als Therapeutikum bei neurotischen Kindern“ propagierte, zeigte in einer Untersuchung auf, wie durch den gezielten Einsatz von Bewegung, Spiel und Sport das Individual- und Sozialverhalten von Kindern und Jugendlichen aus Heimwohngruppen verändert werden konnten. Ausgehend von der Hypothese, dass diesem auffälligen Verhalten Störungen in der Motorik, der Kontaktfähigkeit und im übersensiblen Verhalten zugrunde liegen, versuchte er durch „Sporttherapie“ Verbesserungen im Bereich der Motorik und dem Status der Kinder und Jugendlichen innerhalb der Gemeinschaft zu erreichen. Verwendet werden konnten alle Sportarten und Einzeldisziplinen, „sofern sie kind- und jugendgemäß angeboten werden können und einer Filterung auf ihren heilpädagogischen Wert standhalten. Bisher wurden folgende Sportarten verwendet: Schwimmen, Wandern, Radtouren, Zelten, kleine und große Spiele, Geländespiele, Turnen, Gymnastik, Laufen, Springen, Werfen, Trampolinspringen, Ringen, Boxen, Klettern, Schlittenfahren. Aus Mangel an Gelegenheit wurden nicht betrieben: Rudern, Eislauf, Skilauf, Bergwandern und Reiten, welche sicherlich einen hohen heilpädagogischen Wert besitzen“ (Rieder 1971, 214f). Eine große Bandbreite an sportlichen Betätigungen, die weit über den traditionellen Kanon der Schulsportarten hinausgehen. Es scheint also sekundär zu sein, welche Sportart zum Einsatz kommt, wenn sie nur, neben biologischen Gesichtspunkten, hohen Erlebniswert hat und heilpädagogische Wirkung entfalten kann, was vor allem innerhalb der Gemeinschaft einer Gruppe realisiert wird. Was die Effektivität der körperlichen Erziehung im Sinne einer Charakter- oder Sozialerziehung betrifft, ist es wichtig, festzuhalten, dass nicht im klassischen Sportangebot die höchste Wirksamkeit erreicht wurde, sondern dass sich als „wertvollste Mittel der Sporttherapie“ Sonderveranstaltungen wie Radtouren und Zeltlager herausstellten. „Dem Verhaltensgestörten verlangt die Realsituation Kräfte der Bewährung ab, auf die in der zunehmenden neurotischen Verkapselung längst verzichtet wurde, die aus mangelnder Betätigung sich nicht entwickeln konnten und zurückbildeten. So können zur Entlastung der stressartigen Dauerbelastung bei Verhaltensstörungen mit angemessener körperlicher Belastung, ohne Überforderung, stärkende Kräfte aus ungenutzten personalen Bereichen gewonnen werden. Die Ablenkung von den psychischen Problemen durch eine akute vorrangige Aufgabenbewältigung ergab manche schubartige Verbesserung in etwas fortgeschrittenen Stadien der Therapie“ (ebd. 235f).

Ausführlich setzte sich auch Kopp (1976) mit der Möglichkeit auseinander, wie „verhaltensauffällige Kinder und Jugendliche“ im Sport „in einem vorsichtigen, auf ihr Funktionsniveau aufbauenden Üben eine persönliche Leistungssteigerung und damit eine Erhöhung ihres Selbstvertrauens und -wertgefühls erfahren“ (ebd. 9). Als notwendige Voraussetzung muss den Kindern und Jugendlichen genügend Freiraum gewährt werden, um die – aufgrund ihrer Lebensgeschichte schon verschütteten – Qualifikationen der Eigentätigkeit und Eigeninitiative wieder zu erwecken. Nur dann kann sich ein genügend starkes Selbstbewusstsein entwickeln, das die Kinder und Jugendlichen in die Lage versetzt, Regeln und Normen anzuerkennen, die für das Zusammenleben in Gruppen notwendig ist. Als drittes Ziel führt Kopp die Entwicklung eines „gesunden Leistungsverhaltens“ an, ein Ziel, das nur

zu verwirklichen ist, wenn den Kindern eine Kette von Erfolgserlebnissen ermöglicht wird.
Im Gegensatz zu den eher spekulativen Aussagen KOPP's legt HÖLTER zur Förderung der Leistungsmotivation „verhaltensauffälliger Kinder und Jugendlicher" durch Sport eine der wenigen empirischen Untersuchungen vor, durch die der Wert der körperlichen Erziehung für die Förderung erziehungsschwieriger Kinder nachgewiesen werden sollte. Ausgehend von der, in vielen Untersuchungen gewonnenen Erkenntnis, dass die Leistungsmotivation von „verhaltensauffälligen Schülern" im Vergleich zu „normalen" Grundschülern wegen der relativ niedrigen Erfolgszuversicht und Misserfolgsfurcht, der niedrigen Sensibilität für leistungsthematische Situationen, einem unrealistischen Zielsetzungsverhalten, einer ungünstigen Ursachenzuschreibung nach Misserfolg sowie einer ungünstigen Problemlösungsstrategie wesentlich schwächer ist und deshalb „insgesamt die motivationalen, und mit Einschränkung die kognitiven Voraussetzungen, zur Entwicklung von Lernprozessen bei verhaltensauffälligen Kindern nicht besonders günstig (sind) (HÖLTER 1978, 228), versucht HÖLTER über ein spezifisches Angebot der körperlichen Erziehung ausgewählte motorische, motivationale und kognitive Merkmale des Verhaltens zu fördern. Die erzielten Ergebnisse zeigen, dass „neben einer positiven Entwicklung in der motorischen Leistungsfähigkeit (...) bei den geförderten Schülern ein Abbau von Misserfolgsfurcht, z.T. ein realistischeres Zielsetzungsverhalten und eine günstigere kognitive Strategie bei der Lösung von Problemaufgaben (erreicht wurde)" (ebd., 229). Einschränkend erwähnt HÖLTER, dass diese Ergebnisse in einem Bereich erzielt wurden, der – wegen der Vorliebe der Sonderschüler für Sport – günstige Ausgangsvoraussetzungen bot, weshalb also die Übertragung des Lernerfolgs auf Situationen, die außerhalb des Sportunterrichts angesiedelt sind, nicht als selbstverständlich vorausgesetzt werden können.

Neben diesen Konzepten der körperlichen Erziehung für erziehungsschwierige Kinder und Jugendliche liegen Berichte über den Einsatz ausgewählter Sportarten vor, die sich besonders für die Arbeit mit Problemkindern eignen sollen. Als Beispiele können hier das Rudern (KOSSEN 1977) oder das Laufen (SCHÜLER 1991) angeführt werden.
Umstritten ist sicher der Einsatz von Kampfsportarten, aber wohl eher aus einem laienhaften Vorurteil, denn aus grundlegendem Wissen. RIEDER empfiehlt das Ringen und Boxen als geeignete Sportart für seine Arbeit und BONFRANCHI (1980) zeigt in einer ausführlichen Darstellung, wie Judo im Sportunterricht an Schulen für erziehungsschwie-

rige Kinder mit Erfolg erzieherisch-therapeutisch eingesetzt werden kann.
Das geschlossenste Konzept für den Einsatz von Bewegung, Spiel und Sport in der Arbeit mit erziehungsschwierigen Kindern legten Baur/Kluge/Stegie in ihren „Vorüberlegungen für eine Sportpädagogik" vor. Nach einem Stufenplan soll zunächst durch eine „Elementarerziehung" Ich-Stärke aufgebaut und gefestigt werden, ehe über eine „Sozialerziehung" positive gruppendynamische Prozesse initiiert werden können. Erst darauf aufbauend kann „durch eine Stabilisierung des Selbstwertgefühls der Schüler eine positive Einstellung zur Leistung (...) erreicht" und eine sportimmanente Leistungsförderung angestrebt werden (Baur u.a. 1977, 32). Diese Lernzielhierarchie hat maßgebliche Konsequenzen für die Inhalte und Methoden des Sportunterrichts. So folgt zunächst, „dass sporttechnische Übungen gegenüber rhythmischen und rhythmisch-musischen nur von zweitrangiger Bedeutung sind. Sportspiele stehen im Mittelpunkt sportpädagogischer Aktivitäten mit Verhaltensauffälligkeiten" (ebd.). Auch die Organisationsformen sollten sich vom regulären Sportunterricht unterscheiden und vorwiegend Kleingruppenunterricht gewährleisten, wobei ein „pädagogischer Führungsstil" die psychosoziale Belastung der Schüler vermindern soll.
Zu ähnlichen Ergebnissen kommen Kapustin und Grössing, die in einem mehrjährigen Forschungsprojekt die besonderen Bedingungen und Probleme des Sportunterrichts mit erziehungsschwierigen Kindern untersuchten, um daraus Anregungen „für die Gestaltung curricularer Lehrpläne, für die Lehrerausbildung und -fortbildung, für die Schaffung von Richtlinien zum Sportstättenbau und zur Geräteausstattung aus didaktischer Sicht (abzuleiten)" (Kapustin/Grössing 1976, 73). Sie stellten fest, dass gerade der Sportunterricht ein hohes Maß an Störfaktoren bietet, die eine Arbeit mit diesen Kindern besonders schwierig macht, denn „die Auswahl, der Aufbau, die Nutzung und ggf. der Abbau der Lernlandschaft lassen sich zwar vorausplanen, nicht vorhersehbar ist ihre Reizwirkung auf die Schüler und deren Bereitschaft, die Lernlandschaft so anzunehmen, wie der Lehrer es erhofft" (ebd., 76). Hinzu kommt, dass trotz aller Bemühungen des Sportlehrers situationsgerecht zu planen und immer wieder adäquat auf die Probleme der Schüler einzugehen, „die sportimmanenten Konfliktrisiken (bleiben), die sich z.B. aus der „aggressiven Struktur" (Volkamer 1972) von Kampfsportarten, der Aktionsformen Wetteifern und Kämpfen ergeben" (ebd.).
Der Sportunterricht mit erziehungsschwierigen Kindern stellt also hohe Anforderungen an den Lehrer, der für diese Situation häufig nicht

entsprechend ausgebildet ist und dem in diesen Fällen auch nicht einfach mit „zuverlässigen, in jedem Fall anwendbaren „Rezepten“ zum Abbau oder zur schülerorientierten Lösung von Problemen und Problemsituationen“ (KAPUSTIN 1979, 9) geholfen werden kann, da die Ursachen und Bedingungen des störenden Verhaltens zu unterschiedlich sind und in ihrer Vielfalt nicht einfach erfasst werden können. Hilfe könnte dazu aus dem Bereich der Sonderpädagogik geholt werden, denn dort liegen „wesentliche Erkenntnisse und Erfahrungen zum pädagogischen Umgang mit Problemschülern“ (ebd.) vor, die „von der Sportpädagogik aufgearbeitet und in die Sportlehrerausbildung und -fortbildung eingebracht werden (sollten)“ (ebd.).
Wenngleich hier das Angebot einer Zusammenarbeit zwischen der Sportpädagogik und der Sonderpädagogik gemacht wird, so sind in der Folge wenig Anzeichen dafür zu entdecken, dass dieses auch angenommen und aufgegriffen wurde und deshalb bis heute nur in Ansätzen aufzuspüren ist.
Aber selbst in diesem praktizierten Fall scheint sich für die „Problemschüler“ wenig zu ändern. „Grundsätzlich gelten für die Sonderschule-E auch die Aufgaben und Ziele des Sports der Regelschule“ (KAPUSTIN o.J., 35), während die behinderungsbedingten Auffälligkeiten lediglich zu einer „veränderten Gewichtung der Ziele und zur Einbeziehung pädagogisch-therapeutischer Aufgaben und Maßnahmen (zwingt)“, die, „in gegenseitiger Ergänzung: psychoanalytisch und verhaltenstherapeutisch orientiert“ sind (ebd.). Wie im Sportunterricht der Regelschule, soll also auch an den Sonderschulen eine „sportliche Handlungsfähigkeit der Schüler“ angestrebt werden, die ihnen die Teilnahme innerhalb des schulischen und des außerschulischen Sports ermöglichen wird. Wenn KAPUSTIN also von einem entwicklungsorientierten Aufbau des Lehrplans spricht (ebd. 35), dann meint er nicht die Orientierung am Kind und dessen Entwicklung, sondern am stufigen Aufbau des Sport-Lernens, der über eine „fachorientierte Bewegungserziehung“ und „handlungsorientierte Lernfelder“ zur „Vermittlung von Sportarten“ führt. Der zentrale Punkt der Fragestellung bei KAPUSTIN scheint also nicht der zu sein, wie der Sport für die Persönlichkeitsentwicklung von „Problemkindern“ nutzbar gemacht werden kann. Er sucht nach einer Antwort auf die Frage, wie diese Kinder dem Sport zugeführt werden können, wie also ihre Verhaltensprobleme soweit in den Griff gebracht werden können, dass ein störungsfreier Sportunterricht möglich wird.
An diesem Punkt setzt die Kritik SCHILLING‘S an, der ebenfalls für einen entwicklungsorientierten Ansatz plädiert, damit aber die kindliche Entwicklung im Auge hat. Im motopädagogischen Denkansatz,

der von ihm mit entwickelt wurde, werden die Grundqualifikationen für Bewegungsaktivitäten nicht aus den Sportarten abgeleitet, sondern „entwicklungsorientiert und ganzheitlich“ bestimmt. „Voraussetzung für das Erlernen von Sportarten ist daher eine umfassende Kenntnis des eigenen Körpers, der materialen und sozialen Umwelt, das handelnde Umgehen-Können mit sich selbst, mit Materialien und anderen Personen“ (Schilling 1992, 17). Die Lernvoraussetzungen für den Sport werden also nicht alleine durch den Aufbau sportmotorischer und konditioneller Qualifikationen erworben, sondern durch die Beherrschung des eigenen Körpers, der in seiner Umwelt möglichst vielfältige Bewegungserfahrungen sammeln kann.

Mit der Motopädagogik wurde ein Ansatz ins Spiel gebracht, der seit den 70er Jahren dem Sport vor allem mit behinderten Kindern entscheidende Impulse gegeben hat. Geht man davon aus, dass hierbei die immer wieder genannten Ziele der Förderung von Wahrnehmung und Bewegung im Mittelpunkt stehen, so lassen sich dessen Wurzeln zurückverfolgen auf die Grundgedanken des Sensualismus, aus denen heraus Itard (1774 – 1838) seine Methode der Förderung sinnesbeeinträchtigter Kinder entwickelt hat. Er griff dabei zurück auf die Arbeiten von Locke und Condillac, denen es zu verdanken ist, „dass wir von dem mächtigen Einfluss wissen, den die isolierte wie gleichzeitige Tätigkeit unserer Sinne auf die Bildung und Entfaltung unserer Gedanken hat“ (Itard 1974, 166f). Er konnte seine Ideen entwickeln und erproben an einem 11-jährigen „Wildkind“, das in den Wäldern von Aveyron, einem dünnbesiedelten Landstrich im Südwesten Frankreichs aufgegriffen wurde. Nachdem Pinel, der berühmteste Psychiater seiner Zeit, in einem Gutachten diesem „Wilden“ jegliche geistige Fähigkeit abgesprochen hatte, wollte Itard, damals Chef der Taubstummenanstalt in Paris, beweisen, dass dessen „Idiotie“ nicht biologisch verursacht, also nicht angeboren, sondern „gemacht“, d.h. auf kulturelle Mangelerscheinungen zurückzuführen war. Er übernahm den Auftrag, diesen Jungen zu fördern und übergab ihn in seinem Hause der Obhut seiner Hausangestellten, die sich um ihn kümmern sollte, solange er ihn nicht „unterrichtete“, wobei er den Schwerpunkt „auf die Entwicklung der Sinnesfunktionen, der geistigen Funktionen und der affektiven Fähigkeiten (legte)“ (ebd., 166). Als Verehrer von Condillac hielt er die Erziehung der Sinnesorgane für wesentlich und ging davon aus, dass darüber auch der „Geist teil (hat) an der ausschließlichen Beschäftigung mit diesen Organen, (...) denn der innere Zusammenhang (...), der den physischen Menschen mit dem geistigen Menschen vereint, ist so groß, dass, obwohl die jeweiligen Bereiche

dieser beiden Funktionsordnungen deutlich voneinander getrennt zu sein scheinen und es auch sind, sich an den Grenzen alles vermischt, durch welche sie sich einander berühren“ (ebd., 179).
SEGUIN (1814 – 1880), der sich als Pädagoge und Arzt mit der Erziehung „unangepasster“ Kinder befasste, wandte in seiner Arbeit die Methoden ITARD's an, den er als seinen großen Lehrer und Begründer der „physiologischen Erziehung“ bezeichnete. Er entwickelte dessen Konzept weiter und differenzierte es für die Förderung geistig behinderter Kinder, wobei er seine Methode der Bildung des Intellekts durch die Sinneserziehung von einer reinen Verstandeserziehung abgrenzte. Da er in der Förderung der Aktivität, d.h. der Schulung von Nerven, Muskeln und Sinne eine wesentliche Grundlage für die Entwicklung von Intellekt und Willen sah, empfahl er „ein sehr differenziertes System an Übungen für den Tastsinn, das Gehör, den Gesichts- und den Geschmacksinn“ (IRMISCHER 1989, 10).
Nachdem er aus politischen Gründen in die USA emigrierte, gerieten seine Schriften in Europa in Vergessenheit und wurden erst 1898 zusammen mit denen von ITARD durch MONTESSORI (1870 – 1952) wiederentdeckt. Sie selbst schätzte diese „ersten Versuche einer experimentellen Pädagogik“ sehr hoch ein, erprobte dieses Konzept zwei Jahre lang in Rom und wurde davon so sehr überzeugt, dass sie ihre Tätigkeit, die den Behinderten gewidmet war, aufgab, „um mich von neuem in das Studium der Werke von SEGUIN zu vertiefen. Ich hatte das Bedürfnis, sie zu durchdenken: in italienischer Sprache schrieb ich ihre Schriften ab, so wie es einst ein Benediktinermönch getan hätte“ (MONTESSORI, z.n. MALSON 1974, 111).
Auf der Grundlage dieses Gedankenguts entwickelte sie, unter Verwendung des Sinnesmaterials von SEGUIN, ihr Konzept der „physiologischen Sinnesbildung“, das sie als den „königlichen Pfad zur Intelligenz (bezeichnete). Erfahrung, nicht Gedächtnis ist die Mutter der Idee“ (MONTESSORI, z.n. IRMISCHER 1989, 11).
Die Erziehung der Muskeln soll den Zögling dazu bringen, „eine für die Gesellschaft nützliche Arbeit auszuführen“ und die „Koordination von Intelligenz und Motorik“ zu fördern, während die Schulung der Sinne auf eine möglichst große Unabhängigkeit des Individuums abzielte, das dadurch zu sicheren Urteilen über die Wirklichkeit gelangen und sich die Grundlagen für die Entwicklung höherer Fähigkeiten aneignen sollte (vgl. ebd.).

Auch in Deutschland fanden sich Anhänger der „physiologischen Erziehung“ von ITARD und SEGUIN. Beeinflusst von der Reformpädagogik, knüpften BARTSCH und LESEMANN an deren Methoden an und entwik-

kelten Förderkonzepte, die als „geistig-orthopädische Übungen“ in den Sonderschulen Eingang fanden.
Etwa zur selben Zeit wurden mit dem natürlichen Turnen (GAULHOFER/STREICHER) und der rhythmischen Erziehung – ebenfalls beeinflusst von den Ideen der Reformpädagogik – Ansätze der körperlichen Erziehung entwickelt, die einen wesentlichen Einfluss auf die spätere Psychomotorik ausübten. Waren für GAULHOFER und STREICHER Natürlichkeit und Kindgemäßheit wichtige Prämissen der körperlichen Erziehung, in der „das Kind und nicht der Stoff“ die Arbeit bestimmen sollte, so ging PFEFFER, die neben SCHEIBLAUER prägend war für die, in der Psychomotorik zentralen Vorstellung der körperlich-geistig-seelischen Ganzheit des Menschen, von der „motorischen Not“ der Kinder aus und entwickelte in ihrer „Psychomotorischen Heilerziehung“ eine Vielfalt an Materialien und Übungsformen, die dem Kind helfen sollten, diese Not zu lindern. „Sie beseitigt seine Minderwertigkeitsgefühle, gestattet ihm Freiheit der motorischen Erfindung, verhilft ihm zur Ausdrucksgestaltung, regt seine Aufmerksamkeit, Energie und Konzentration an, fordert keine abstrakt-gedanklichen Leistungen, hilft ihm, den Kontakt mit der Umwelt ergiebiger und befriedigender zu gestalten, schafft in ihm einen Sinn für Ordnung und innere Ruhe, den es kaum je gekannt hat“ (PFEFFER, z.n. KIPHARD 1989, 21).

Aus diesen Quellen konnte KIPHARD schöpfen, als er, als Sportlehrer an der Kinder- und Jugendpsychiatrie in Gütersloh, Mitte der 50er Jahre mit seinen KollegInnen eine Behandlungsmethode entwickelte, für die „das Brauchbarste und zur Förderung entwicklungsrückständiger Kinder Wesentlichste aus den Übungsbereichen der Rhythmik, der Gymnastik, des Turnens und des Sports, der Sinnesschulung, des Rollenspiels und anderem mehr unter heilpädagogischem Aspekt (zusammengestellt wurde)“ (KIPHARD 1980, 17). Die „Psychomotorische Übungsbehandlung“, wie sie damals bezeichnet wurde (vgl. HÜNNEKENS, H./KIPHARD, E.J. 1960), fand wegen ihres funktionalistischen Denkschemas seine Verbreitung zunächst vorwiegend in medizinischen Einrichtungen, ehe sich in den achtziger Jahren ein ganzheitliches, humanistisch orientiertes Verständnis durchsetzte. Vom Aktionskreis Psychomotorik, dem Initiator und Träger der psychomotorischen Idee in Deutschland, wurde der Begriff „Motopädagogik“ geprägt. Damit wurde eine entwicklungsorientierte und kindgemäße Bewegungserziehung bezeichnet, die sich nun auch den Weg in Kindergärten, Schulen und Jugendhilfeeinrichtungen bahnte.
Es entwickelte sich eine Praxis der Motopädagogik, deren Ziele und Inhalte vor allem in den Lehrplänen von Sonderschulen eine große

Verbreitung fanden (vgl. IRMISCHER 1984, HÖHNE 1989).
Die Grenzen dieses neuen Ansatzes zeigen sich in seinen eigenen Aussagen. SCHILLING wirft zwar dem „Behindertensport" den typischen Fehler vor, „nicht über Ziele und Inhalte zu diskutieren, sondern mit einer Reduzierung der Anforderungen Sportarten an das Leistungsvermögen des/der Behinderten anzupassen" (1992, 18). Er schlägt deshalb vor, sich an der Entwicklung der einzelnen SchülerInnen zu orientieren, weshalb das sportartspezifische Lernen „in der Grundstufe zugunsten eines umfassenden Bewegungsunterrichts zunächst in den Hintergrund treten (wird)" (ebd., 19). Wenn er jedoch als Gesamtziel fordert, die Handlungsfähigkeit so weit zu entwickeln, „dass das Erlernen von Sportarten effektiv und motiviert erfolgen kann (...) (und) in diesem Sinne den motopädagogischen Ansatz als Entwicklungshilfe für den traditionellen Sportunterricht in der Sonderschule (begreift)" (ebd., 18), so zeigt sich letztlich auch hier, dass das Entwicklungsziel der Handlungsfähigkeit eine *in* und *zum* Sport und nicht als Persönlichkeitsbildung *durch* den Sport zu verstehen ist. Diese Sichtweise wird belegt, wenn als zentrales Problem die motorischen Auffälligkeiten von „Verhaltensgestörten" in den Vordergrund gestellt werden, die sie letztlich daran hindern, am regulären Sportunterricht teilzunehmen (vgl. ebd., 20f). Diese Sichtweise erweckt den Eindruck, „als müsste der Erwerb optimaler Bewegungs- und Wahrnehmungsmuster bzw. die Beseitigung motorischer Fehladaptate quasi automatisch dazu führen, dass Schüler lernen, sinnvoll mit sich selbst und der Umwelt umzugehen" (HÖLTER u.a. 1989, 68).
Bewegungsaktivitäten werden reduziert auf ihre funktionale Bedeutung, sich alleine oder mit anderen zu bewegen. Damit wird ein möglicher, bewusster oder unbewusster Sinn von Handlungen ausgeklammert und damit auch der Zugang zum eigentlichen Problem der Kinder und Jugendlichen verstellt. Sie scheitern in der Regel nicht an den motorischen Anforderungen, die ihnen im Sport gestellt werden, sondern an ihren unbewältigten, tiefer liegenden Konflikten, „welche die Schüler haben auffällig werden lassen und die sie langfristig dabei behindern, an sozialen Institutionen wie dem Sport teilzuhaben: Hierzu zählt z.B. der Umgang mit Geschwisterrivalitäten und Autorität, der Aufbau von Ich-Kontrolle und das Akzeptieren von Grenzen ohne krankhafte Wahnvorstellungen, was spezifische Anforderungen an die Selbstreflexion des Sportlehrers stellt" (ebd., 67).
Wenngleich der Sport in seiner Bedeutung für die Freizeit auch für „Sonderschüler" anerkannt werden muss und zu einer „sinnvollen und aktiven Freizeitgestaltung" beitragen kann (vgl. FESSLER/SCHRAAG 1993), so muss hinterfragt werden, ob die erheblich geringere Vereinsmit-

gliedschaft in Sportvereinen im Vergleich zu Kindern und Jugendlichen der Regelschulen nicht darauf zurückzuführen ist, dass sie in der Institution Sport an den gleichen Problemen scheitern, die auch zum Ausschluss aus der Institution Regelschule geführt hat[6]. Bleibt die Sportpädagogik und – wie gesehen – auch der sonderpädagogisch orientierte Sport bei seiner letztlich funktionalistischen Sichtweise und reduziert seine Ziele und Inhalte auf die Vermittlung von Handlungsfähigkeit *im* Sport, so wird dadurch eine Chance verpasst, das im Medium Bewegung liegende Potential zu nutzen. Dies gilt auch für eine Motopädagogik, der es nicht gelingt, die subjektive Sinnkomponente und die symbolische Bedeutung von Bewegungen in ihrer Arbeit zu berücksichtigen.

Diese Vernachlässigung des Subjekts, die sich durch alle „Förderprogramme" der Motopädagogik zieht, wurde 1986 von PRECHTL angeprangert, als sie die Frage aufwarf, ob der „Aspekt des Bewegungserlebens in der Theorie der Motopädagogik zu kurz (kommt)".

Geht man davon aus, dass Behinderungen nicht ausschließlich auf Defizite in den Fähigkeiten und Fertigkeiten des Kindes zurückzuführen sind, sondern in hohem Maße auch von der Umwelt beeinflusst werden, deren Erleben sich in der Biographie des Kindes niederschlägt, dann wird Bewegung nicht mehr reduziert werden können auf ein „Medium der Erziehung" oder auf eine „Ausdrucksform funktioneller hirnorganischer Störungen", sondern sie muss – wie das nächste Kapitel zeigen wird – verstanden werden als symbolischer Ausdruck für Aspekte der Biographie des Kindes und auch des Erwachsenen, deren Konflikte über das Medium der Bewegung darstellbar und somit einer Bearbeitung zugänglich gemacht werden[7].

---

[6] Nach einer Erhebung in Baden-Württemberg ergab sich 1985 bei 7 – 14jährigen Jungen ein Organisiertheitsgrad in Sportvereinen von 64%, während er bei Schülern der Förderschulen in der selben Altersgruppe nur 24,4% betrug. Bei den Mädchen war das Verhältnis 47,2% zu 8,5% (vgl. FESSLER/SCHRAAG 1993, 525f).

[7] Vgl. dazu die Ausführungen von HÖLTER (1984,1989), MATTNER (1985, 1987, 1989), PRECHTL (1986), v. LÜPKE (1988), SEEWALD (1992, 1992 b), HAMMER (1992, 1997) und DENZER (1992).

3. Psychomotorische Entwicklungsbegleitung

Halten Sie viel von der kindlichen Fähigkeit zu spielen! Wenn ein Kind spielt, machen ein oder zwei Symptome nichts aus, und wenn ein Kind sein Spiel genießt, sowohl allein als auch mit anderen Kindern, ist keine besondere Schwierigkeit zu befürchten. Ist im Spiel eine reiche Phantasie am Werk, vergnügt sich aber das Kind auch beim Spielen, wo es auf eine exakte Wahrnehmung der äußeren Realität ankommt, dann können Sie wirklich glücklich sein, selbst wenn das betreffende Kind einnässt, stottert, Wutanfälle hat oder Leibschmerzen und Depressionen aufweist. Das Spiel zeigt die Fähigkeit des Kindes, in einer vernünftigen, stabilen und guten Umwelt seine persönliche Lebensform zu entwickeln und schließlich ein ganzer Mensch zu werden, der so, wie er ist, akzeptiert und von der ganzen Welt angenommen wird.

Donald W. Winnicott

Der historische Rückblick des vorhergehenden Kapitels zeigt, dass körperliche Erziehung im allgemeinen, insbesondere aber in der Erziehung von „Problemkindern“ eine wesentliche Bedeutung hat. Als „psychomotorische Entwicklungsbegleitung“ wurde im Pallotti-Haus, einem Zentrum für Erziehungshilfe, ein Ansatz entwickelt, der diesen Kindern in besonderem Maße gerecht wird. In den Bewegungsräumen dieser Einrichtung finden Kinder und Jugendliche Raum, Zeit und eine Vielfalt an Materialien, um – entsprechend der aktuellen Interessen und Bedürfnisse – ihr Spiel zu entwickeln. Es kann sich hierbei um bewegungsbetonte Beschäftigungen handeln, in denen die Kinder und Jugendlichen die Funktionsfähigkeit ihres Körpers überprüfen, stärken und verbessern können. Sie nutzen diese Gelegenheiten jedoch vor allem, um in Einzelsituationen oder in der Gruppe ihre Lebensthemen darzustellen und zu bearbeiten. Dabei folgt der Erwachsene in einer weitgehend offenen Situation den Impulsen der Kinder und bietet sich als Mitspieler an. Er begleitet den Prozess, der vom Kind selbst initiiert und getragen wird. Das Kind selbst wird als Akteur seiner Entwicklung betrachtet, die wir als Erwachsene nur unterstützen, nicht aber vollziehen können. Als wesentlichen Faktor betrachten wir hierbei die Wirksamkeit der „heilenden Kräfte im kindlichen Spiel“ (vgl. Zulliger 1970, Schäfer 1989, Datler 1985, Bittner 1976).

Der Erwachsene ist jedoch nicht nur Mitspieler. Er trägt Verantwortung für die Gestaltung dieses Prozesses und ist somit zuständig für die Bereitstellung eines Schonraumes, in dem das Kind genügend Vertrauen entwickelt, um sich auf dieses Wagnis Spiel einzulassen. Denn ein Wagnis ist es, sein Innerstes nach außen zu kehren und im symbolischen Spiel darzustellen. Fehlt der Schutz durch den abgeschlossenen Raum und durch die vom Erwachsenen vermittelte Sicherheit, dann wird kaum ein gelungener Spielprozess zustande kommen.
Bei der Frage, wie sich diese Situationen gestalten lassen, ist Erfahrung aber vor allem viel Zurückhaltung nötig. Das Kind selbst zu seinem Spiel kommen zu lassen und diesen Prozess mit einem hohen Maß an psychischer Präsenz zu begleiten gehört zu den schwierigsten Aufgaben in der Arbeit mit den Kindern. Theoretisch halfen uns hier die Persönlichkeitstheorie von D.W. WINNICOTT und die Entwicklungstheorie von E.H.ERIKSON: WINNICOTT, weil er der mit seiner Kreation des „intermediären Bereiches" ein Modell geschaffen hat, in dem der Raum zum Spielen ein Spielraum für die Persönlichkeitsentwicklung des Kindes wird, und ERIKSON, weil die von ihm formulierten Entwicklungsphasen viele Anregungen gaben, das Spiel der Kinder besser zu verstehen aber auch mit einem Blick nach vorne zu begleiten.

3.1 Persönlichkeitsentwicklung im „intermediären Bereich"

Als Grundlage der Persönlichkeitsentwicklung bezeichnet WINNICOTT in seiner Theorie „die Kontinuität der Lebenslinie, die vermutlich vor der Geburt des Kindes beginnt. Mit dieser Kontinuität ist die Vorstellung verbunden, dass nichts an persönlicher Erfahrung dem Individuum je verloren gehen kann, selbst wenn es auf verschiedene komplexe Weise dem Bewusstsein nicht zugänglich werden sollte" (WINNICOTT, z.n. DAVIS/WALLBRIDGE 1983, 60).
Hier zeigt sich eine positive Haltung dem Leben gegenüber, in dem es keine Brüche gibt. Die Kontinuität der Lebenslinie ist Garant für die Integration der Persönlichkeit, die sich auf der Grundlage eines ererbten, persönlichen Potentials entfaltet und die Fähigkeit erwirbt, „an der Errichtung, Erhaltung und Veränderung der Umwelt teilzunehmen (und) einen Beitrag zum (kulturellen) Reichtum der Welt zu leisten" (WINNICOTT, z.n. ebd., 53).

WINNICOTT´s Grundeinstellung, dass das Leben lebenswert ist, lässt sich besser verstehen, wenn sie vor dem Hintergrund seiner Lebensgeschichte gesehen wird. Er wuchs als einziger Sohn – zärtlich geliebt von seinen Eltern und zwei älteren Schwestern – in einer sicheren und wohlbehüteten häuslichen Umgebung auf, die es ihm ermöglichte, jenes Vertrauen zu sich selbst zu entwickeln, das ihn befähigte, im Vertrauen zu anderen Menschen und seiner Umwelt aufzuwachsen. Bis ans Ende seines schaffensreichen Lebens wurde er von seinen Anhängern und Kritikern für seine Vitalität bewundert, die scheinbar unerschöpflich war. Immer in Bewegung, als robuster Athlet und bester Läufer in der Schule, als Kind auf dem Fahrrad, als Jugendlicher auf dem Motorrad und später mit dem Auto, zeugte seine Arbeit doch immer von einer grenzenlosen Geduld, von ausgeglichener körperlichen Ruhe und Gelassenheit. „Winnicott war ein glücklicher Mensch" (KHAN 1977, 369).

Die Gestaltung dieser Persönlichkeit ist zunächst einmal eine Leistung des Ich, welches das sensorische und motorische Geschehen zur persönlichen Erfahrung werden lässt. Durch das Ich, das eng verknüpft ist mit der neurophysiologischen Entwicklung, mit der Wahrnehmungsfähigkeit, dem Intellekt, dem Erkenntnisvermögen und dem Gedächtnis, werden die sensorischen und motorischen Ereignisse zu dem umgestaltet, was später die „persönliche psychische Realität" genannt wird. Hier entsteht die „innere Realität" aus der sehr einfachen imaginären Verarbeitung von „Teilen des Leibes, leiblichen Gefühlen und Funktionen" (WINNICOTT 1976, 163). Sie grenzt sich ab von einer äußeren Realität in dem Moment, wo das Kind selbst als Individuum erkennbar wird und sich – gleichsam wie durch eine Membran – von der Außenwelt abgrenzt. „So kommt der Säugling dazu, ein Innen und ein Außen und ein Körperschema zu haben. Auf diese Weise bekommt die Funktion von Aufnehmen und Abgeben eine Bedeutung; außerdem wird es allmählich sinnvoll, eine personale oder innere psychische Realität für den Säugling zu postulieren" (WINNICOTT, z.n. DAVIS/WALLBRIDGE 1983, 67).

Damit ist der Augenblick der Ganzheit, des „Ich bin" erreicht. Ist dieser Prozess befriedigend durchlaufen, die Personalisierung also gelungen, so lässt sich dies an einer guten Gesamtkörperkoordination und einem angemessenen Muskeltonus beobachten. „Sobald die Psyche den Körper bewohnt, schließen sich die ursprünglich unkoordi-

nierten Bewegungen (Motilität) des Säuglings zusammen im Sinne bedeutsamer Erfahrungen. Mit der Zeit wird Bewegung für bestimmte Ziele und Absichten nutzbar gemacht" (ebd., 69).
Durch die Prozesse zunehmender Integration psychischer und somatischer Komponenten, die zunächst v.a. mit emotionalen Erfahrungen in Beziehung stehen, gewinnt der Säugling zunehmend Orientierung in Raum und Zeit und erwirbt eine individuelle Beziehung zur Umwelt, die mit der Zeit – als Außenwelt – zunehmend konstant erlebt wird. In dieser Phase ist die menschliche Umwelt – in der Regel die Mutter – von zentraler Bedeutung. Nur wenn diese Mutter in der Lage ist, „das Kind und den Körper des Kindes als eine Einheit zu behandeln" (WINNICOTT, z.n. ebd.,69), kann die Personalisierung gelingen, die Kontinuität der Lebenslinie gewahrt bleiben[8].

Die Rückkehr des Kindes oder des Erwachsenen in diesen Zustand des Nicht-Integriert-Seins, den der Säugling nur erträgt, wenn er von seiner Mutter „gehalten" wird, bedeutet das Loslassen der Kontrolle über sich selbst, über die gesamte Situation. Es bedeutet zur Ruhe zu kommen, sich zu entspannen, loszulassen, die „Fähigkeit zum Alleinsein" wie es WINNICOTT bezeichnet. Hyperaktive Kinder haben nicht dieses Vertrauen in ihre Umwelt, die gespürte Bedrohung ist so groß, dass sie es nicht wagen, sich fallen zu lassen und zur Ruhe zu kommen. Nur in Momenten der absoluten Sicherheit, im Schonraum einer vertrauensvollen Zweierbeziehung im nach außen abgeschotteten Raum, kommt es zu solchen Phasen der Ruhe. Hier können sich auch hyperaktive Kinder lange Zeit lösen vom Kampf, durch permanente Bewegung ihre Situation zu kontrollieren. Sie können sich fallen lassen in einer ruhig schaukelnden Hängematte, die nur sanft von der Hand des Therapeuten bewegt wird, zu dem sie absolutes Vertrauen haben. So genießt es ein 13-jähriger, im allgemeinen überaus bewegungsaktiver Junge, sich oft für eine gesamte Förderstunde in eine Hängematte zu legen, um sich von mir schaukeln zu lassen. Nicht selten kann er sich dabei so intensiv einer Regression hingeben, dass er anfängt, den Daumen in den Mund zu stecken und, daran saugend, ganz leise Wiegenlieder vor sich hinzusummen.

Nur aus der erlebten Zuverlässigkeit einer „haltenden" Mutter kann der Säugling auf die wirkliche Anwesenheit der Mutter verzichten, da

[8] Die Aufgaben, die der Mutter in dieser Phase obliegen, hat WINNICOTT mit dem Begriff des „Haltens" (holding) zusammengefasst (vgl. dazu DAVIS/WALLBRIDGE 1983, 63), das Bedingung dafür ist, dass der Säugling diese Phase des Noch-Nicht-Integriertseins zulassen kann.

er sich eine phantasierte, innere Mutter aufbaut, die es ihm ermöglicht, die Phasen der Abwesenheit der realen Mutter zu überstehen, ohne ihren Verlust befürchten zu müssen[9]. Kann das Kind in ausreichendem Maße Vertrauen zu seiner Mutter entwickeln, wird es auch in der Lage sein, sich aus der Abhängigkeit von der Mutter zu lösen. Es weiß sie zuverlässig in seiner Nähe und spürt, dass sie immer erreichbar ist. Die Loslösung von der Mutter vermittelt dem Kind das Gefühl, auch in ihrer Gegenwart allein zu sein, das Vertrauen lässt ihn dieses Gefühl ertragen.

Erst jetzt kann es in eine neue Phase eintreten, in der die Mutter nicht immer jedes Bedürfnis sofort erfüllt, sich den kindlichen Bedürfnissen nicht total anpasst.

Der Säugling macht im Warten auf die Befriedigung seiner Bedürfnisse erste Distanzerfahrungen und wird sich der Trennung von Ich und Nicht-Ich allmählich bewusst. Er erlebt sich jetzt als Einheit „mit einer eingrenzenden Membran und einem Innen und Außen“ (WINNICOTT, z.n. ebd., 90). Er entwickelt eine *innerpsychische Realität*, „in der die Vorstellungsbilder, die man sich von Teilen des Leibes, körperlichen Gefühlen und Funktionen und insbesondere von (erotischen und aggressiven) Trieberfahrungen macht, mit den zunehmend komplexer werdenden psychischen Repräsentanzen der bestimmten menschlichen Umwelt verflochten werden“ (ebd., 90). Diese neu entstandene innerpsychische Realität ist größtenteils unbewusst und kann als Grundlage der künftigen Persönlichkeit des Individuums gesehen werden, als das, was WINNICOTT Charakter genannt hat.

Dieser inneren, psychischen Realität, die im individuellen Besitz jedes Einzelnen ist, steht eine äußere, die Umwelt, gegenüber, die eine eigene Dimension hat und objektiv erfassbar ist. Da sich jedoch WINNICOTT nie mit der, noch von FREUD stammenden, Zweiteilung der Welten (Lustprinzip – Realitätsprinzip) abfinden wollte und konnte, führte er einen dritten, den *intermediären Bereich* ein, einen „Zwischenbereich des *Erlebens,* zu dem sowohl die innere Realität als auch das äußere Leben beitragen“ (WINNICOTT 1976, 295).

Phantasie und Realität treffen hier ständig aufeinander, innere und äußere Welt verschmelzen in dem Maße, wie das Kind die Entdekkungen der Außenwelt selber schafft und sich somit einen noch geringen Anteil des Omnipotenzgefühls bewahrt. Agiert es auf der Grundlage eines gesunden Vertrauens zu sich selbst und seiner Umwelt, kann es sich der Realität stellen und ihrem Prinzip standhalten, auch

[9] siehe dazu auch die „Bindungstheorie“ von BOLWBY (1975).

wenn sie, als „Erzfeind der Spontaneität, der Kreativität und des Gefühls für das Echte“ für die kindliche Entwicklung eine „Beleidigung“ darstellt (vgl. DAVIS/WALLBRIDGE 1983, 92).
Seine Nahrung findet dieser intermediäre Bereich im kindlichen Vertrauen zur Mutter, „das in der kritischen Phase der Abtrennung des „Nicht-ich“ vom Ich am Anfang des Aufbaus eines autonomen Selbst über einen genügend langen Zeitraum *erlebt* worden ist“ (ebd. 127). Die Besonderheit dieses intermediären Bereiches, den er später auch „potentiellen Raum“ nannte, ist es, dass er nicht von Anlagefaktoren abhängt, sondern von der lebendigen Erfahrung. Ist das Kind liebevoll umsorgt (von einer „genügend guten Mutter“), so kann sich das Kind von ihr lösen, ohne die existentielle Angst zu verspüren, ins Nichts zu fallen. Der freie Raum kann gefüllt werden mit der schöpferischen Kraft des Kindes, die sich zunächst einmal im Spiel, später dann in der Kreativität des kulturellen Schaffens entfaltet.

Als Vorläufer von Spiel und kreativem Schaffen beobachtete WINNICOTT beim Säugling die Erschaffung von „Übergangsobjekten“, wobei es hier nicht um die Objekte an sich (einem Zipfel von Leintuch oder Decke, einem Stück Stoff, Windeln oder Taschentücher) geht. Wesentlich ist nicht der Gegenstand, sondern die Erfahrung, ein Objekt zu schaffen, für den der Stoff aus der Realität kommt, dessen Inhalt jedoch der inneren Welt des Kindes entnommen ist.
Die Schaffung des Übergangsobjektes ist für WINNICOTT die erste kreative Leistung des Kindes, die im „intermediären Bereich“ vollzogen wird. Er ist der Ort des Schöpferischen, die Geburtsstätte der Kreativität, in dem sich das Individuum entfalten, sich selbst entdecken kann. Ist dieser Bereich beim Kleinkind noch an das Übergangsobjekt, als Stellvertreter des Schöpfungsprozesses gebunden, so öffnet sich hier später das ganze Potential menschlicher Kreativität und Schöpfungskraft. Als Zwischenreich ist es „die eigentliche Kraftquelle für das, was Innen und Außen in Bewegung setzt. Ins Zwischenreich tauchen bedeutet, mit neuer Energie in die Außenwelt eingreifen können“ (NEUBAUR 1987, 93).

Dieses Reich nimmt seinen Anfang im „potentiellen Raum“ zwischen Mutter und Kind, der im Dialog zwischen beiden aufgebaut wird. Er öffnet sich im Spiel des Kindes „und führt schließlich in den gesamten Bereich der menschlichen Überlieferung hinein, welcher die Künste, die Geschichtsmythen, das langsame Fortschreiten der philosophischen Gedankengänge genauso umfasst wie die Geheimnisse der Mathematik, der Gruppendynamik und Gruppenleitung und die Mysterien der Religion (...) in diesen Bereich gehören nicht nur das Spiel und ein Sinn für Humor, sondern gehört die Summe des geistigen, künstlerischen und sozialen Lebens der Menschheit in den vergangenen fünf- bis zehntausend Jahren. In diesem Bereich kann der produktive Intellekt wirksam werden. Er ist samt und sonders ein Nebenprodukt der Gesundheit" (WINNICOTT 1990, 40) Es ist also der Bereich, in dem der Mensch seine schöpferischen Kräfte frei entfalten kann, ohne dem Sachzwang der äußeren Realität soweit zu unterliegen, dass von seiner inneren Welt, seinen Ideen und Phantasien nichts mehr vorhanden ist, wie dies im Arbeitsprozess aber auch im schulischen Unterricht in der Regel der Fall ist.

Für das Kind entfaltet sich dieser intermediäre Bereich im Spiel. Als Fortschritt gegenüber der einfachen Anwendung eines gefundenen Objekts im Sinne des Subjekts, wie es das Übergangsobjekt noch versprochen hat, geht es nun „um ein erweitertes Finden. Immer mehr Objekte werden gefunden, um subjektiv verwendet zu werden" (SCHÄFER 1986,109). Das Kind eignet sich in diesem Spielprozess zunehmend die Umwelt an, verleiht den Gegenständen subjektive Bedeutung und erwirbt im Umgang mit den Gegenständen die Geschicklichkeit in deren Handhabung, darüber hinaus auch die Begriffe und die gesellschaftliche Bedeutung der Gegenstände (vgl. HAMMER 1987b). Das Kind setzt sich im Spiel aber auch mit Themen auseinander, die vergangene, aktuelle oder zukünftige Bedeutung haben. Einige Beispiele können dies verdeutlichen:

Markus spielt mit seinen Playmobil-Figuren immer wieder Szenen, in denen das Wasser bis zur Decke steigt, stellt also die Bedrohung dar, zu ersticken. Diese, in unterschiedlichsten Variationen dargestellten Bilder können real erlebte Ereignisse aus seiner frühen Kindheit, möglicherweise sogar aus seiner vorgeburtlichen Entwicklung sein, die ihn nach wie vor belasten und die er hier im Spiel verarbeiten kann.

Der gleiche Junge, 7 Jahre alt, spielt mit seinen Teddys auch immer wieder aggressive Auseinandersetzungen aus der Schule nach. Dabei ärgert oder schlägt der böse Teddy die anderen und muss von mir als Vertreter des Lehrers bestraft werden. Immer wieder ist es der böse Teddy, dem die Grenzen gezeigt werden müssen, der unerlaubte Dinge tut und deshalb bestraft werden muss.

In den variierenden Szenen stellt Markus teilweise seine eigenen „Untaten" vor, manchmal aber auch erlebte Gewalt aus der Schule. In beiden Fällen nutzt er auch hier wieder das Spiel, die Erlebnisse, die

ihn beschäftigen, über die er immer wieder nachdenkt und nachleidet, im Spiel darzustellen und sich so Erleichterung, psychische Entspannung zu verschaffen.
Diese Gedanken können sich auch mit der Zukunft beschäftigen. Es ist die Auseinandersetzung mit dem eigenen Sterben, die ihn dazu bringt, immer wieder seine Spielfiguren in eine Schachtel zu stecken und diese dann unter einem Tuch zu begraben.
Spielen an sich ist hier „Entwicklungshilfe", trägt in einem hohen Maße zur Persönlichkeitsentwicklung bei – auch ohne Deutung.

Der intermediäre Bereich schafft also für das Kind optimale Entwicklungsbedingungen, da er zum einen der Phantasie, der Innenwelt ausreichend Entfaltungsmöglichkeiten gibt, andererseits die Phantasie aber auch „bremst", da die äußere Welt als etwas Eigenständiges erlebt werden kann. Das Kind kann also innerhalb des intermediären Bereichs, im Spiel, seine Bedürfnisse, Wünsche, Ideen, Vorstellungen, sein Erlebtes und Erhofftes entäußern und ihm Gestalt geben. Es erhält so die Gelegenheit, sich an der Gestaltung der eigenen Zukunft und der Außenwelt mit zu beteiligen.

Beobachten wir die Kinder unserer Einrichtung bei ihrem Spiel, so fällt auf, dass sie eigentlich „nicht spielen können". Ihre Spielideen sind ziemlich eintönig und ranken sich meist mit wenig Variationen um dasselbe Thema. Ihre Handlungsplanung ist unrealistisch und in ihrer konkreten Ausführung oft nicht durchführbar. Im Spielverlauf zeigt sich, dass die Kinder weniger miteinander als nebeneinander spielen und allenfalls unter der Führung eines dominanten Mitspielers an einer gemeinsamen Sache bleiben können. Die Fähigkeit, Siege anzunehmen, ohne dem Verlierer dies als Zeichen der Schwäche oder der Unterlegenheit vorzuhalten, ist genauso zu vermissen, wie das Ertragen von Niederlagen, ohne direkt in ein tiefes Loch der Verzweiflung zu fallen. Dass auf dieser Grundlage Regelspiele nur bei strenger und rigider Leitung eines Erwachsenen möglich sind, versteht sich von selbst.

So musste in einer Heimwohngruppe, selbst beim einfachen Versteckspiel, stets ein erwachsener Betreuer mitspielen, um das Spiel in Gang zu setzten und die Kontrolle über die Einhaltung der Spielregeln übernehmen, da bei seinem Rückzug immer ein Zusammenbruch des Spiels erfolgte. Erst nach ca. drei Monaten regelmäßigen Spielens waren die Kinder in der Lage, dieses Spiel – gemäß der Übereinkunft über die Regeln – alleine durchzustehen, da sie erst dann stark genug waren, ihre eigenen, persönlichen Interessen hinter denen eines gelungenen Spiels in sozialer Gemeinschaft zurückzustellen.

Dies ist nicht überraschend: die meisten Kinder kennen auch nur sehr wenige von den „Kleinen Spielen", die in der Regel durch die Sozialisation der Straßenspiele angeeignet werden. Sie sind eher vertraut mit elektronischen Spielen, die durch die aufregenden Inhalte und schnelle Spielabfolge ein Höchstmaß an Anspannung im Körper erzeugen. Es fehlt jedoch die Möglichkeit, diese über ganzkörperliche und großräumige Bewegungen wieder abzubauen. Die Aktionen mit den Fingern reichen hierzu wohl nicht aus. Da Kommunikation mit den Partnern nicht im Spiel, sondern allenfalls über Erfahrungen mit den Neuerscheinungen auf dem Elektronikmarkt stattfindet, bietet sich das Spiel auch nicht als soziales Lernfeld an, in dem mit den Spielpartnern Regeln gemeinsam ausgehandelt werden und deren Einhalten Grundlage für ein gelungenes Spiel sein muss. Ein Computer lässt nicht mit sich verhandeln. Die Wahlmöglichkeiten des Spielers beschränken sich auf die Eingabe von Art, Dauer und Geschwindigkeit des Spiels. Ansonsten läuft alles nach Programm ab.

Sind Kinder nicht in der Lage, selbständig zu spielen, muss ständig ein Erwachsener eingreifen, um das Spiel entstehen zu lassen und den Spielfluss am Laufen zu halten, „dann heißt das, dass das Kind nicht schöpferisch spielen kann" (WINNICOTT 1973, 62) und damit der Weg für eine kreative Lebensgestaltung verstellt ist. Aufgabe der „Psychomotorischen Entwicklungsbegleitung" ist es, Gelegenheiten anzubieten, dass das Kind sich die Fähigkeiten zum schöpferischen Spielen aneignen und damit neue Entwicklungschancen für seine Zukunft eröffnen kann.

3.2 Psychomotorische Entwicklungsbegleitung im intermediären Bereich

Nach der Entfaltung der Persönlichkeitstheorie von WINNICOTT wird im folgenden die „psychomotorische Entwicklungsbegleitung" als therapeutischer Prozess dargestellt. Auch hier spielen die Begriffe des intermediären Bereichs, des Übergangsobjektes, des Spielens, des Haltens und Loslassens, des kreativen Schaffens und der „genügend guten Mutter" eine zentrale Rolle, denn „Psychotherapie geschieht dort, wo zwei Bereiche des Spielens sich überschneiden: der des Patienten und der des Therapeuten. Psychotherapie hat mit zwei Menschen zu tun, die miteinander spielen" (WINNICOTT 1973, 49).
Der therapeutische Kontext muss also so gestaltet werden, dass das Kind nochmals die Chance bekommt, die Fähigkeit zu entwickeln, die es in seiner natürlichen Entwicklung nicht erwerben konnte. Das neue

Lernen des Spielens bildet die Grundlage für die Suche nach seinem „Selbst", das durch krankmachende Entwicklungsbedingungen verschüttet wurde, denn „nur im Spielen kann das Kind und der Erwachsene sich kreativ entfalten und seine ganze Persönlichkeit einsetzen, und nur in der kreativen Entfaltung kann das Individuum sich selbst entdecken" (ebd. 66).

Ist das Kind dazu nicht in der Lage, so müssen ihm in der Therapie Möglichkeiten geboten werden, neue Erfahrungen zu machen, zurückzugehen in den ursprünglichen Zustand der „Unintegriertheit", des „Ungeformten", der „Formlosigkeit", aus dem heraus das Kind, mit Hilfe des Therapeuten, zu einer neuen Ordnung kommen kann. Aus der Angst vor dem drohenden Chaos sind die Kinder meist nicht in der Lage, diesen Schritt selbst zu gehen, nicht einmal das Bedürfnis dazu zu äußern, „falls nicht jemand dieses Bedürfnis in ihm spüren und ihm entgegenkommen und begegnen kann. In seiner Arbeit mit sog. „delinquenten Kindern" hatte Winnicott gelernt, dass antisoziale Handlungen eine Methode waren, ein Bedürfnis zu äußern und eine Forderung zu erheben" (Khan 1977, 359). Im therapeutischen Kontext zeigt sich dieser Mangel in ihrer Unfähigkeit, einen spielerischen Prozess zu entwickeln, ihre Phantasien in Szene zu setzen. Dies könnte darauf zurückzuführen sein, dass das Problem, worüber sie gern sprechen würden, in einer Zeit entstanden ist, in der sie der Sprache noch nicht mächtig waren, „in der sie noch nicht die notwendigen Ich-Fähigkeiten hatten, damit fertig zu werden oder es auch nur bewusst zu erkennen. Sie konnten es nur *registrieren*" (ebd.). Darum benötigen sie die Hilfe des Therapeuten, der ihre Bedürfnisse erkennt, auf sie eingehen und ihnen entgegenkommen kann.

Um diesen Prozess zu fördern, muss der Therapeut einen Raum des absoluten Vertrauens für das Kind schaffen, in dem sich das Kind entspannen und wieder den freien Zugang zu seinem menschlichen Potential finden kann. Fängt das Kind an, Phantasien zu entwickeln und im Spiel zu inszenieren, muss der Therapeut zurückhaltend und sehr behutsam auf das Spiel des Kindes eingehen, um nicht durch seine „deutenden" Eingriffe die Neuorganisation der kindlichen Entwicklung zu früh aus sich heraus zu strukturieren und dem Kind einen eigenen Weg zu verbauen. Der scheinbare „Unsinn", der sich in dem schöpferischen „Aus-sich-Herausgehen" entwickeln kann, darf nicht durch den Therapeuten strukturiert werden. Er würde dadurch den „Patienten" veranlassen, „den Bereich des „Unsinns" zu verlassen, weil es für ihn vergeblich ist, Unsinn mitzuteilen. Damit ist dann eine Gelegenheit zur Entspannung verpasst worden, weil der Therapeut sich nicht seinem Bedürfnis entziehen konnte, einen Sinn zu finden, wo kein Sinn ist. Der Patient hat sich nicht entspannen können, weil die Umwelt nicht genügend behutsam war und damit das Gefühl des Vertrauens untergrub. Ohne es zu bemerken, hat der Therapeut seine professionelle Rolle aufgegeben, als er sich vergeblich bemühte, als begabter Analytiker Ordnung im Chaos zu sehen“ (ebd. 68). Nicht die eingreifende Deutung des Therapeuten, sondern das Spiel an sich ist schon Therapie. „Kinder dazu zu bringen, dass sie spielen können, ist bereits Therapie“ (ebd. 62) und der entscheidende Augenblick in diesem Prozess ist nicht die Deutung durch den Therapeuten, die, wenn sie zu früh kommt, einer Belehrung gleichkommt, die eher zur Anpassung, denn zur Persönlichkeitsentwicklung führt, sondern der Moment, in dem das Kind in „Verwunderung“ gerät, ins Staunen, und aus der Vertiefung im Spiel für sich einen neuen Weg aus dem Chaos, aus der Formlosigkeit finden kann.

Der Therapeut darf sich also in der Begegnung nicht über das Kind stellen. Er ist Spielpartner, der nicht die Spielrichtung vorgibt, sondern auf gleicher Stufe steht. „Es darf nur noch zwei menschliche Wesen auf gleicher Ebene (geben). Hierarchie verschwindet“ (WINNICOTT z.n. DAVIS/WALLBRIDGE 1981, 46). Den Weg seiner Entwicklung lernt das Kind selbst zu beschreiten, ohne ihn von seinem Therapeuten angewiesen zu bekommen. Das Kind muss dabei sogar so stark werden, sich gegen Übergriffe des Therapeuten zu wehren, um seinen eigenen Weg durchzusetzen[10].

Der Therapeut muss also mit Zurückhaltung und großer Behutsamkeit seine Beziehung zum Kind gestalten, die eine Begegnung von beiden im intermediären Bereich gestattet. Eine Anforderung, der auch eine „genügend gute Mutter“ entspricht. Und so wie diese, spürt auch er sich ein in die innere Welt des Kindes, die sich ihm über die in Szene gesetzte Phantasie im Spiel erschließt.

Zurückhaltung bedeutet also nicht, sich aus dem Dialog mit dem Kind herauszuziehen. Die physische und psychische Präsenz des Therapeuten ist für das Spiel des Kindes unbedingt erforderlich, da es – wie von der Anwesenheit der Mutter – nur daraus die Sicherheit und das

[10] Diese Erkenntnis konnte WINNICOTT erst in den letzten Jahren seines Lebens so klar und deutlich formulieren: „Ich bin selbst erschrocken, wenn ich daran denke, welche tiefen Veränderungen ich manchmal durch mein eigenes Bedürfnis zu deuten bei Patienten einer bestimmten Kategorie verhindert oder hinausgezögert habe. Wenn wir nur abwarten können, kommt der Patient ganz allein kreativ und mit größter Freude zu einem Verständnis, und ich kann diese Freude heute mehr genießen als früher das Gefühl, klug zu sein. Ich glaube, meine Interpretationen haben heute vor allem die Aufgabe, dem Patienten die Grenzen meines Verstehens erkennbar werden zu lassen“ (WINNICOTT 1973, 101).

Vertrauen gewinnen kann, das Wagnis des Spielens einzugehen und „sich fallen zu lassen“.

Während eines schon länger dauernden therapeutischen Prozesses in meiner Arbeit mit einem 12-jährigen geistig behinderten Mädchens gab es eine Phase von mehreren Therapiestunden, wo ich mich – während sie spielte – nicht in ihrer unmittelbaren Nähe aufhalten und sie schon gar nicht körperlich berühren durfte. In einer Stunde platzierte sie mich auf einem Sprungkasten, der auf gleicher Höhe neben dem Trampolin stand. Ich musste mich hinlegen und mich mit einem Schwungtuch so zudecken, dass ich zwar ihre Aktivitäten noch durchschimmernd beobachten konnte, aus ihrem Gesichtsfeld jedoch verschwunden war. Sie blieb solange auf dem Trampolin aktiv, wie auch ich in meiner Beobachtung aktiv mit dabei war. Die Zeit, es war zwischen zwei und drei Uhr am Nachmittag, die zunehmende Wärme unter dem Schwungtuch und wohl auch die gleichmäßigen, rhythmischen Bewegungen auf dem Trampolin, forderten ihren Tribut: ich schlief ein. Allerdings nur kurz, denn meine psychische Abwesenheit war für dieses Mädchen spürbar. Sie sprach mich sofort an und versicherte sich meiner Anwesenheit. Erst als ich wieder voll da war, machte sie mit ihrem Spiel weiter.

Fehlt im therapeutischen Prozess die einfühlende Wachsamkeit des Therapeuten, geht das noch labile Vertrauen verloren und das Kind wird von der Angst vor dem Chaos, vor dem „in Stücke fallen“, vor dem „unaufhörlichen Fallen“ überschwemmt.

Eine ähnliche Situation ergab sich in einer Gruppenstunde, als der Therapeut als „Monster“ im Spiel von den Kindern „getötet“ wurde und sich die Kinder nicht darüber einigen konnten, wie lange nun dieses „Monster“ tot zu sein habe. Während es wohl dem einen – ich würde heute sagen dem psychisch Stärkeren – das höchste Vergnügen war, die von ihm vollstreckte Leiche vor ihm liegen zu sehen, um sie ausgiebig verspotten zu können, dauerte diese Situation, in der ja nicht nur das „Monster“ tot, sondern darüber hinaus auch noch der Erwachsene psychisch abwesend war, für den anderen viel zu lange. Aus Angst, alleingelassen, verlassen zu werden, geriet dieser 11-jährige Junge in Panik, wurde blass und schrie verzweifelt solange um Hilfe, bis ich mich – als „Monster“ – erhob und das Spiel fortsetzte.

In diesen Situationen müssen die Kinder durch Abwehrmechanismen neue Dämme gegen diese Ängste errichten und versperren sich dadurch die Chance auf einen Neubeginn. Gelingt es dem Therapeuten jedoch, eine vertrauensvolle Basis zu schaffen, kann das Kind die Re-

gression in diese Zeit der Formlosigkeit, in eine Phase der Ungeschiedenheit von Mutter und Kind zulassen, ohne die Angst, in diesem unintegrierten Zustand bleiben zu müssen. Der unintegrierte Zustand ist dann nicht mehr beängstigend. Die ihm innewohnende Produktivkraft wird genutzt, aus dem Chaos der Formlosigkeit heraus eine neue Ordnung zu schaffen, sein Potential zur Wirklichkeit zu bringen und daraus seine Beziehung zur Umwelt neu zu gestalten (vgl. dazu HAMMER 1999). Denn dies war die Ausgangslage, in der das Kind anfing, die Welt zu konstruieren: „die Erfahrung der Formlosigkeit; nur solange man von dieser Ausgangslage nicht abgeschnitten ist, hat man seine Kompetenz“ (NEUBAUR 1987, 33).
Eine Regression in den Zustand der Formlosigkeit heißt also, verfestigte Strukturen wieder zu verflüssigen und wieder von neuem „das Wechselspiel zwischen Körperfunktionen und Imagination einzuleiten, durch das es zu größerer Differenzierung der Körperfunktionen wie der körperlichen Selbstwahrnehmung und gleichzeitig auch zu einer präzisen Identität der Vorstellungen kommt“ (ebd. 45). Das Wiedererleben des eigenen Körpers, das Funktionieren der Muskeln, der Sinne, das Spüren der Atmung schafft die Voraussetzungen dafür, den Körper wieder neu, als etwas Eigenständiges und Positives zu entdecken und damit eine neue Identität herauszubilden. „Man ist der Ansicht, eine Grundlage für die Entwicklung des Ich bestehe darin, dass das Kind seinen Körper als etwas erkennen muss, das von der übrigen Welt getrennt ist und zugleich als etwas, das willentlicher bewusster Beherrschung unterworfen ist“ (BETTELHEIM 1971, 109).
Die Wiederentdeckung des eigenen Körpers ist also das zentrale Ziel der therapeutischen Arbeit, in der dem Kind, im vertrauenserweckenden Kontext, auch die Möglichkeit geboten wird, die von WINNICOTT formulierten „primitiven Agonien“ (in Stücke zu gehen, unaufhörlich zu fallen, keine Beziehung zum Körper, keine Orientierung zu haben), zu überwinden. So kann die Angst davor, „in Stücke zu zerfallen“ nur bekämpft werden, wenn der Körper als Ganzes wahrgenommen wird, mit einer Haut, die den Körper zusammenhält und als Membran von der Umwelt abgrenzt (s. dazu auch MONTAGU 1974).

Wenn sich Kinder nicht sicher sind, ob sie auch wirklich zusammenhalten[11], also nicht in Stücke zerfallen, dann müssen sie sich behelfen. Oft sieht man sie bei größter Hitze eingemummt in ihre Kleidung, die ihnen den Schutz und Halt gibt, der ihnen von ihrer menschlichen

[11] Wie können sie mit anderen „zusammenhalten“, wenn sie nicht einmal sicher sein können, ob sie selbst ein Ganzes sind?

Umwelt nicht in ausreichendem Maße zur Verfügung gestellt wird.

So läuft Alfred, ein 14-jähriger Junge, bei jeder Witterung immer mit einer Jacke herum, deren Reißverschluss bis unter den Hals geschlossen ist. Selbst in der Turnhalle, in der er sich alleine mit mir aufhält, dauert es lange Zeit, bis er sich ihrer entledigt. Erst nach vielen Stunden erklärt er sich endlich bereit, sich massieren zu lassen, wobei er – nach vereinbarten Zeichen – bestimmt, wo ich ihn berühren darf und mit welcher Intensität die Berührung sein soll. Er behält also die Kontrolle darüber, wie ich mich seinem Körper annähern darf und er ist auch erst in Ansätzen bereit, eine Beziehung über seinen Körper herzustellen.

Um den Kindern die Möglichkeit intensiver Körpererfahrungen zu geben, müssen ihnen Gelegenheiten geboten werden, in denen sie ihren Körper spüren und als Ganzes wahrnehmen können. Die dabei entstehende Ruhe und Konzentration, die Intensität der Beziehung, die bei Partnerübungen aufgebaut wird, erzeugt bei ihnen das Gefühl von Halt und Geborgenheit, das sie in ihrem Kinderleben sonst so sehr vermissen und deshalb in diesen Situationen besonders genießen können.
Bewegungsorientierte Aktivitäten und das Erleben der Funktionalität des Körpers geben den Kindern die Möglichkeit, positive Beziehungen zum eigenen Körper aufzubauen und eine neue Orientierung in Raum und Zeit zu entwickeln. Besonders die gleichmäßige Bewegung einer Schaukel oder Hängematte vermittelt das Gefühl von Kontinuität und hilft ihnen, ihren Lebensfaden neu zu knüpfen, der im Kontext einer „nicht genügend guten Mutter“ zerrissen wurde. Erst wenn die Kinder über die „Bemeisterung“ des eigenen Körpers gelernt haben, sich zu bewegen und seine Funktionen zu beherrschen, sind sie auch fähig zu spielen, d.h. – um es mit WINNICOTT zu formulieren – im intermediären Raum zu agieren. Die Integration der Körperfunktionen, insbesondere der sinnlichen Wahrnehmung, führen zu kreativen Ausdrucksformen des Kindes, die sich aus der „Sinnenstruktur des Leibes und seiner expressiven Vermögen entwickeln“ (RAMIN/PETZOLD 1987, 376). „Die kinästhetischen Sinne führen zum Tanz und zur Pantomime; das Gehör ins Musikalische, zum Gesang und zur Sprachgestaltung; das Auge zu den Farben, zum Malen; Visuelles und Taktiles ins Plastische, Formende; Geruch und Geschmack zum Experimentieren mit Speisen (...) So ist jedes Kind „Maler“ (...) jedes ist „Komponist“ (...) jedes ist „Dichter“, jedes vermag Rollen zu verkörpern, ist ein kleiner Schauspieler; in jedem steckt ein „Meisterkoch““

(ebd.). Erst wenn die Körperfunktionen neu organisiert sind, „wenn das Kind zum Bewusstsein seines Körpers als solchem gekommen ist" (NEUBAUR 1987, 123), sind die Voraussetzungen zum Spielen geschaffen. „Sobald ein Kind die Fähigkeit erworben hat, sich frei zu bewegen und zu anderen Menschen in Beziehung zu treten, pflegt es auch zum Spielen fähig zu sein, und das Spielen ist in seiner Erziehung zu körperlicher, emotionaler und intellektueller Zulänglichkeit kein großes Problem mehr" (BETTELHEIM 1971, 203).

Diese Voraussetzungen werden in der „Psychomotorischen Entwicklungsbegleitung" durch ein entwicklungsorientiertes Angebot an Bewegungsgelegenheiten geschaffen. Den Hinweis darauf, welche Art von Bewegungsaktivitäten dazu erforderlich sind, geben uns die Kinder im freien Spiel.

Ordnen wir diese in Anlehnung an die „Theorie der psychosozialen Entwicklung" von ERIKSON, so zeigt sich, dass sie dabei zurückgreifen auf Bewegungs- und Spielformen, die eigentlich ihre entwicklungsfördernde Kraft schon in viel früheren Entwicklungsstufen hätten entfalten müssen. Dadurch wird deutlich, dass sie im freien Spiel immer wieder versuchen, die ungelösten Krisen ihrer Vergangenheit zu bewältigen, um sich damit neue Entwicklungschancen für die Zukunft zu eröffnen. Wir können diesen Prozess des Erwerbs von Spielfähigkeit erleichtern, indem wir Bewegungsgelegenheiten bieten, die vor allem vertrauensfördernd sind und der Entwicklung von Autonomie dienen (vgl. Abb. 12).

Aufgabe der „psychosozialen Entwicklung" sollte es nach ERIKSON sein, Identität herauszubilden. Er versteht darunter das zur Überzeugung erstarkte Gefühl, „dass das Ich wesentliche Schritte in der Richtung auf eine greifbare kollektive Zukunft zu machen lernt und sich zu einem definierten Ich innerhalb einer sozialen Realität entwickelt" (ERIKSON 1973, 17). Dies vollzieht sich in einem lebenslangen Prozess, dessen Wurzeln bis in die Zeit der ersten Selbst-Wahrnehmung zurückreichen. ERIKSON beschreibt diesen Prozess als Aufeinanderfolge von „psychosozialen Krisen", die jeweils durch die Gegenüberstellung von einem Kriterium „relativer psychosozialer Gesundheit" und „relativer psychosozialer Störung" gekennzeichnet sind. In der „normalen" Entwicklung überwiegt dabei das erste dauerhaft, wenn es auch das zweite nie ganz verdrängt. „Jede Komponente existiert in einer gewissen Form auch

[12] Dieses Schema wurde – in Anlehnung an ERIKSON – von R. Hammer, M. Denzer und K. Twellmeyer entwickelt.

schon vor der Zeit, in welcher sie phasenspezifisch wird", und sie kehrt auch in späteren Entwicklungsphasen wieder (ebd. 149). Gelingt es nicht, diese „psychosozialen Krisen" zur „rechten Zeit" zu lösen, so bleiben sie unerledigt und belasten die weitere Entwicklung.

Besonders aussagekräftig für das Verständnis des theoretischen Zusammenhangs sind die den Krisen zugeordneten psychosozialen Modalitäten, da diese ziemlich deutlich das Lebensgefühl des Kindes in den jeweiligen Entwicklungsabschnitten wiedergeben. Im ersten Lebensjahr ist der Säugling völlig von seiner Umwelt abhängig, da er keine Möglichkeit hat, sich selbst zu versorgen. Er lebt also mit dem Gefühl: „Ich bin, was man mir gibt" und muss sich auf die Versorgung durch seine Mutter verlassen können. Nur wenn er die Umwelt mit seinen immer wiederkehrenden Elementen als stabil und gleichmäßig erlebt, nur dann kann er das Vertrauen entwickeln, das die Grundlage für sein gesamtes Menschen- und Weltbild sein wird.

Hat das Kleinkind diese „psychosoziale Krise" befriedigend bewältigt, so kann es darauf aufbauend Autonomie entwickeln und damit einen weiteren wichtigen Schritt zur Entwicklung von Ich-Identität machen. „Ich bin, was ich will" ist hier das entscheidende Thema für das Kind. Es ist die Zeit, in der es zunehmend Herrschaft über sich selbst bekommt und lernt, auf eigenen Füßen zu stehen.

In der folgenden Phase soll das Kind Initiative entwickeln und sich allmählich aus den familiären Banden lösen, um sich der Gruppe der Gleichaltrigen zuzuwenden. Gehen und Laufen werden jetzt zur „bemeisterten Kunst" und dienen als Mittel, sich frei und kraftvoll in den Raum hinein zu bewegen. „Ich bin, was ich mir zu werden vorstelle" nennt ERIKSON den „psychosozialen Modus" in dieser Phase und weist damit hin auf die zunehmende Bedeutung des Rollenspiels, in dem die Rivalität gegenüber dem Erwachsenen in der Phantasie – verbunden mit Allmachts- und Ohnmachtsträumen – ausgespielt wird, oder im Spiel Wunschträume für die eigene Zukunft entfaltet werden.

Aus dem Bestreben, es den Erwachsenen gleich zu tun, entwickelt sich die „Lust an der Vollendung eines Werkes durch Stetigkeit und ausdauerndem Fleiß" (ERIKSON 1973, 103). Die Kinder wollen jetzt nützlich sein, etwas „Richtiges" mit anderen zusammen machen und sich durch ihr schöpferisches Tätigsein Anerkennung bei den anderen Kindern, aber auch bei den Erwachsenen verschaffen.

Psychosoziale Krisen	Psychosoziale Modalitäten	Bewegungsorientierte Aktivitäten
Vertrauen – Misstrauen (*1. Lebensjahr*)	geben – bekommen „Ich bin, was man mir gibt“	• entspannt liegen • gehalten werden • Körperkontakt suchen • sich einwickeln (Wärme) • schaukeln und schwingen • sich fallen lassen • schweben im Wasser
Autonomie – Scham und Zweifel (*2. und 3. Lebensjahr*)	festhalten – loslassen auf eigenen Füßen stehen „Ich bin, was ich will“	• erforschen von Dingen und der Umwelt • erforschen des eigenen Körpers, der eigenen Möglichkeiten • ausprobieren von Materialien (z.B. Fahrgeräte) • Fangspiele (einer gegen alle) • verstecken (= entdeckt werden als Bestätigung der eigenen Existenz) • raufen und balgen
Initiative – Schuldgefühl *(4. – 6. Lebensjahr)*	Tun (Drauflosgehen) Tun als ob „Ich bin, was ich mir zu werden vorstellen kann“	• Rollenspiele (Räuber und Gendarm, Monsterspiele) • Wettkämpfe (Laufspiele) • mit Fahrgeräten in den Raum fahren
Werksinn – Minderwertigkeitsgefühl *(Schulalter)*	mit anderen zusammen etwas „Richtiges“ machen „Ich bin, was ich lerne“	• Judo, Tanz • Klettern, Kanu • Segelboot bauen und damit auf Törn gehen • Fahrräder zusammenbauen und damit fahren

Zeigen die Kinder erste Ansätze, ihre Bewegungsaktivitäten in ein thematisch gebundenes Spiel einzufügen, dann ist nach WINNICOTT bereits der erste, wichtige Schritt in der Arbeit des Therapeuten vollbracht. Diese muss „dort, wo Spiel nicht möglich ist, darauf ausgerichtet sein, den Patienten aus einem Zustand, in dem er nicht spielen kann, in einen Zustand bringen, in dem er zu Spielen imstande ist“ (WINNICOTT 1973, 49). Voraussetzung beim Therapeuten für diese Arbeit ist, dass er selbst spielen kann, denn „wenn der Therapeut nicht spielen kann, ist er für die Arbeit nicht geeignet“ (ebd. 66). Er muss sich also einlassen können auf das Spiel des Kindes und aus sich heraus einen intermediären Bereich schaffen, in dem seine innere Welt zum Tragen kommt und sich mit der äußeren Welt verbindet. Therapie ist also ein schöpferischer Prozess, der nicht nur die Entwicklung des Kindes, sondern auch die des Therapeuten beständig vorantreibt.

In den psychomotorischen Förderstunden zeigen die Kinder, dass sie nicht nur bei der Auswahl der Bewegungsaktivitäten, sondern auch bei der Gestaltung ihrer Spielideen „entwicklungsorientiert“ vorgehen. Beachten wir erneut das Entwicklungsschema von ERIKSON, so lässt sich feststellen, dass – je nach Entwicklungsstand – zunächst Spiele bevorzugt werden, bei denen es um den Erwerb von „Urvertrauen“ geht. Erst darauf aufbauend beobachten wir Spiele zur Entwicklung von Autonomie und Initiative.

Beim Bau von Höhlen in der Turnhalle liegt primär das Bedürfnis vor, sich in einen dunklen und warmen Raum zurückzuziehen, der Schutz bietet gegen die Außenwelt. Diese Situation gestaltet sich gerne ein 12-jähriger Junge, den ich im folgenden Werner nenne (vgl. HAMMER 1992b).
Am liebsten baut Werner seine Höhle hoch oben auf dem Klettergerüst. Da fühlt er sich sicher. Er wird ruhig, entspannt und beginnt zu träumen. Seine Träume sind dabei oft beeinflusst von den Geschichten, die er im Fernseher verfolgt. Meist ist er der einsame Held, der gegen den Rest der Welt kämpft.
Sein Haus ist dabei die sichere Basis, von der aus er loszieht, um als Seeräuber die Meere zu beherrschen, andere Inseln zu erobern und dort Schätze zu heben. Bei allen Abenteuern ist es für ihn wichtig, immer wieder zurückkehren zu können in das eigene Haus. Deshalb verwendet er auch besondere Sorgfalt bei seiner Fertigstellung. Es muss sehr stabil sein und vor allem ganz dicht, damit keine Feinde eindringen können – nicht einmal Licht. Wenn Werner nach den erlebten Abenteuern erschöpft zurückkehrt, kuschelt er sich ganz wohlig ein in seiner dunklen Höhle, die ganz warm wird von der Ausstrahlung unserer Körper. Da kann er träumen von bestandenen Gefahren und gehobenen Schätzen. Er erzählt aber auch vom Traum,

sich bald ein eigenes Haus zu bauen. Groß soll es sein, mit vielen Zimmern, mit einem hohen roten Dach, einem schönen Garten mit vielen Obstbäumen und Beeten für den Anbau von Gemüse. Auch eine Garage für das Auto darf nicht fehlen. Es soll viel Platz da sein für die ganze Familie, seinen Vater und Bruder, mit denen er gemeinsam als Kraftfahrer schaffen geht, während die Mutter den Haushalt versorgt.
Kennt man seinen familiären Hintergrund, dann weiß man, dass Werner's Phantasiespiel eine Utopie und nicht einmal eine konkrete ist, da seine Eltern getrennt sind und beide Kinder im Heim leben.

Diese Spiele haben für Werner eine wesentliche Bedeutung in seiner Persönlichkeitsentwicklung. Sie helfen ihm, entgangene Erfahrungen nachzuholen, Erlebtes zu verarbeiten und in Tagträumen Entwürfe für das zukünftige Leben zu kreieren. Dass in all seinen Spielen der Bau von Höhlen oder Häusern eine zentrale Rolle spielt, ist kein Zufall. Wird ihm doch hier in der Abgeschlossenheit eines von ihm selbst gestalteten Raumes die Sicherheit geboten, die ihm helfen könnte, sich in Zukunft den Anforderungen der Umwelt zu stellen.
Im kindlichen Spiel sind hier regressive Elemente zu erkennen, die immer dann verstärkt zu beobachten sind, wenn die Anforderungen der Umwelt zunehmen. Die Kinder suchen dann Situationen auf, die sie an Ruhe, Entspannung und Geborgenheit der pränatalen Entwicklungsphase erinnern. Der Rückzug in dunkle, enge Höhlen, in denen Raum und Zeit ihre Bedeutung verlieren, bietet dem Kind dieses „ozeanische Gefühl", das es im Mutterleib erlebte. Das Spiel in der Höhle bietet auch eine intensive Nähe zum Erwachsenen. Eine „Aura der Wärme" (SEEWALD 1987, 11) umgibt das Kind, in der es gehalten und getragen wird und dadurch Urvertrauen in eine verlässliche und beschützende Umwelt entwickeln kann. In der Ruhe, Dunkelheit und Wärme dieser Höhle vermag sich das Kind der bergenden Umgebung hinzugeben und sich für das vertraute Zusammensein mit dem Erwachsenen zu öffnen. Das Kind und der Erwachsene sind offen für einen Dialog. „In einem warmen Raum öffnen sich die Poren, man belebt seine Umgebung, breitet sich in ihr aus" (MAHLKE 1987, 12).
Wenn sich das Kind hier sicher fühlt, dann wird es auch in der Lage sein, einen ersten Schritt nach draußen zu machen. Erst auf dieser Basis des entwickelten „Urvertrauens" kann es wagen, in eine fremde Welt hinauszutreten, die ständig Neues und Beängstigendes bietet. Es lernt, auf eigenen Füßen zu stehen und unabhängig vom Erwachsenen zu werden, wobei es dessen Nähe braucht, als Ort des Rück-

zugs, als „Heimathafen", zu dem es immer wieder zurückkehren kann, um „emotional aufzutanken" (vgl. MAHLER u.a. 1985).

Ein anderes Fallbeispiel (vgl. HAMMER 1992) zeigt, wie dieser Schritt nach draußen gewagt, der Kampf um Autonomie aufgenommen wird. Bei einem Jungen, den ich im folgenden Jakob nenne, musste dieses Unternehmen aus einer schlechten Ausgangsbasis heraus gestartet werden, da ihm wegen der „emotionalen Abwesenheit" der Mutter nicht nur der Ort fehlte, emotional aufzutanken, sondern auch noch der Vater als „solide Insel in der äußeren Realität" (ROTMANN 1978, 1126). Dieser hatte nämlich die Familie verlassen, als der Junge zwei Jahre alt war. Der Kampf um Autonomie wurde also von Jakob nicht nur auf einer schlechten Grundlage ausgefochten. Er musste darüber hinaus auch noch ohne die Hilfe des Vaters auskommen. Alleingelassen, enttäuscht von seinen vertrautesten Menschen musste er sich der äußeren Realität zuwenden, in der er als autonome Persönlichkeit selbständig handeln lernen sollte. Jakob versuchte diese „psychosoziale Krise" in den psychomotorischen Förderstunden gemeinsam mit einem anderen Jungen durch ein „Monsterspiel" aufzuarbeiten, für das er ein sehr differenziertes Skript entwickelt hat:
Es handelt sich um Kinder, die an einem Fluss einen netten Menschen getroffen haben, der ihnen zunächst freundlich zuwinkt, sich jedoch plötzlich in ein gefährliches Ungeheuer verwandelt, dessen Umklammerung tödlich wirkt. Das Spiel, dessen Inhalt bestimmt war vom Kampf der Kinder gegen das gefährliche Monster, das durch seine Übermacht existentielle Ängste in den ohnmächtigen Kindern auslöst, spiegelt die aktuelle Lebenssituation der Kinder wider. Klein und hilflos in der Welt der Erwachsenen, in ihrem Überleben vom guten Willen der Großen abhängig, können sie immer nur hoffen auf die Rettung durch das Gute, das ihnen hilft, erwachsen zu werden und selbständig in ihrem Leben bestehen zu können. Diese Hoffnung wurde bei Jakob immer wieder enttäuscht, für ihn entpuppte sich hinter dem vermeintlich Guten immer wieder das Böse. Von seiner Mutter bekam er nicht die Unterstützung, die ein Kleinkind bräuchte und zu guter Letzt wurde er auch noch von seinem Vater verlassen, der ihm in seinem Kampf um Autonomie, dem ersten großen Schritt hin zu einem Ich, zur Auseinandersetzung mit der Ordnung der Erwachsenenwelt, nicht helfen konnte, weil er nicht anwesend war. So kann er erst jetzt, nachdem er in mir den geeigneten Spielpartner gefunden hat, der diese äußere Welt repräsentiert, mit seinem Kampf um Autonomie beginnen. Es gelingt ihm nun, diese neue Ordnung, das Gesetz dieser Welt zu zerstören, da er erwarten kann, dass ihm jemand dabei hilft, sie

wieder neu aufzubauen. Mein Part im Spiel ist es, diese „symbolische Ermordung des Vaters" (LAPIERRE / AUCOUTURIER 1984), also seine aggressiven Impulse zu ertragen, dennoch zu überleben und duldend und liebevoll das Spiel mitzuspielen.

Der Wert der psychomotorischen Entwicklungsbegleitung für Jakob, der mir zur „Behandlung" seiner Aggressionen von ErzieherInnen seiner Wohngruppe anempfohlen wurde, lag sicher nicht in der Möglichkeit, im Sinne eines sich entladenden Dampfkessels, seine Aggressionen dadurch abzureagieren, dass er auf mich einschlug und mich „zerstörte". Es war diese „symbolische Ermordung", die ihm half, seine Problematik immer wieder im Spiel darzustellen und zu verarbeiten. In seinem Skript war es „Nessy" das Ungeheuer, das für den Vater stand und dessen Beschreibung auch die Ambivalenz des Jungen zum Vater, aber auch zur neuen Ordnung ausdrückte. Es erschien als freundlicher Mensch, das nett zu ihm war und so tat, als ob es ihm helfen wollte. Im Prozess des „Helfens" verwandelte es sich jedoch immer wieder in ein Ungeheuer.

Die neue Ordnung ist also trügerisch. Sie muss immer wieder in Frage gestellt werden, um sich ihrer Beständigkeit und Ehrlichkeit zu versichern. Sie darf jedoch nicht nur zerstört, sie muss auch wieder neu aufgebaut werden. Es darf „nicht beim Vatermord bleiben, es muss das So-Sein-Wollen wie der Vater folgen" (SEEWALD 1989, 354). Meine Aufgabe ist es also nicht nur, die „symbolische Ermordung" zu erdulden, sondern auch als Identifikationsfigur zu dienen und ihm bei der Übernahme der gesellschaftlichen Ordnung zu helfen.

Spielthemen dieser Art, wie sie in psychomotorischen Förderstunden immer wieder in Szene gesetzt werden, machen die aktuelle Situation der Kinder deutlich. Die Auseinandersetzung mit fremden Mächten, die nur durch übermächtige Kräfte eines Heros bezwungen werden können, drücken die Ohnmacht gegenüber der Welt der Erwachsenen aus, die sie nur mit magischer Hilfe bezwingen können[13]. Im Spiel entwickeln die Kinder Allmachtsgefühle, sie identifizieren sich mit dem strahlenden und starken Helden, den sie aus dem Fernsehen kennen, und verarbeiten damit ihre ständigen Niederlagen, die sie im Alltag erleiden müssen. Dies ist ihr Kampf um Autonomie, der in der Konfrontation „allein gegen alle" auf der Grundlage von erworbenem Urvertrauen ausgetragen wird.

---

[13] Vgl. dazu auch WAGNER-WINTERHAGEN (1989).

Das „mörderische" Monsterspiel mit dem Thema Macht – Ohnmacht, Gut – Böse, muss abgelöst werden von Spielen, die ERIKSON in seiner 3. Phase beschreibt. Die erworbene Fähigkeit, „auf eigenen Füßen stehen zu können" wird nun genutzt, um sich aus der engen Bindung zu den Eltern zu lösen und sich vermehrt der Gruppe der Gleichaltrigen zuzuwenden. In Rollenspielen sollten sich die Kinder der Welt der Erwachsenen, die nun ja akzeptiert ist, aneignen. „So tun als ob" heißt nun die Devise und die Kinder entwickeln erste Ideen von dem, „was sie sich zu werden vorstellen können". Sie beginnen, sich Räume zu erobern und fangen an, sich mit den Gleichaltrigen im Wettkampf zu messen. Wenig ist davon noch im freien Spiel unserer Kinder zu beobachten. Sie sind noch zu sehr mit ihren inneren Unsicherheiten beschäftigt, kämpfen noch zu sehr mit sich und der Welt, um – auf eigenen Füßen stehend – sich diese aneignen zu können.
Am Verlauf einer Gruppenstunde mit 6 Jungen kann dies nochmals verdeutlicht werden. Es handelt sich wieder und immer wieder, während eines ganzen Schuljahres um das gleiche Thema, das auch oben schon in den Spielstunden mit den zwei Jungen entfaltet wurde: der Kampf der ohnmächtigen Kleinen gegen die übermächtigen Großen.

In einer ersten Phase des Spiels kommt es zu einem vorsichtigen Abtasten der Kräfte: die Ruhe vor dem Sturm. Im kindlichen Spiel werden verschiedene Handlungsmöglichkeiten erprobt, die vom Wunsch der Einzelnen nach Freiheit und Stärke bestimmt sind. Sie necken das „Monster", ärgern es und fordern es immer wieder heraus, doch endlich seine fürchterliche (gefürchtete?) Stärke zu zeigen.
Es macht sich ein Gefühl der Überheblichkeit breit, das solange anhält, bis es in der zweiten Phase des Spiels zur Auseinandersetzung mit dem mächtigen Gegner kommt. Angesichts der Verfolgung durch das Monster wird nun die eigene Ohnmacht deutlich. Hektisches Weglaufen und lautes Schreien decken die existentiellen Ängste auf. Die Kinder erleben die eigene Schwäche und erfahren die Unzulänglichkeit ihrer Mittel im Kampf gegen das Ungeheuer. Durch den Rückzug an einen sicheren Ort, an dem sie für den Feind nicht erreichbar sind, bekennen sie ihre Schwäche und drücken dabei aber auch ihre Sehnsucht nach Sicherheit in dieser feindlichen Welt aus.
Aus diesem Fluchtpunkt heraus setzen sie in einer dritten Phase neue Kräfte frei und setzten gegen den übermächtigen Feind fiktionale Mittel (Laserstrahlen, Tarnmäntel, Bomben und Raketen etc.) ein. Besteht die Gruppe schon länger, beginnen die Kinder gemeinsame Strategien zu entwickeln und können durch wechselseitige Hilfe ihre Stärke demonstrieren. In der Regel kristallisiert sich hier eine Führerfigur her-

aus, der die Anweisungen für das strategische Vorgehen im Kampf gegen das Monster gibt.
Es kommt nun in dieser letzten Phase des Spiels zu direkten Auseinandersetzung. Die Kinder erleben nun Sieg und Niederlage, durch die Fiktion auch Tod und Wiederauferstehung, denn bricht das Monster – von einem Laserstrahl getroffen – tödlich zusammen, so darf dies nie zu lange dauern. Zum einen wären die Kinder mit ihren Ängsten plötzlich alleine, zum andern wäre es langweilig, weil das Spiel zu Ende wäre. Es geht also immer von neuem los. Sowohl das Monster, wie auch die Kinder sterben und stehen wieder auf, bis das Spiel vom Ende der Stunde oder durch die Erschöpfung des „Monsters“ einen Abschluss findet.

Die ständig erlebte Ohnmacht in der überwältigenden Welt der Erwachsenen, in der das Kind permanent über seine Grenzen hinaus unter Druck gesetzt wird, versucht das Kind zu verarbeiten durch einen Spielverlauf, der es in die Lage versetzt, mit Hilfe von selbstbestimmten Regeln die starke und beängstigende Figur der Erwachsenen zu überwältigen. Die erlebte Ohnmacht der Innenwelt trifft sich mit den aus Comicheften entnommenen Figuren im intermediären Raum und wird so zur Spielszene gestaltet. Das „Monster“, der „Weiße Hai“ (vgl. HAMMER 1996), die Leopardenmenschen (vgl REDL/WINEMANN 1984, 235) oder ähnliche, aus der Fernsehwelt entnommene Figuren, werden bekämpft mit Laserstrahlen oder durch Abwehrschilder und bombensichere Bunker. Mit List oder durch eine sich selbst genehmigte Erlaubnis, die Regeln zu übertreten, wird der Erwachsene (im Spiel) letztlich immer besiegt. Die kindliche Welt wird also immer wieder in einer Form geordnet, die das Kind selbst in die Rolle des Siegers bringt und somit seinem Wunsch nach unendlicher Allmacht gerecht wird.

Aus dieser ständigen Wiederkehr des Gleichen lernen wir, dass es unsere Aufgabe als Therapeuten ist, den Kindern die Gelegenheit zu geben, in den vielfältigen Spielinhalten ihr Lebensthema darzustellen. Es stellt sich bei den meisten als Entwicklungsthema dar, wie z.B. die Trennung von der Abhängigkeit der Mutter, aber auch als verzweifelter Versuch, die psychosozialen Krisen früherer Entwicklungsstufen zu bewältigen.
Der Einsatz von Materialien hilft, diesen Prozess in die Wege zu leiten, da diese oft den Charakter von Übergangsobjekten haben, „die ein Evozieren und Herausführen an frühere Erlebnisinhalte ermöglichen und benigne Regressionen „im Dienste des Ich“ entstehen lassen“ (METZMACHER 1987, 233). Durch diese Materialien, die unterschied-

liche Schichten des Unbewussten provozieren, wird die Erlebniswelt der Kinder erschlossen und einer Bearbeitung zugänglich gemacht, da durch ihre kreative Verwendung „eine Botschaft von sich, über sich, für sich, an andere deutlich wird und unbewusstes Material zutage kommt“ (ebd. 245). Dies gilt v.a. für besonders frühe Empfindungen, die dem verbalen Bereich verschlossen sind und dadurch im bewegungsorientierten Spiel ihren Ausdruck finden können. Sollen den Kindern diese Möglichkeiten eröffnet werden, so muss der Therapeut Situationen schaffen, deren Rahmenbedingungen zwar durch den gewählten Ort, die vorbestimmte Zeit und den bewussten Einsatz der Materialien festgelegt sind, die jedoch noch genügend Offenheit bewahren, damit das Kind seine Spielgeschichte entwickeln kann. In dem von WINNICOTT kreierten „intermediären Bereich“ können dann die Elemente der Innenwelt des Kindes mit der Außenwelt zusammentreffen. Das Spiel entfaltet dann seine „heilenden Kräfte“, wenn seine Inhalte angeknüpft werden an die Biographie des Kindes, d.h. wenn sie im Zusammenhang stehen mit der Vergangenheit, der Gegenwart oder aber auch mit der Zukunft des Kindes. Sie werden dann zum „Thema“ des Kindes, wenn sie für es Bedeutung gewinnen. Dies geschieht selten, wenn wir als Erwachsene irgendein Spiel vorgeben, sei es eine geschickt eingeführte Spielreihe zur Förderung der Wahrnehmung oder die Einführung eines neu erstandenen Spielgeräts.

Es gilt also in der psychomotorischen Entwicklungsbegleitung Situationen zu schaffen, in denen das innerpsychische Geschehen der Kinder angerührt wird, d.h. die Kinder müssen etwas *erleben*. Hiermit ist ein Schlüsselbegriff genannt, der in der Psychomotorik eine zentraler Bedeutung einnimmt, da das „Erleben“ ebenso die Lücke zwischen Wahrnehmung und Bewegung, von Geist und Körper, von Innen und Außen schließen kann, wie es WINNICOTT mit der Einführung des „intermediären Bereichs“ gelungen ist, die „Kluft zu schließen, die seit DESCARTES zwischen res extensa und res cogitans zur Ausgangslage aller Theoriebildung gehört“ (NEUBAUR 1987, 115). Der Intermediäre Bereich könnte tatsächlich als ein „Zwischenbereich des Erlebens“ verstanden werden, in dem durch Elemente der Außenwelt (Zeit, Raum, Materialien, Geschichten) bestimmte Saiten der Innenwelt des Kindes angeschlagen werden oder wo sich die Phantasien der Kinder an der Realität der Außenwelt brechen, um zu einer konkreten Gestalt zu werden. Das Kind erlebt hier, wie es mit seinen Problemen in konkreten Handlungssituationen umgehen kann und erfährt, dass es mit seinen Handlungen Wirkungen erzeugt, die seine Umwelt verändern und es dieser nicht mehr hilflos ausliefern.

Ist es dem Therapeuten gelungen, eine vertrauensvolle Beziehung zum Kind aufzubauen, dann wird das Kind auch spüren, dass sich seine einfühlsame Beteiligung im Dialog mit dem Kind nicht aus dem Bedürfnis her ableitet, es in seine Abhängigkeit zu bringen und zu einem Objekt seiner Künste werden zu lassen. Es wird daher die Kraft haben, sich – wie von der Mutter – aus der engen Beziehung zu lösen, wohl wissend, dass er in der Nähe ist, um das möglicherweise verblassende innere Bild wieder neu einzufärben. „Die Liebe der Mutter oder des Therapeuten ist also mit andern Worten nicht nur das Eingehen auf die Bedürfnisse nach Abhängigkeit; sie erhält darüber hinaus die Bedeutung, diesem Kind oder Patienten die Möglichkeit zu verschaffen, aus der Abhängigkeit zur Unabhängigkeit zu gelangen“ (WINNICOTT 1973, 125).

Psychomotorische Entwicklungsbegleitung findet also statt im körperbezogenen und bewegungsorientierten Spiel, für das der „intermediäre Bereich“ (WINNICOTT) den entsprechenden Rahmen bildet.
Ausgehend von der Annahme, dass das Ich zunächst einmal ein körperliches ist, wird die Einstellung zum eigenen *Körper* und der Umgang mit ihm als Organ des Ausdrucks und Mittel der *Bewegung* zum zentralen Thema der psychomotorischen Entwicklungsbegleitung.
Spätestens im Vorschulalter erfährt das Kind die entscheidenden Impulse seiner Entwicklung im *Spiel*, verstanden als intermediärer Bereich, in dem es die Gelegenheit hat, in einem kreativen Prozess sich selbst zu entdecken oder eine Beziehung zu seiner sozialen oder dinglichen Umwelt herzustellen. Sein Handwerkszeug ist hierfür der sich bewegende Körper, mit dessen Hilfe er seine Innenwelt entäußern und die Außenwelt aktiv verändern kann. Zu berücksichtigen ist hierbei, dass, je nach Entwicklungsstand und der psychosozialen Befindlichkeit, das Kind genügend Freiraum bekommt, um seine Innenwelt ausdrücken zu können, dass es aber durch die entsprechende Strukturierung des Spielraums geschützt wird vor den Überforderungen, die von der Außenwelt an es gestellt, oder durch eine Überflutung aus der Gefühlswelt verursacht werden.
Dies heißt also zunächst, einen *Raum* bereitzustellen, der Schutz bietet, der das Zusammensein nach außen abschirmt und damit einen Raum des absoluten Vertrauens entstehen lässt. Diese klare Grenzsetzung nach außen findet sich wieder in der Innenstrukturierung des Raumes, die dem Spiel der Kinder durch die besondere Gestaltung die notwendigen Einschränkungen aber auch Impulse gibt. Total leere und offene Räume würden viele Kinder ebenso überfordern wie überfüllte und zugestellte Räume. Die Unklarheit des Raumes zwingt

das Kind, sich mit dieser auseinander zu setzen und lässt ihm deshalb keine Zeit, die eigenen Phantasien auszuleben und sich sinnlich-körperlich mit sich selbst zu beschäftigen. Dafür braucht es klare Raumstrukturen und eine angenehme Atmosphäre, die einlädt zum Verweilen, wo man sich wohl fühlen und zur Ruhe kommen, aber auch genügend Anregungen für bewegungsorientiertes und körperbezogenes Spiel finden kann.

Dieser Anspruch der eindeutigen Strukturierung auf der einen Seite mit den darin enthaltenen Freiräumen auf der anderen Seite gilt auch für die *Zeit*. Auch in dieser Hinsicht muss durch eindeutige Grenzziehung für den Anfang und das Ende der Stunde der klare Rahmen abgesteckt werden, da dadurch dem Kind geholfen wird, diese, seine Stunde in den Fluss seiner Lebenszeit einzuordnen und Klarheit für seinen Tagesablauf zu bekommen. Eine eindeutige und feststehende Binnenstrukturierung mit einem Wechsel von fremd-bestimmten und selbst-bestimmten Zeitabschnitten, d.h. für angeleitetes und freies Spiel, hilft dem Kind seine Spielideen zu entwickeln und für einen überschaubaren Zeitabschnitt zu planen und durchzuführen.

Viele dieser Spielideen drängen aus der Innenwelt des Kindes nach außen, weil ihnen dieser Weg durch die Anregungen der vorhandenen *Materialien* erleichtert wurde. Sie sind wegen ihres „Appellcharakters" (KLIPHUIS 1977) die Hebammen der Phantasien des Kindes, regen sie an, bieten ihnen gleichzeitig aber auch Widerstand. Da sie schwerer zu hantieren sind wie die Ideen, zwingen sie das Kind, sich mit seinen Phantasien körperlich auseinander zu setzen und sie in der Realität der Spielwelt darzustellen. Dieser Prozess hilft, Struktur in die eigene Innenwelt zu bekommen und deren oft vorhandenes Chaos zu ordnen. Erleichtert und gefördert wird dieser Prozess, wenn die Materialien dem Entwicklungsstand des Kindes, und entsprechend seiner Problemlage ausgesucht werden, da ihre Form bestimmte Spielinhalte herausfordern kann. Verhindert werden kann der Aufbau eines Spiels durch das falsche, v.a. aber durch ein Überangebot an Spielmaterialien, da die Kinder dadurch überfordert werden. Das äußere Chaos verstärkt das innere, anstatt Hilfestellung für dessen Strukturierung zu geben.

Ist hiermit der äußere Rahmen für die psychomotorische Entwicklungsbegleitung abgesteckt, so gilt es diesen zu füllen durch das gemeinsame Spiel des Therapeuten mit dem oder den Kindern. Für die *Beziehungsgestaltung* gelten die von WINNICOTT formulierten Anforderungen, nach denen zwischen den Kindern und dem Erwachsenen eine partnerschaftliche Beziehung bestehen soll, in der jedoch der Therapeut die Verantwortung dafür trägt, dass die äußeren Rahmenbedingungen aufrechterhalten werden und dass die Kinder ihr Spiel spielen können, ohne von Außeneinflüssen gestört oder von der Gewalt der eigenen Gefühle überflutet zu werden. Der Therapeut muss also, um im Spielprozess, in dem das Kind Tempo und Richtung vorgibt, miteinbezogen zu sein, emotional beteiligt sein und mit dem Kind spielen, er darf aber nicht wie das Kind spielen, sich in das Spiel verwickeln lassen, sondern muss zu jeder Zeit in der Lage sein, auf eine „Metaebene" zu gehen und eine „holding-Funktion" (Winnicott) für das Kind zu übernehmen.

Der Therapeut steht also psychisch hinter dem Kind, ist Helfer, Beschützer und Mitspieler. Er geht dem Kind nicht voran und setzt Impulse für des Spielgeschehen nur dann, wenn das Kind in seinem Spielfluss hängen bleibt und im Moment nicht fähig ist, die notwendigen Ideen zu entwickeln. Ansonsten werden die *Inhalte* einer Spielstunde von den Kindern bestimmt, wobei – wie oben gezeigt – durch die notwendige Festlegung der äußeren Rahmenbedingungen schon gewisse Einschränkungen gemacht werden. Um so wichtiger ist es für den Erwachsenen, sich in die Gefühlswelt des Kindes einzuspüren und daraus die wichtigen Anregungen für das Arrangement zu erhalten. Die Inhalte werden für die Kinder zu *Themen* (Klafki), da sie nicht durch die Zielsetzungen des Therapeuten festgelegt, sondern von ihren Interessen und Bedürfnissen bestimmt werden. Es ist ihre Vergangenheit, Gegenwart und Zukunft die im gemeinsamen Spiel inszeniert wird[14].

Die Aktivitäten der psychomotorischen Entwicklungsbegleitung entfalten also ihre Wirksamkeit dadurch, dass sie für die Kinder zu Erlebnissen werden, in denen durch den Einsatz ihres ganzen Körpers im bewegungsorientierten Spiel Saiten ihres Innenlebens zum Schwingen gebracht werden. In diesem Prozess der Begegnung von Innen- und Außenwelt des Kindes können Themen entwickelt werden, die eng mit der Biographie des Kindes verbunden sind, sei es, dass es hier „Erlebtes" aus der Vergangenheit neu aufbereitet und verarbeitet, dass es sich mit aktuellen Problemen der Gegenwart auseinandersetzt oder Entwürfe für seine Zukunft gestaltet.

Wenn es gelingt, nicht in diesen Erlebnissen stecken zu bleiben, sondern im gemeinsamen Prozess das *Erleben* zu Erfahrungen zu machen, die sich in die Biographie des Kindes einbinden lassen, so wer-

[14] Es ist zu vermuten, dass – im Sinne einer „Gegenübertragung" – auch bei der Ausgestaltung der Spielinhalte ein gewisser Anteil der „kindlichen" Elemente des Therapeuten mit beteiligt sind, dass das gemeinsame Spiel auch seine Lebensthemen widerspiegelt.

den die nicht gelösten psychosozialen Krisen einer neuen Bearbeitung wieder zugänglich und dem Kind neue Entwicklungsmöglichkeiten für seine Zukunft eröffnet.

Dass dies nicht immer zu endgültigen Problemlösungen führt ist nachvollziehbar, wenn man bedenkt, dass das Kind – neben einer Psychomotorikstunde in der Woche – 167 Stunden in anderen Kontexten verbringt. Der Psychomotorik wird deshalb zurecht vorgeworfen, dass sie den Focus zu sehr auf das Individuum richtet und damit die Umwelt vernachlässigt (Balgo 1998, 1999). Da das Kind in erster Linie seine Zeit in der Familie verbringt und die meisten seiner Verhaltensmuster wohl auch dort erwirbt, ist es notwendig, in den therapeutischen Prozess die Familie des Kindes mit einzubinden und nicht den Eindruck zu vermitteln, dass die Verursachung des Problems alleine beim Kind zu suchen und der Rest der Familie damit „entschuldet“ ist. Damit wäre es nur erforderlich, das Kind beim Psychomotoriker abzugeben und es „reparieren“ zu lassen. Die Welt wäre dann wieder in Ordnung.
Die Vernachlässigung des Kontextes lässt gut gemeinte Ansätze im Sande versickern. Dies zeigte der Verlauf unseres Gesamtprojektes, in dem wir die Bedingungen der Heimeinrichtung nicht genügend berücksichtigten und immer nur auf uns selber schauten (vgl. Hammer 1999), dies wird aber auch immer wieder in unserer Arbeit mit den Kindern deutlich.
Dies soll jetzt nicht heißen, dass es nicht sinnvoll ist, psychomotorisch mit Kindern zu arbeiten, nur noch Familientherapie zu machen. Eine ausgewogene Zusammenarbeit zwischen beiden Richtungen scheint mir hier der richtige Weg zu sein: die Arbeit mit dem Kind um ihm Hilfestellung bei seiner Persönlichkeitsentwicklung zu geben, aber auch die Arbeit mit der Familie, die ja überwiegend die Entwicklungsbedingung des Kindes gestaltet. Balgo (1997) hat in einer sehr fundierten Arbeit gezeigt, wie aus der Systemtheorie und aus dem Ansatz des „radikalen Konstruktivismus“ Anregungen für eine Weiterentwicklung der Psychomotorik gewonnen werden können, vor allem dann wenn es sich um ein neues Denken handelt, um eine neue Sichtweise der Kinder mit ihren Problemen im gesellschaftlichen Kontext.
Neben diesen wesentlichen neuen Impulsen für eine Weiterentwicklung der Theorie der Psychomotorik könnte eine praktische Erweiterung der psychomotorischen Entwicklungsbegleitung in der Durchführung einer *psychomotorischen Familientherapie* liegen.
Erste Ansätze könnten hier schon in den Psychomotorikstunden liegen, wie sie Eckert (1992) beschreibt. Sie bezieht – in erster Linie –

die Mütter in ihre psychomotorische Förderung mit ein und macht damit deutlich, dass die Entwicklung von Kindern ohne die engste Bezugsperson nicht zu denken, schon gar nicht zu realisieren ist.
Konkreter wird dies bei KLAES und SCHNURRENBERGER (1997), die mit ihrer „systemischen Bewegungstherapie“ die systemische Sicht- und Arbeitsweise mit der bewegungstherapeutischen Praxis verbinden – nicht in einem additiven Sinne, „sondern in einer tatsächlichen Durchmischung, die etwas drittes hervorbringt: Eine systemische Bewegungstherapie“ (ebd., 2).
Eigene Erfahrungen zeigen, dass diese Art des Vorgehens nicht mit jeder Familie zu machen ist.
Sowenig nützlich es ist, mit manchen Familien die oft komplizierte Art des zirkulären Fragens anzuwenden, so sind bei anderen Familien im Bewegungsbereich Grenzen gesetzt. Gemeinsames Tun und Spielen setzt gewisse Bewegungsfähigkeiten voraus und – vor allem – die Motivation, sich auf diesen Prozess einzulassen.
Dass dieser Prozess für die Eltern ein echtes aber spannendes Wagnis ist machten unsere bisherigen Versuche deutlich: die Kinder sind in ihrem Milieu, weil sie schon einschlägige Vorerfahrungen haben, die Eltern – motorisch in ihrem Alltag nicht mehr so gefordert – bewegen sich mit unsicheren Schritten auf fremdem Terrain. Ein völlig neues Erlebnis stellt sich dar. Die Kinder können den Eltern nicht nur zeigen, was sie schon alles beherrschen, sie können ihnen sogar noch neue Bewegungsfertigkeiten beibringen: eine Vertauschung der sonst üblichen Rollen, die das Familiensystem „verstört“, eine Intervention, welche die systemischen Familietherapeuten üblicherweise durch eine gezielte Fragestellung erreichen. Dieser Weg über den Intellekt ist häufig versperrt. Da bietet sich die eigene Erfahrung im gemeinsamen Spiel an, wird dadurch lebensnaher und umso eingängiger. Es geht unter die Haut, wenn das Kind dem Vater Salti vorspringt und er, der doch sonst immer alles kann, die Hilfestellung des Kindes braucht um auf dem Trampolin springen zu können. In der Reflexion direkt im Anschluss an das gemeinsame Erleben werden Gefühle deutlich, die für das Beziehungsgeschehen innerhalb der Familie neu sind – zumindest erst jetzt bewusst gemacht sind.
Besonders aufschlussreich erweisen sich in diesem therapeutischen Prozess Videoanalysen, die von uns durchgeführt und später mit der gesamten Familie besprochen werden. mit den Methoden des „Video-Home-Trainings“ (EYLARDUS WERK 1996) werden ausgewählte Szenen der vorangegangenen Stunde besprochen. Hier ist es möglich, durch eine gezielte Auswahl Beziehungsmuster innerhalb des familiären Kontextes deutlich zu machen, die über das Wort nur schwer zu vermit-

teln sind. Im eigenen Erleben, und der darauf folgenden Bewusstmachung über das vorgeführte Bild, werden für die Eltern, sowie für die Kinder wesentliche Prozesse ihrer Beziehungsgestaltung deutlich und damit auch einer Veränderung zugänglich. Und darin besteht letztlich der Sinn dieser *psychomotorischen Familientherapie*: Kommunikations- und Interaktionsmuster innerhalb der Familie aufzudecken, Alternativen dazu im gemeinsamen Spiel zu entwickeln und Transfermöglichkeiten in den familiären Alltag aufzuzeigen.
Man könnte bei dieser Maßnahme von einer spezifischen Form der Skulpturarbeit sprechen, die sich in der Familientherapie seit einigen Jahren entwickelt hat (vgl. v. SCHLIPPE/SCHWEITZER 1997, 164ff). In der Arbeit mit der Familienskulptur wird durch die Darstellung der Familie in Haltung und Position eine symbolische Repräsentation der Familie geschaffen, die Aufschlüsse über deren Beziehungsstrukturen erlaubt und dies ohne Rückgriff auf die digitale Sprache. „Damit bietet sich die Skulptur als Technik an, die in ihrer Handlungssymbolik unabhängig von der jeweiligen Altersstufe, der Schichtzugehörigkeit und den damit verbundenen Sprachproblemen sowie unabhängig von der jeweiligen Problematik einsetzbar ist. Sie entgeht Rationalisierungen und führt daher oft schneller zu den wesentlichen Themen der Familie“ (ebd., 164). Und genau dies ist ja auch ein zentrales Element der psychomotorischen Entwicklungsbegleitung: einen Spielraum zu schaffen, in dem die Beteiligten die Gelegenheit haben, im Spiel *ihre* Themen auszuspielen.
Die *psychomotorische Familientherapie* wäre also zu verstehen als eine erlebniszentrierte Skulpturarbeit, bei der die Familie in Bewegung, vor allem aber auch ins Spielen gebracht wird. Hier besteht die Möglichkeit, sich und die anderen innerhalb der Familie in neuen Situationen zu erleben und damit auch einen neuen Blick zu bekommen – verstört zu werden durch die Ereignisse des Spiels selbst und durch den mitspielenden Therapeuten.
In der abschließenden Reflexion sollten die Erlebnisse im Spiel angesprochen und damit zur Erfahrung gemacht werden. Daraus entwickelt sich ein Bild über das Beziehungsgeflecht in der Familie und die Möglichkeit, festgefahrene Beziehungsstrukturen zu verflüssigen, neue Beziehungsmuster aufzubauen und zu erproben.

Peter lebt seit drei Jahren in einer Wohngruppe, macht in der Regel einen sehr netten Eindruck, kann charmant sein, hat aber auch den Hang, vor allem Mitschülerinnen seiner Klasse zu drangsalieren und auch den anderen Kindern seiner Wohngruppe seine Macht spüren zu lassen. Ein Schlüssel zu seinem Verhalten könnte in den familiären

Beziehungen liegen. Eine starke Hypothese aus unserer Sicht: Peter sucht die Anerkennung durch seinen Vater, die er nicht bekommt. Dieser hat keine Zeit für ihn, will sich aber auch nicht auf ihn einlassen. Hat er Angst vor einer zu engen Bindung?
Als Einstieg in eine bewegungsorientierte Arbeit mit der Familie boten wir eine Art „Ball über die Schnur“ an. Da beide Eltern keine guten sportlichen Fähigkeiten besaßen sollte dies eine einfach strukturierte Spielform sein, die keine hohen Bewegungsanforderungen stellte. Den zweiten Teil der Stunde sollte Peter inhaltlich bestimmen dürfen. Er wählte sich hierfür das Luftkissen aus.
Die, im Spiel beobachteten Verhaltensmuster innerhalb der Familie waren:

- *Peter lässt seine Mutter nicht ins Spiel kommen: er wählt für einen ersten Durchgang den Vater als Spielpartner, wirkt der Mutter gegenüber eher ablehnend. Im zweiten Durchgang geht die Mutter auf ihn zu: „Komm wir zwei spielen jetzt gegen die Männer (der Vater und ich, Anm. R.H.) und wehe wir verlieren“. Peter lässt sich darauf ein, gibt aber während des Spiels seiner Mutter keine Chance ins Spiel zu kommen. Er nimmt ihr jeden Ball weg, der auf sie zufliegt, spielt seine Bälle auch immer direkt auf die andere Seite – kein Anzeichen also von gemeinsamem Spiel, wie er es beim ersten Durchgang mit seinem Vater noch gezeigt hat.*
- *Deutlich wurde während des Spiels auch, dass Peter sich an Regeln halten kann, wenn sie klar angesprochen und eindeutig definiert sind. Sonst legt er sie immer wieder neu in seinem Sinne aus und erschwert damit das gemeinsame Zusammenspiel. So wurde nach einer Gesprächsrunde über das Zusammenspiel in der Mannschaft beschlossen, dass für eine gewisse Zeit der Ball immer in einer bestimmten Reihenfolge gespielt werden soll, damit die Mutter mehr ins Spiel kommt. Peter konnte sich darauf einlassen und hielt sich strikt an die festgelegte Regel.*
- *Ein wichtiges Thema in der Familie ist die Ausbalancierung von Nähe und Distanz. Peter sucht die Nähe, sucht immer wieder Augenkontakt zu seinem Vater, der ihm ausweicht, rationalisierend auf Distanz geht. Die Mutter wiederum drängt sich Peter auf. Sie zieht ihn auf dem Luftkissen liegend ganz nahe an sich heran. Da ihm dies sichtlich unangenehm ist, steht er auf und macht besonders wild in ihrer Nähe, so dass es ihr fast zuviel wird. Sie bekommt Angst. Erst am Ende der Stunde zeigt sich beinahe das Traumbild einer Familie. Sie liegen ruhig, eng zusammen und genießen sichtlich die Harmonie des gemeinsamen Zusammenseins.*

Dieses Gemeinschaftserlebnis könnte für die Familie schon „heilende Kräfte“ entfalten lassen. Hinzu kommt, dass in kurzen Gesprächsrunden während der Stunde immer wieder Gefühle, Erlebisse angesprochen werden können. Die, nach Themen zusammengestellten Videosequenzen stellen praktisch eine erste Hypothesenbildung dar, über die in einem gemeinsamen Gespräch reflektiert werden kann. Hier bietet sich eine Fülle von Möglichkeiten, die im Spiel beobachteten Verhaltensmuster deutlich zu machen, unsere Hypothesen zu überprüfen und über die Übertragung neuer Verhaltensmuster in den Alltag zu sprechen.

Es wäre heute zu früh, die Wirksamkeit dieser Maßnahme anzupreisen, aber erste Versuche beweisen, dass es möglich ist, in dieser Form mit Familien zu arbeiten und dass neue Erkenntnisse über innerfamiliäre Beziehungsstrukturen gewonnen wurden. Ob dies auch zu dauerhaften Veränderungen in der Familie führt, wird sich zeigen. Ich denke, allein die Tatsache, dass sich eine Familie gemeinsam bewegt, miteinander spielt, ist schon ein Gewinn und hat auch wesentliche Auswirkung auf die Beziehungsgestaltung zwischen den Eltern, zwischen Eltern und Kindern und zwischen den Kindern.

4. Psychomotorik – ein Lebensprinzip

Wie die beiden vorangegangenen Kapitel zeigen, wird den bewegungsorientierten und körperbezogenen Maßnahmen ein hoher Wert für die Menschenbildung beigemessen, wobei der Anspruch nicht halt macht bei der Förderung der Gesundheit oder der Ertüchtigung des Körpers im Hinblick auf seine physische Leistungsfähigkeit. Schon seit der Antike werden von den Leibesübungen auch positive Auswirkungen auf die Charakterbildung erwartet. Je nach politischer und gesellschaftlicher Lage, sollten durch die körperliche Erziehung Mut, Kampfbereitschaft und Einordnung in die Gruppe oder aber demokratische Tugenden wie Selbstbestimmungsfähigkeit und Solidarität gelernt und geübt werden. Ob diese Hoffnung auf die erzieherische Wirkung der körperlichen Übungen zurecht mit einer gewissen Hartnäckigkeit aufrechterhalten wird, ist bis heute umstritten.

Ergebnisse aus der Transferforschung zeigen[15], dass mit einem automatischen Transfer der Ergebnisse von sportiven oder psychomotorischen Fördererfolgen auf andere Bereiche nicht gerechnet werden kann. Dennoch sollte dies kein Grund sein, diese Formen der Entwicklungsbegleitung abzulehnen. Vielmehr gilt es, die Grenzen der Hilfsmöglichkeiten anzuerkennen und die Wahrscheinlichkeit des Transfers durch bewusst geplante Maßnahmen zu erhöhen. Nur unter Berücksichtigung der zahlreichen Umweltfaktoren lassen sich die Entwicklungsprozesse der Kinder gezielt unterstützen. Nur wenn das familiäre Umfeld mitbedacht und miteinbezogen wird, nur wenn die Interaktionen zwischen den beteiligten Personen in einem pädagogisch-therapeutischen Klima eingebettet sind, das für die Entwicklung des Kindes einen fruchtbaren Boden bereitstellt, kann die schwierige Aufgabe gelingen.

Daraus folgt, dass die „psychomotorische Entwicklungsbegleitung“ erlebnisnah durchgeführt werden muss und dass sie mit ihren Grundannahmen und handlungsleitenden Prinzipien im Einklang mit der Lebenswelt der Kinder und Jugendlichen steht.

Diese Überlegungen führen zwangsläufig dazu, die „psychomotorische Entwicklungsbegleitung“ in einen Alltag einzubetten, der auf der Grundlage psychomotorischer Grundprinzipien gestaltet wird. Sie bestätigten unsere Erfahrung, dass es mit einer Stunde psychomotorischer Förderung pro Woche nicht getan sein kann. Zumindest dann

---

[15] vgl. dazu ausführlich Hammer 1995

nicht, wenn die Bedingungen, unter denen die Kinder aufwachsen, denen der psychomotorischen Förderung widersprechen. Ein Therapieerfolg kann nur dann erzielt werden, wenn alle Beteiligten, die betroffenen Kinder, die ErzieherInnen, die LehrerInnen und die Familie an einem Strang ziehen, wenn also Einigkeit besteht über die Ziele und Methoden der Erziehung, über die Grundeinstellung zum Kind und seinen Möglichkeiten, selbst zum Akteur seiner Entwicklung zu werden. Dann kann über die Inhalte verhandelt und eine sachgemäße Aufteilung bzgl. der Entwicklungsbegleitung des Kindes gefunden werden.

Nachdem die Psychomotorik als relativ neuer und eigenständiger Ansatz der „körperlichen Erziehung“ dargestellt wurde, der in der Heimerziehung als besondere *pädagogisch-therapeutische Maßnahme* Eingang gefunden und sich dort zunehmend Anerkennung verschafft hat, soll nun im folgenden gezeigt werden, wie die Psychomotorik auch als grundlegendes *Prinzip* für die Gestaltung des Alltags fruchtbar gemacht werden kann.
In Anbindung an den spezifischen Ansatz der *„psychomotorischen Entwicklungsbegleitung im intermediären Bereich“*, wird zunächst die Bedeutung des „bewegten Körpers“ für die kindliche Entwicklung herausgearbeitet, um im Anschluss daran zu zeigen, wie diese Grundannahmen im pädagogischen Alltag – gestaltet als intermediärer Bereich – zu handlungsleitenden Prinzipien werden können.
Mit der Gestaltung von Beziehungen, Räumen und Zeiten, sowie mit dem Umgang mit Materialien und der Behandlung von Themen, werden die Elemente bearbeitet und in ihrer Praxisrelevanz deutlich gemacht, die für die Psychomotorik zentral sind und sowohl bei der Durchführung pädagogisch-therapeutischer Maßnahmen, als auch bei der Gestaltung des pädagogischen Alltags eine wesentliche Rolle spielen.
Schließlich wird mit dem „Erleben“ ein neuer Aspekt eingeführt, der zu einem wichtigen Begriff der Psychomotorik, sowie auch in der Erziehung werden könnte, wenn er nicht innerhalb einer, nach außen spektakulären Erlebnispädagogik missbraucht wird, sondern innerhalb einer „Pädagogik des Erlebens“ fruchtbar gemacht werden kann.

4.1 Körper und Bewegung

Es ist mehr Vernunft in deinem Leibe,
als in deiner besten Weisheit.

Friedrich Nietzsche

In der psychomotorischen Entwicklungsbegleitung sind der Körper und die Bewegung die zentralen Medien der therapeutischen Arbeit, die im intermediären Raum entfaltet wird. In der Praxis ist das Eine vom Anderen nicht zu trennen, da der Körper immer ein bewegter, oder ein sich bewegender ist, und Bewegung nur durch den Körper zu realisieren und zu beobachten ist. Wird eines dieser Elemente nicht beachtet oder missachtet, so geht im therapeutischen oder pädagogischen Kontext ein wesentlicher Faktor verloren, es verbleibt der halbe oder der unbewegte Mensch, der in seiner Ganzheit nicht mehr erfasst werden kann und dem auch seine Ausdrucksmöglichkeiten genommen worden sind. Wird im folgenden also das Augenmerk auf den Körper gelegt, so ist dabei die Bedeutung der Bewegung für die kindliche Entwicklung immer auch mitgedacht, da dem Menschen nur dann optimale Entwicklungsmöglichkeiten geboten sind, wenn er in seinem Körper wohnen, von diesem bewegt werden darf und ihn als Ausdrucksmittel seiner E-motionen und als „Werkzeug" für die Auseinandersetzung mit der Umwelt nutzen kann.

Verleugnen wir den Körper, so entziehen wir dem Menschen seine Grundlage, denn der menschliche Körper stellt das Fundament dar, auf dem sich die Persönlichkeit entwickelt und in dem sie ihre materielle Basis findet. Durch das Beriechen, das Betasten und Begreifen der eigenen Finger und Hände, der Füße, des gesamten Körpers, fängt der Säugling an, zunächst einmal sich selbst zu entdecken und ein Bild von seinem Körper zu entwickeln, den er dann als etwas Eigenständiges von der Umwelt zu differenzieren lernt. Die Existenz seines Körpers, mit dem in zunehmendem Maße auf die Umwelt eingewirkt werden kann, bestätigt ihn als werdende Persönlichkeit, deren Entwicklung sich in der aktiven Auseinandersetzung mit der Umwelt vollzieht. Die Erfahrungen dieses Prozesses schlagen sich im Körper des Menschen nieder und werden somit Teil seiner Biographie, deren Erlebnisse nicht nur im Gedächtnis abgespeichert und wiedererinnert werden, sondern sich auch als körperliche Engramme in die Zellen des Menschen eingraben und somit Teil der Entwicklungsgeschichte sind. Da sie jedoch als vorsprachliche Muster gespeichert und dem

Bewusstsein nur schwer zugänglich sind, arbeiten sie im „Untergrund" und üben als verdrängte Anteile der Charakterstruktur ihren Einfluss auf das Verhalten des Menschen aus.

So können Menschen, die in ihrer Kindheit massive körperliche Gewalterfahrungen erlebt hatten, oft erst nach einem langen und geduldigen therapeutischen Prozess diese Erlebnisse dem Bewusstsein wieder zugänglich machen und verbalisieren. Ihr Verhältnis zum eigenen Körper wurde durch die, als Kind empfangenen Schläge erheblich gestört, ihre Persönlichkeit deshalb also auf einer unsicheren Grundlage aufgebaut (vgl. dazu Petri 1989, 136).

Hier zeigt sich, dass, wenn hier von Körper gesprochen wird, nie allein der physikalisch-biologische Organismus, sondern immer der „Leib" gemeint ist, „der sich im Wahrnehmen, Spüren, Kommunizieren, Handeln als 'engagiertes Subjekt' (Merleau-Ponty) konstituiert, in dem alle menschlichen Fähigkeiten konvergieren und der unsere 'Verankerung in der Welt' darstellt" (Petzold 1992, 12f). Mit dieser Bestimmung wird deutlich, dass wir es im pädagogischen oder therapeutischen Kontext immer nur mit dem „Leib", nie mit dem Körper allein zu tun haben. Selbst die rein funktionale Behandlung des Körpers durch den Krankengymnasten, der ein Knie wieder funktionstüchtig macht oder eines Sportmasseurs, der die Muskeln seiner Leistungsträger nach einem harten Wettkampf wieder lockert, löst Gefühle aus und stellt zwischenmenschliche Beziehungen her.
Dass sich im deutschen Sprachraum der Begriff des „Körpers" gegenüber dem des „Leibes" durchgesetzt hat und selbst in den neueren Ansätzen der „Körpertherapie" (Petzold 1992) Eingang gefunden hat, ist sicher kein Zufall, sondern hat einiges zu tun mit gesellschaftlichen Entwicklungen, die den Körper als „corps objectif" zuungunsten des „corps phénoménal" (Merleau-Ponty) in den Vordergrund treten lassen. Die Klage über das „Verschwinden des Körpers" (Kamper/Wulf 1982) bezieht sich also auf die Reduktion des Leibes auf den Körper, was ethymologisch erst in der Neuzeit nachvollzogen werden kann. Im 17. Jahrhundert taucht erstmals der Begriff des „Körpers" auf, der aus dem lateinischen corpus (Leiche, Leichnam) entlehnt wurde, während das Wort „Leib" sehr viel älter ist und aus dem althochdeutschen „lib", also dem Leben entstanden ist (vgl. Kutschmann 1986, 34ff). Auf den Punkt gebracht wurde diese Bestimmung des objektiv zu sehenden Körpers durch den Philosophen Descartes, der in seinen „Meditationen über die Erste Philosophie" klar macht, dass er seine Existenz über das Denken definiert, also nicht „Leib" ist, sondern „dass ich ein Gesicht, ferner Hände, Arme und diese ganze Gliedermaschi-

ne habe, wie man sie auch an einem Leichnam wahrnimmt; ich nannte sie Körper (...) ich glaubte seine Natur genau zu kennen, und hätte ich es einmal zu beschreiben versucht, wie es meinem Geiste sich darstellt, so hätte ich etwa so gesagt: Unter Körper verstehe ich alles, was durch eine Gestalt begrenzt und durch seinen Ort umschrieben werden kann; was seinen Raum so erfüllt, dass es von ihm jeden anderen Körper ausschließt; was durch Gefühl, Gesicht, Gehör, Geschmack, Geruch wahrgenommen werden und in verschiedener Weise bewegt werden kann“ (Descartes 1976, 46).

Im heutigen Schul- und Erziehungssystem findet nach wie vor das cartesianische Denken, das eine strikte Trennung von Körper und Geist ausweist, höchste Anerkennung. Der Körper wird noch immer als Objekt gehandelt, der scheinbar losgelöst ist von der menschlichen Existenz, die über den Verstand begründet wird, denn es „ist sicher, dass ich wirklich vom Körper verschieden bin und ohne ihn existieren kann“ (Descartes 1976, 98). Rationalität und Begriffsbildung, Theoretisierung und Systematisierung stehen an erster Stelle, während die Möglichkeit, die Welt unmittelbar, über den Körper zu erfahren, Dinge zu erleben und über Bewegung auszudrücken, auf die musischen Fächer beschränkt bleiben, wo sie mehr oder weniger ein Kümmerdasein fristen und von der gänzlichen Ausrottung bedroht sind. Schulisches Lernen ist gekennzeichnet von den Bemühungen, den Geist zu perfektionieren – auf Kosten des Körpers, der so lange als Störfaktor wirkt, bis er vom Geiste vollends unterworfen ist.

Eigene Beobachtungen zeigen, dass dieses Ziel, den Kindern die rechte Haltung und die richtigen Bewegungen beizubringen auch dem pädagogischen Alltag der Heimerziehung nicht fremd sind. Auch hier geht es um die Disziplinierung des Körpers, um die Beherrschung der Triebe, um das richtige Verhalten, das in die Erziehungsstrategien der Erwachsenen passt. Noch immer werden massive Kontrollen beim und über das Essverhalten ausgeübt, müssen Kinder fragen ob sie einen Apfel aus dem Obstkorb nehmen oder sich Milch aus dem Kühlschrank holen dürfen. Die Verbannung in das eigene Zimmer zählt noch immer zu den beliebtesten Strafen, die durch das „Einsperren“ des Körpers und die Einschränkung der Bewegungsfreiheit dem Kind spürbar machen wollen, dass sie über die Stränge geschlagen haben, dass ihnen also ihr Körper außer Kontrolle geraten ist. Schlimmstenfalls sieht man dann noch Kinder auf einer „Strafbank“ im Wohnzimmer der Gruppe sitzen, wo sie vor den Augen der anderen Kinder für längere Zeit demonstrieren können, dass sie ihren Körper beherrschen können „wenn sie nur wollen“.

Erfolgsbilanzen unseres Schul- und Ausbildungssystems zeigen, dass die Domestizierung des Körpers in der Regel gelingt und die Kinder und Jugendlichen sich dem Anspruch der „konzertierten Orthopädie" (FOUCAULT) unterwerfen, sei es, dass sie ihren Körper ausblenden können und nur noch für und durch den Geist leben, oder dass sie ihren Körper so weit abspalten können und ihn nur noch als Objekt pflegen.

Bei einem 15jährigen Jugendlichen führte dies so weit, dass seine Existenz offensichtlich nur noch über den Geist definiert wird. „Ich denke, also bin ich" (DESCARTES) scheint hier das Lebensmotto zu sein. Der Jugendliche lebt nur für seine geistigen Tätigkeiten und tut so, als ob er keinen Körper besäße. Krankheiten werden ignoriert und nur soweit beachtet, wie ihr Einfluss den Lernprozess beeinträchtigt. Die Pflege des Körpers wird als lästige Pflicht erachtet, die nur dann erledigt wird, wenn er auf sein Äußeres angesprochen wird. Der Jugendliche ist in seinem Körper nicht zuhause, achtet ihn nicht als Träger seiner Existenz und nimmt auch kaum über seinen Körper Umwelt wahr. Wenn es in seinem Lernraum zu heiß und die Luft so stickig ist, dass kaum noch Sauerstoffreste zum Atmen vorhanden sind, oder so kalt, dass die Finger schon klamm werden beim Schreiben, wird dies kaum registriert. Ebenso wenig fällt es ihm auf, dass er die falschen Schuhe an hat, die den seinen zwar ähneln, aber dennoch in Form und Größe unterschiedlich sind.

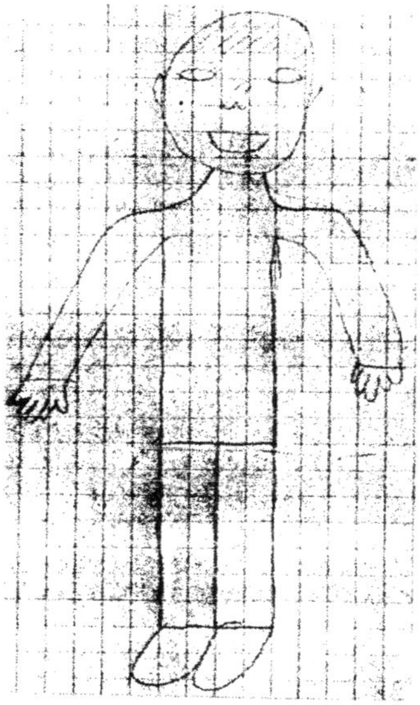

Bildhaft deutlich machte er diese Einstellung zu seinem Körper bei der Durchführung eines Mensch-Zeichen-Tests, bei dem er die Aufgabe hatte, sich selbst zu zeichnen. Es entsprach sicher nicht den „Testgüte-Kriterien", dass er dazu ein kariertes Blatt Papier benutzte, war allerdings sehr aufschlussreich, denn er zeichnete seinen Kopf frei aus der Hand, gab sich dabei auch Mühe bei der Ausgestaltung der Details wie der Haare, den Augen, der Nase und dem Mund. Für den Rest des Körpers benutzte er dann die vorgegebenen Linien, so dass der Rumpf mit den Armen und Beinen wie die Glieder einer Marionette vom Kopf herunterhingen – exakt, wie mit dem Lineal entlang den Linien des Papiers gezogen. Es war nichts Lebendiges in diesem Körper, aber vermutlich genau so, wie es der Jugendliche selbst erlebt, oder eben nicht erlebt.

Dies ist sicher ein Extremfall, aber auch kein Einzelfall. Häufiger sind die Formen von gelungener Disziplinierung der Körper zu beobachten, bei denen sich das Subjekt vom Körper verabschiedet hat und dieser den Anforderungen der Leistungsgesellschaft unterworfen wird. Es handelt sich hierbei um die Kinder und Jugendlichen, die schon in frühem Alter als Sporttalente ausgesondert und für ihre sportlichen Leistungen hoch gelobt werden. Sie lenken ihren Bewegungsdrang in die Bahnen des organisierten Sports, wo sie in sozial akzeptierten Formen ihren gezähmten Körper vorführen können. Der Körper wird zum Objekt und wird so zugerichtet, dass er sich später als Arbeitskörper meistbietend zum Markte tragen lässt oder er wird zum Fetisch hochstilisiert, an dem sich das Ideal von Schönheit und Erfolg festmachen lässt. Der jugendliche Körper wird zum Ideal einer Gesellschaft, die für den Jugendlichen selbst sinnentleert ist und nur noch im oberflächlich Sichtbaren und schnell Konsumierbaren ihren „Sinn“ bietet.

Gelingt es den Kindern und Jugendlichen nicht, ihren Körper zu domestizieren, so kommt es zu „Verhaltensabweichungen“, die dann häufig zur Ausgrenzung und schließlich zu einer Heimeinweisung führen können. Ihr Körper wehrt sich gegen die Disziplinierungsversuche und sorgt aus dem Untergrund für das Auftreten von Konzentrationsschwierigkeiten, für fehlende Ausdauer und hohe Ablenkbarkeit. Wir haben es dann mit Kindern und Jugendlichen zu tun, die ständig und unkontrolliert reden, die nicht still sitzen können und häufig mit den Händen und Füßen hin- und herzappeln. Als „hyperaktive Kinder“ werden sie dann kategorisiert und mit Medikamenten ruhig gestellt. Reichen also die Disziplinierungsbemühungen der Pädagogen nicht aus, so muss der Mediziner helfen.

Voss zeigt in eindruckvoller Weise, wie die Vergabe von Medikamenten an Kinder in unserer Gesellschaft in den letzten Jahren dramatisch zugenommen hat. Mitte der 80er Jahre wurden 1,4 Mio. Kinder unter zwölf Jahren wegen „seelischer Störungen“ medikamentös behandelt. In den 90er Jahren stieg der Konsum von Ritalin um 700%, wobei 90% der Medikamente in den USA vergeben wurden. Dass dies nicht nur im Verschulden der Ärzte liegt zeigt, dass – laut Untersuchungen – 36% der Eltern bereit waren, ihren Kindern Medikamente zu geben. „So waren 25% aller an Jungen und Mädchen im Alter bis zu 14 Jahren verabreichten Medikamente nicht vom Arzt, sondern von den Eltern“ (Voss / Wirtz 1990, 36).

Doch selbst diese Mittel sind begrenzt, wenn es gilt, den „wilden Körper“ (Bourdieu) zu zähmen. Erfahrungen zeigen, dass Kinder und Ju-

gendliche aus sozialen Randgruppen noch näher an ihrem Körper leben und in verstärktem Maße ihre Identität über den Körper finden und nach außen hin darstellen. Sie präsentieren ihre Persönlichkeit über eine „männliche" Körperhaltung, die den entsprechenden Vorbildern aus dem Kino entlehnt werden, über körperbetonende Kleidung oder einem betont lockeren „Gehabe", das beim „Herumhängen, Blödeln, Action machen" (Kannicht 1983) v.a. körperbetonte Rituale in der Beziehungsgestaltung fordert.
Bei diesen Jugendlichen, deren Körper – auch später noch, wenn sie ihn auf dem Arbeitsmarkt anbieten müssen – oft ihr einziges Kapital darstellt, ist die geforderte Distanzierung vom Körper nicht gelungen. Sie nutzen ihn bei der Lösung von Konflikten und verlangen die unmittelbare Erfüllung ihrer – meist körperlichen – Bedürfnisse. Impulsivität und die mangelnde Fähigkeit zum Bedürfnisaufschub wird ihnen dann vorgeworfen und disqualifiziert sie für die Teilnahme am geregelten Betrieb in den Sportvereinen, wo für die Produktion von Leistungen hart gearbeitet und oft auf lange Sicht der Körper für die Wettkämpfe fit gemacht werden muss. Das traditionelle Angebot im Schul- und Vereinssport reicht deshalb bei diesen Kindern und Jugendlichen nicht mehr aus, da sie ja an deren Strukturen gescheitert sind. Sie ertragen keine lange Planung, fordern für den „wilden Körper" ihr unmittelbares Recht und suchen dafür körperbetonte Aktivitäten, die ihnen in einer für sie sinnlosen Umwelt Erlebnisse vermittelt, die ihr Leben erträglich werden lässt. Sie brechen aus der Monotonie ihres Alltags aus, auf der Suche nach actionreichen und risikohaften Situationen, die sie mit ihrem Körper bewältigen können.

Wenn der Körper für die Kinder und Jugendlichen wieder zum Träger ihrer Existenz werden und sich auf seiner Grundlage die menschliche Persönlichkeit entwickeln soll, so gilt es, im erzieherischen Alltag vermehrt Situationen anzubieten, die den Körper spüren lassen und wo er als Ausdrucksorgan der Innenwelt akzeptiert und gefördert wird. Der Körper darf nicht dem Geiste unterworfen werden. Er sollte ein zentrales Medium der Erziehungs- und Lernprozesse sein, in denen Dinge angerührt werden dürfen und wo es möglich ist, sich auch von den Dingen anrühren zu lassen. Der Körper darf auch nicht aus dem sozialen Geschehen ausgeschlossen werden, sondern er sollte auch zentrales Medium der Beziehungsgestaltung sein. Sich berühren und sich berühren lassen hilft Nähe herzustellen, die auf einer guten körperlichen Basis aufbauen und wieder Distanz zulassen kann. Gelegenheit dazu bietet sich im Lebensalltag von Kindern genug:

- Beim Kopfwaschen, beim Abtrocknen, beim Kämmen, Haare Schneiden, beim Eincremen, bei der „ärztlichen Versorgung". In all diesen Situationen, in denen das Tabu des Körperkontakts, das vor allem für die „großen" Kinder vorherrscht, können sehr intensive und positive Körpererfahrungen vermittelt werden. Berührungen des Körpers als etwas Angenehmes wahrzunehmen, ist für Kinder nicht immer selbstverständlich – vor allem dann, wenn sie mit physischen Gewalterfahrungen aufgewachsen sind. Auch die Situationen bei der Hausaufgabenhilfe, beim Vorlesen, beim Gespräch oder auch beim gemeinsamen Fernsehen bieten die Gelegenheit, über den Körperkontakt persönliche Nähe zu vermitteln und damit Vertrauen in die Beziehung zum nächsten aufzubauen.
- Sehr intensive Kontakte ergeben sich beim Massieren eines Kindes, die über den Körperkontakt nicht nur eine intime Nähe herstellen, die für den Beziehungsaufbau sehr förderlich sein kann, sondern oft auch Barrieren abbauen und Gespräche in Gang bringen, die sehr eng mit den Befürchtungen und Hoffnungen der Kinder und ihrer Stellung in der Welt zusammenhängen.

> So fragt Stefan seine Erzieherin: „Wie ist das, wenn man tot ist? Ist es dann auch so dunkel, wie wenn man die Augen schließt? Was macht der Körper, wenn man schläft, was tun die Organe wenn man tot ist? Fühlt man etwas, wenn nur noch die Knochen da sind? Kann man dann noch denken? Wie lange lebe ich, lebst du noch, wenn ich erwachsen bin?

- Auch beim Balgen, Ringen und Raufen mit dem Erwachsenen erfährt das Kind – auch hier wieder in einer enttabuisierten Situation – dessen körperliche Nähe und seinen eigenen Körper als positiv. Es erlebt seine körperlichen Kräfte, seine Gewandtheit und Geschicklichkeit, erfährt die Körpergrenzen im direkten Hautkontakt mit dem anderen, kurz: es erlebt sich selbst durch seinen Körper als eigenständige Persönlichkeit, die sich gegenüber dem anderen abgrenzt und sich in Freundschaft mit dem anderen auseinandersetzt.

  Auch die direkte körperliche Auseinandersetzung mit Gleichaltrigen hat einen positiven Stellenwert in der Sozialentwicklung – wenn sie strukturiert verläuft. Die Auseinandersetzung auf körperlicher Ebene spielt für Kinder eine wichtige Rolle. Durch Raufereien untereinander werden Bedürfnisse unterschiedlichster Art befriedigt: Demonstration von Macht und Stärke, Abwehr realer, oft aber auch projizierter Angriffe, Körperkontakt, Aufbau von Beziehungen. Allerdings müssen diese „Spaßkämpfe" in sozial akzeptable Bahnen

gelenkt werden. Dazu gehört: den Gegner zu fragen, ob er Lust hat zum Kämpfen, einen Ort zu finden, an dem nichts kaputt gehen kann und wo man sich nicht weh tut (Teppich, Matte) und die Einhaltung von einem Minimum an Regeln: sich nicht weh tun, loslassen, wenn der andere „abklopft" und nicht von hinten angreifen. Bewährt haben sich hier Turnierkämpfe: 2 Kämpfer, ein Ringrichter und die anderen als aktive Zuschauer. Jedes Kind darf sich seinen Gegner aussuchen. Faire und starke Kämpfer kommen so öfter zum Einsatz.
Das Herumtollen (Kämpfen in der Gruppe) wird erleichtert durch Rollen (Tiger, Bären). Hier steht mehr die spielerische Auseinandersetzung im Vordergrund. Wichtig: die Führungsrolle des Erwachsenen – als Dompteur – muss eindeutig sein (vgl. dazu auch FUNKE 1988).
- Der „Über"-Lebenskampf der Kinder spiegelt sich häufig wider in ihrem Körperausdruck, der durch seinen hohen Spannungszustand ständige Kampfbereitschaft andeutet. Ein hoher muskulärer Tonus, der sich nicht im Zusammenspiel von Agonisten und Antagonisten immer wieder auflöst, beeinträchtigt nicht nur die motorischen Fähigkeiten der Betroffenen. Er wirkt sich auch auf die psychischen Bereiche der menschlichen Persönlichkeit aus und verzehrt ein Höchstmaß an Energie, die dann für die Bewältigung des Alltags fehlt. Ein wichtiges Ziel ist es deshalb, den Kindern beim Abbau dieser Spannungen zu helfen. Körperentspannung, Schwimmen, Sauna oder Massage bieten sich hierfür an. Vor allem die Massagen eröffnen die Möglichkeit, eine sehr intensive Beziehung vom Erwachsenen zum Kind zu vermitteln[16].
- Bewegungsorientierte Angebote lassen also den Körper zu seinem Recht kommen, wenn sie den Hauch von Risiko und Abenteuer vermitteln und direkt zum Erfolg führen, ohne lange Lern- und Übungszeiten vorausgehen zu lassen. So bieten das Trampolin oder auch das Luftkissen vielfältige Möglichkeiten, die Selbstbeherrschung des eigenen Körpers immer wieder auf die Probe zu stellen und zu bestätigen, aber ebenso auch die Gelegenheit, sich mit seinen Fertigkeiten nach außen darzustellen und sich über die soziale Rückmeldung sich immer wieder seiner Fähigkeiten zu versichern.

---

[16] Diese Intensität der Erfahrung birgt allerdings auch große Gefahren. Die Massagen dürfen deshalb auch nur dann durchgeführt werden, wenn beide Beteiligte die Bereitschaft haben, sich auf diesen Prozess einzulassen und wenn der dafür nötige Schonraum vorhanden ist.

Das Springen auf dem Rundtrampolin zählte zu den Lieblingsbeschäftigungen der 9- bis 13-jährigen Kein Zufall – hat es doch für sie einen hohen Erlebniswert. Das Trampolin wirft hoch in die Luft und erlaubt eine dynamische, aber sanfte Landung. Das Gefühl zu fliegen, leicht und elegant zu sein, begleitet die Kinder, die etwas Erfahrung mit dem Gerät besitzen.
Die Schwierigkeit, in der Luft das Gleichgewicht zu halten, fordert und übt in hohem Maß die Koordinationsfähigkeiten. Gelingt die Aufgabe, wächst das Gefühl der Herrschaft über den eigenen Körper – eine zentrale Aufgabe des „Ich". Die hohe Kreislaufanforderung vertieft die Atmung, fördert den Stoffwechsel und trägt so zum Abbau der Körperverspannungen und der Erhöhung des Energieniveaus bei. Die Schwierigkeit wird noch erhöht, wenn mehrere Kinder gleichzeitig springen, was auf dem Rundtrampolin gefahrlos möglich ist. PRENNER (1995) und JÖHRENS (1999) weisen ebenfalls auf die besondere Eignung des Trampolins als psychomotorisches Spielgerät hin.

- Auch die Förderung der Selbstwahrnehmung und damit der Sensibilisierung für den eigenen Körper und dem des Anderen lässt sich immer wieder in den Alltag integrieren, auch wenn dafür manchmal ein bisschen Vorbereitung notwendig ist:
  So wurde z.B. an einem Gruppennachmittag eine Spielreihe mit unseren Kindern und Jugendlichen geplant und durchgeführt, die unter dem Schwerpunkt der taktilen Wahrnehmung stand. Die einzelnen Stationen waren:
  - *eine Taststrecke für die Füße, die aus Seilen, Sand, nassen Tüchern, Teppichresten, Kastanien, Wasser und einer Bleischnur zusammengestellt war,*
  - *Ertasten von Gegenständen, die sich in einem Sack befanden,*
  - *Erraten von Buchstaben, die vom Partner auf den Rücken „geschrieben" wurden,*
  - *gegenseitiges Bekleben der Beine mit Creme und Watte*
  - *unter einem Schwungtuch blind einzelne Schuhe zu Paaren zusammenfinden,*
  - *einen Luftballon mit den Füßen zerplatzen lassen.*

All diese körperbezogenen Maßnahmen könnten dazu führen, bei den Kindern und Jugendlichen wieder eine positive Einstellung zum Körper entwickeln zu lassen, der oft vernachlässigt und manchmal auch geschändet wurde. Damit wäre der Weg geebnet für einen bewussteren Umgang bei seiner Pflege und Fürsorge, die sich in einer verbesserten Hygiene, aber auch in einer gezielten Suche nach attraktiver

Kleidung, äußern könnte. „Die kleinen Fluchten“ aus der Monotonie des Alltags müssen dann nicht mehr *gegen* den Körper in die Welt von Rausch und Abenteuer, sondern können *mit* dem Körper in eine erlebnisreiche Welt gemacht werden, die für Kinder und Jugendliche, aber auch mit und von ihnen gestaltet wird.

4.2 Psychomotorik als grundlegendes Prinzip der Alltagsgestaltung

Wird Persönlichkeitsentwicklung als aktive und eigene Leistung des Menschen betrachtet, die er selbst in eigener Verantwortung erbringen muss, dann bleibt für den Erwachsenen nur die Aufgabe, die entsprechenden Rahmenbedingungen dafür zu schaffen, dass dieser Prozess vom Kind bewältigt werden kann, dass es also die notwendige strukturelle und personelle Hilfe erhält, die es braucht, ohne jedoch in seinen Entwicklungsfortschritten zu sehr gegängelt und bevormundet zu werden.
Betrachten wir zunächst die strukturellen Hilfen, die im pädagogischen Alltag für die Kinder und Jugendlichen bereitgestellt werden können.

4.2.1 Das Psychomotorische Milieu als intermediärer Bereich

„Liebe allein genügt nicht“, stellt Bettelheim (1971) fest und drückt damit aus, dass es mit der Aufrechterhaltung einer guten Beziehung nicht getan ist. Die Kinder und Jugendlichen brauchen mehr. Es sind die vielen kleinen Details, die in einem komplizierten Prozess, dessen Ausgang nie vorhersehbar ist, in wohl organisierten Rahmenbedingungen bewältigt werden müssen. In der Regel wird dies heute als Gestaltung eines „therapeutischen Milieus“ beschrieben.

Doch der schon oft schlagwortartige Umgang mit dem Begriff des „therapeutischen Milieus“ weckt meist falsche Hoffnungen. Sie zerbrechen in der Regel an den institutionellen Grenzen und am gesellschaftlichen Auftrag, die Kinder zu funktionsfähigen Mitgliedern unserer Gesellschaft zu machen. Nur selten ist es deshalb möglich im pädagogischen Kontext eine Atmosphäre des *bedingungslosen* Gewährens und Annehmens anzubieten, wie es das „therapeutische Milieu“ verlangt. Die Toleranz gegenüber den Symptomen der Kinder, die sich für die Erwachsenen als Fehlverhalten darstellen, ist ebenso gering wie die Möglichkeit, z.B. bei zu hohen Anforderungen bei einer ErzieherIn, einer LehrerIn oder den Eltern zu regredieren und Schutz zu suchen.

Oft wird dies als „austricksen" aufgefasst und dem Kind wieder einmal als mangelnder Beweis gegenseitigen Vertrauens vorgeworfen.

Ein 15-jähriges Mädchen, das durch exzessives Stehlen auffiel, sollte die Möglichkeit erhalten, in der Wohngruppe vertrauensvolle und tragfähige Beziehungen aufbauen zu lernen – was ihr in ihrem Elternhaus von ihrer Mutter verwehrt wurde. Folgen wir der – in diesem Fall – naheliegenden Interpretation von WINNICOTT, *so können wir nachvollziehen, dass „das Kind, das einen Gegenstand stiehlt, nicht nach diesem gestohlenen Gegenstand sucht, sondern nach der Mutter, auf die es einen Anspruch hat" (1984, 164), so wäre es Aufgabe der ErzieherInnen gewesen, ihr stellvertretend diese Mutterrolle anzubieten, bis die leibliche Mutter in der Lage ist, diese Rolle wieder exklusiv zu übernehmen oder die Jugendliche stabil genug ist, ohne die Liebe der Mutter überleben zu können. Dem Mädchen „gelang" es jedoch, die ErzieherInnen in die gleichen Beziehungsmuster zu verwickeln, die auch innerhalb der Familie vorherrschend waren. Statt Verständnis und haltende Unterstützung erntete sie Misstrauen und Bestrafung. Die Chancen für einen Neuanfang wurden ihr dadurch verwehrt.*

Solange Erziehung heißt, in hohem Maße Ordnung zu halten und alle Kinder „gerecht", d.h. weitgehend gleich zu behandeln, ohne Rücksicht auf die individuelle Problematik des Einzelnen, wird der Anspruch, im pädagogischen Alltag therapeutisch zu handeln, nicht eingelöst werden können.

Die Gestaltung des pädagogischen Alltags als „intermediärer Bereich" (vgl. Kap.3) könnte einen Ausweg aus diesem Dilemma bieten, da dieses Konzept von WINNICOTT nicht nur für therapeutische Maßnahmen, sondern als grundlegendes Element der Persönlichkeitsentwicklung entfaltet wurde. Die Organisation der therapeutischen Beziehung in einem intermediären Raum ist ein Sonderfall nur insofern, als der Therapeut bestimmte Regeln beachten muss, die ihm aufgrund seiner besonderen Rolle zukommen. Ansonsten ist der intermediäre Bereich als Übergangsphänomen zu verstehen, wie es für das Kleinkind zunächst das Übergangsobjekt, später dann das Spiel und für den Erwachsenen schließlich jeder kreative und schöpferische Prozess darstellt. „WINNICOTT hebt diesen Bereich des Schöpferischen heraus, indem er psychische Gesundheit nicht nur als Freisein von psychischer Krankheit definiert, sondern darüber hinaus als einen lebendigen Kontakt zur realen Umwelt. Er gelingt in dem Maße, als der Mensch diese Realität *auch* als subjektives Phänomen hervorbringt" (SCHÄFER 1986, 113). Dieses „Hervorbringen" bezieht sich auch auf sich selbst.

Nur wenn der Mensch in der Lage ist, sich selbst als Persönlichkeit in einem schöpferischen Prozess selbst hervorzubringen, kann er psychisch gesund sein. Werden ihm diese Möglichkeiten verwehrt, so dass er sich den personellen und strukturellen Zwängen der Außenwelt unterwerfen muss, wird er niemals zu sich selbst finden und aus einer Notwendigkeit heraus, die ihm das Leben sichert, ein „falsches Selbst" entwickeln, dessen wichtigste Funktion es ist, das „wahre Selbst" zu verbergen, „was es dadurch tut, dass es sich den Umweltanforderungen anpasst" (Winnicott, z.n. Davis/Wallbridge 1983, 83). Das „wahre Selbst" bekommt dadurch keinen echten Kontakt zur Realität, das Leben selbst wird leer. „Man beobachtet bei solchen Menschen an Stelle kultureller Aktivitäten äußerste Ruhelosigkeit, Konzentrationsunfähigkeit und ein Bedürfnis, aus der äußeren Realität störende Einflüsse auf sich zu ziehen, so dass die Lebenszeit des Individuums mit Reaktionen auf diese Störungen ausgefüllt werden kann" (ebd.).

Die Herausbildung eines „wahren Selbst" ist nur möglich, wenn die Entwicklung des Kindes nicht ausschließlich als kausale Folge der Beeinflussung von außen betrachtet wird, sondern dem Individuum genügend Raum und Unterstützung geboten wird, sein schöpferisches Potential zu entfalten. In diesem „intermediären Bereich", den Winnicott in seinen späteren Schriften „potentiellen Raum" nannte, kann sich die innere psychische Realität des Menschen, also seine Vorstellungsbilder, seine Gefühle und psychische Repräsentanten der Umwelt, die größtenteils unbewusst sind, mit der äußeren Realität wie zwei interferierende Wellen überschneiden und so neue Muster generieren (vgl. Schäfer 1986). Die innerpsychische Realität trifft auf die Anforderungen der äußeren Realität. Beide treten im „intermediären Bereich" miteinander in Wechselbeziehung und es entfalten sich – bewusste oder unbewusste – Prozesse, die vom Subjekt selbst gestaltet werden. Wenn Winnicott in diesem Zusammenhang von kreativen und schöpferischen Prozessen spricht, so will er hier die Tätigkeiten nicht auf künstlerische Prozesse einschränken. Prinzipiell können zu diesem Bereich alle Betätigungen gehören, wenn sie nur dem Individuum das Gefühl vermitteln, als Subjekt handeln zu können und nicht als Objekt behandelt zu werden. „Es geht mir hier ganz offensichtlich um die differenzierte Freude des Erwachsenen am Leben, am Schönen oder an abstrakten Konstruktionen, gleichzeitig aber auch um die kreative Geste des Kleinkindes, das nach dem Mund der Mutter greift und ihre Zähne fühlt, ihr dabei in die Augen schaut und sie auf kreative Weise wahrnimmt" (Winnicott z.n. Davis/Wallbridge 1983, 105). Es dreht sich also hier darum, die Möglichkeit für kreatives

und schöpferisches Handeln zu bekommen um daraus das Gefühl zu gewinnen, dass das Leben lebenswert ist[17].
Im Gegensatz dazu stehen die aufgezwungenen Tätigkeiten, bei denen von der Umwelt nur Anpassung und Übereinstimmung verlangt wird und somit im Menschen das Gefühl der Sinnlosigkeit des Lebens erwecken. Sie entwickeln die Vorstellung, „nichts sei von Bedeutung und das Leben nicht lebenswert. Viele der betroffenen Menschen haben auf quälende Weise gerade soviel an kreativer Lebensweise erfahren, dass sie zur Erkenntnis kommen, die meiste Zeit unschöpferisch zu sein, als wären sie im Banne der Kreativität eines anderen oder einer Maschine" (ebd.).
Die Ursache dafür liegt darin begründet, dass ihnen durch innerpsychische Konflikte, v.a. aber durch die einschränkenden Bedingungen der Außenwelt verwehrt wird, ihre innerpsychische Realität mit der Außenwelt in Kontakt zu bringen.
Psychomotorische Entwicklungsbegleitung heißt also, Räume zu schaffen, in denen sich die Innenwelt der Kinder breit machen kann. Nur wenn es gelingt den Kontakt von Innen und Außen herzustellen, nur dann wird die äußere Realität für das Kind persönliche Bedeutung gewinnen und somit auch sein Interesse wecken, sich mit ihr konstruktiv auseinander zu setzen.

Dass es nicht damit getan ist, dem Kind einen Zugang zur Außenwelt zu eröffnen, sondern dass diese Erlebniswelt des Kindes auch eindeutig sein sollte, um ihm für seine Entwicklung Kontinuität und Vertrauen zu versprechen, zeigt der Fall eines 12-jährigen Jungen, den ich im folgenden Tom nenne. Er wuchs in seinem Elternhaus in einer haltlosen und zweideutigen Umwelt auf, deren Wertesystem ebenso widersprüchlich und inhomogen war, wie der herrschende Erziehungsstil. Repräsentierte die Mutter ein hohes Maß an Ordnung, deren Einhaltung sie auch von ihrem Sohn forderte, so präsentierte sich der Vater eher ausschweifend und permissiv. Tom lebte ständig in diesem Dilemma, sich für eines der Wertesysteme entscheiden zu müssen, um eine klare Orientierung für seine Persönlichkeitsentwicklung zu bekommen. Er würde auf jeden Fall bei einer Entscheidung die Loyalität zu einem der beiden Elternteile verletzen.
Da er nach der Trennung der Eltern bei der Mutter lebte, war sie es, die versuchte ihr System der Ordnung bei ihm durchzusetzen, so dass Tom nie dazu kam, sein eigenes Wertesystem zu entwickeln. Er mus-

---

[17] Diesen Prozess des Einswerdens mit seiner Tätigkeit, in der der Mensch völlig aufgehen kann, durchdrungen von einem Gefühl der Hochstimmung, nennt CSIKSZENTMIHALYI (1992) „flow".

ste, wie es WINNICOTT *formulieren würde, ein „falsches Selbst" entwikkeln. Da die Mutter, aus ihrem Hass auf den Ehepartner, all dessen negative Verhaltensweisen in seinem Sohn repräsentiert fühlte, baute sie in Tom die schlechte Nachbildung ihres ehemaligen Mannes auf. Dies führte soweit, dass Tom heute beim Betrachten von Filmen oder in Spielgeschichten immer die Rolle des Bösen übernimmt, selbst wenn dieser der Verlierer ist. Er richtet sich also in seinem negativen Selbst ein.*

Um ihm in seiner Lage zu helfen und den möglichen Anschluss an die rechtsradikale Szene, die ihm den gesuchten Halt und die Orientierung bieten könnte, zu verhindern, ist unser Bestreben, die Mutter dazu zu bewegen, ihn als Tom zu akzeptieren, so wie er ist, auch mit den ausschweifenden Zügen seines Vaters. Es würde ihr dabei sicher helfen, auch einen Teil dieser Wertemuster bei sich selbst zuzulassen, die vielleicht verdrängt und unterdrückt sind (die Beobachtung der Beziehung zu ihrer eigenen Mutter legt diese Vermutung nahe).

Tom selbst müsste in seinen Verhaltensmustern beide Wertesysteme zulassen um damit zu seinem eigenen, „wahren Selbst" zu finden: die „Ordnung" seiner Mutter und die „Unordnung" seines Vaters.

Nur wenn die Kinder erfahren, dass sie nicht indoktriniert und nicht domestiziert werden, können sie Vertrauen in ihre eigenen Fähigkeiten und in die, sie umgebende personale und dingliche Umwelt entwickeln. Wenn sie merken, dass es für sie Freiräume gibt, die nicht von den Wünschen und Vorstellungen der Erwachsenen kolonisiert sind entwickeln sie „Ur-vertrauen" und können sich einlassen auf die Beziehungen zu Erwachsenen und damit auch auf deren Hilfe und Unterstützung.

Sie treffen sich mit ihm im Überschneidungsbereich zweier „potentieller Räume", ihrem eigenen und dem des Erwachsenen. Diese Überschneidung ist die Grundlage zwischenmenschlicher Beziehungen, die „einen Reichtum und eine Leichtigkeit aufweisen, die jene flexible Stabilität mit sich bringt, die wir Gesundheit nennen" (WINNICOTT z.n. DAVIS/WALLBRIDGE 1983, 106).

Ein erfülltes Leben kann also nur entstehen, wenn das Individuum Raum hat, seine Kreativität zu entfalten und in der Lage ist, sich diesen Raum mit anderen zu teilen. Für WINNICOTT ist dies die Grundlage, mit Psychotherapien überhaupt anfangen zu können, für den Therapeuten setzt er dies als grundlegende Qualifikation für seine berufliche Tätigkeit voraus. Dies gilt jedoch auch für die Bereiche des Lehrens und Lernens und kann auch auf die erzieherischen Prozesse übertragen werden. „Es ist eine Beleidigung, Menschen zu indoktrinieren, selbst wenn es zu ihrem Besten geschieht“ (ebd.), da ihre innere psychische Realität damit keinen Zugang zur äußeren Welt findet, ihnen letztlich als leer und sinnlos vorkommt. Lernprozesse der Schule und die Erziehungsversuche im Alltag haben für sie keine Bedeutung, da sie in ihnen nur als Objekt erscheinen und nicht als ernst genommenes Individuum, das zumindest die Möglichkeit hat, selbständig und selbstverantwortlich handeln zu können. Dafür müssten Freiräume geschaffen werden, die dem Kind in seinem Entwicklungsprozess so viel Offenheit wie möglich gewähren, ohne es jedoch zu überfordern. Erzieherische Hilfestellung stellt sich deshalb als ein komplizierter Balanceakt zwischen der möglichen Offenheit und der notwendigen Strukturiertheit pädagogischer Situationen heraus.

4.2.2 Der pädagogische Alltag als gestalteter intermediärer Bereich

Diesen Zusammenhang zu verdeutlichen hilft das von Schulz v.Thun (1990) dargestellte Werte- und Entwicklungsquadrat, dessen Struktur schon auf Aristoteles zurückgeht und eine Anleitung zum dialektischen Denken enthält. Es kann helfen, einen Orientierungsrahmen für die Planung und Organisation erzieherischer und therapeutischer Maßnahmen, hier insbesondere für die Gestaltung eines pädagogischen Alltags, zu schaffen.

Die Struktur des Werte- und Entwicklungsquadrates ist gekennzeichnet durch die Gegenüberstellung von vier Begriffen, die in einer dynamischen Wechselbeziehung zueinander stehen, wobei die Beziehungen durch das Verhältnis der Begriffe zueinander konstituiert werden.

Die Verbindung zwischen 1 und 2 bezeichnet ein positives Spannungsverhältnis zwischen zwei als positiv erachteten Werten, die in dialektischer Wechselbeziehung zueinander stehen. Die senkrechten Linien zwischen 1 und drei bzw. 2 und 4 stehen für eine entwertende Übertreibung, während die Diagonalen die konträren Gegensätze zwischen einem Wert und einen Unwert kennzeichnen. Die untere Linie verbindet die beiden Unwerte miteinander und kennzeichnet Entwicklungsprozesse, die von einem „Unwert“ wegführen sollen, jedoch ohne die Kraft und die nötigen Ressourcen, einen positiven Wert zu erreichen (vgl. Schulz v. Thun 1990, 39).

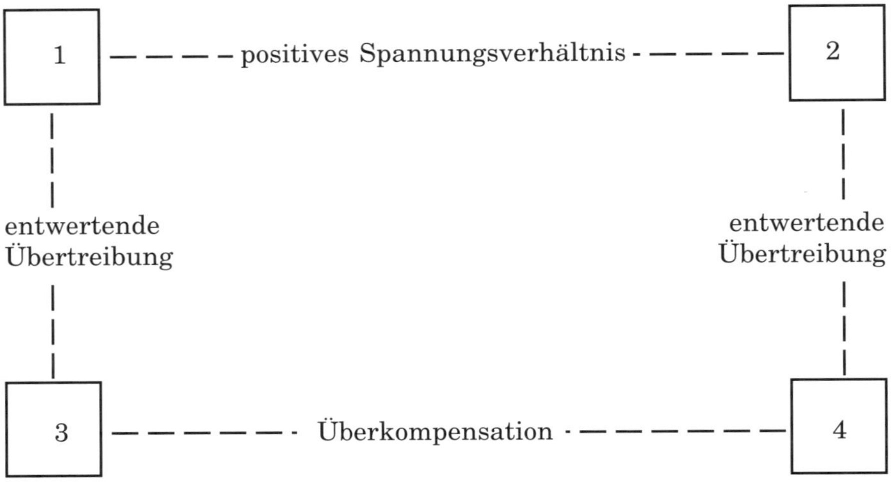

Bei der Anwendung dieses Hilfsmittels zur Gestaltung des pädagogischen Alltags, ordnen wir das positive Wertepaar *Strukturiertheit – Offenheit* in dieses Wertequadrat ein, da die Ausbalancierung dieser Begriffe für die Gestaltung das äußeren Rahmens im pädagogischen Feld von zentraler Bedeutung ist.

Wir sehen also in den strukturbildenden Maßnahmen innerhalb des pädagogischen Prozesses, die sich ergänzen mit einem ausreichenden Maß an Offenheit, die idealen Entwicklungsbedingungen der Kinder. Sie brauchen genügend Halt, um – trotz ihrer inneren Strukturlosigkeit (vgl. dazu Redl/Winemann 1984) – den Anforderungen ihrer Lebensumwelt begegnen zu können. Der Aufbau dieser Strukturen darf jedoch nicht so weit gehen, dass selbstorganisierte Entwicklungsprozesse abgeschnitten werden. Die Verplanung der kindlichen Zukunft in einem starren Erziehungskonzept verhindert eine harmonische Entwicklung ebenso, wie die „entwertende Übertreibung“ der Offenheit, also die totale Struktur- und Formlosigkeit. Dies würde einem Erziehungsstil des laissez-faire entsprechen, bei dem die Kinder – trotz ihrer noch ungenügend ausgebildeten Fähigkeiten – bei ihrem Entwicklungsprozess alleingelassen würden.

Offenheit bezieht sich zunächst einmal auf die *Zielsetzung* selbst. Wer entscheidet, wo die Entwicklung hingehen wird? Geht es allein darum, den institutionellen Auftrag zu erfüllen und die Kinder wieder zu funktionstüchtigen Mitgliedern unserer Gesellschaft zu machen, oder gehen hier auch die Wünsche und Interessen der Betroffenen mit ein?[18]

Offenheit bezieht sich auch auf die *Inhalte*, d.h. die Aktivitäten, mit denen der Alltag der Kinder gefüllt wird. Viele ergeben sich als „Sachzwänge“ aus der Organisation des Tagesablaufs und institutionell vorgegebener Handlungsstrukturen. Dennoch dürfte auch in diesem Bereich genügend Spielraum sein, innerhalb vorgegebener Rahmenbedingungen selbstbestimmt handeln zu können, d.h. eigene Einfälle, Ideen und Gedanken einzubringen, eigene Wünsche, Interessen und Phantasien zu formulieren und auszuprobieren, ohne durch Sanktionen bedroht zu werden. Auch die Möglichkeit, aus mehreren Angeboten frei wählen zu können oder diese auszuschlagen, muss gegeben sein, ohne dadurch gleich als Außenseiter oder Einzelgänger beschimpft zu werden. Die Inhalte sollten also aus dem Lebensbereich der Kinder entstammen, d.h. das, was zum Thema gemacht wird, muss mit der Lebensgeschichte oder der aktuellen Situation der Kinder zu tun haben und sich an deren Interessen und Bedürfnissen orientieren. Es darf und soll sich dabei um Inhalte handeln, welche die Wirklichkeit als eine veränderbare erleben lassen oder die zumindest eine Veränderung provozieren können. So verstandene Pädagogik knüpft also nicht nur am Alltagsverständnis des Kindes an, sondern fordert es zudem heraus, darüber hinauszugehen und stets neue Erfahrungen zu machen, die wiederum in das Bündel der Lebenserfahrungen integriert werden müssen. Reichen die Angebote innerhalb einer Einrichtung dafür nicht aus, so erfordert dies eine Öffnung nach außen, wo dem Kind der Erfahrungsschatz geboten wird, durch den seine Entwicklung weiter voranschreiten kann.

---

[18] Die Forderung des neuen Kinder- und Jugendhilfegesetzes, alle Beteiligten, also auch die Kinder und Jugendlichen in die Hilfeplanung mit einzubeziehen, sie also mitreden zu lassen bei der Gestaltung ihrer Gegenwart und Zukunft, ist ein Schritt dahin, die Kinder und Jugendlichen mehr ernst zu nehmen und ihr Leben offener für ihre eigenen Strukturierungswünsche zu lassen.

Konkret heißt dies, dass in einer offenen, subjektorientierten Erziehungsarbeit, in der das Kind als Person ernst genommen wird, nicht Ziele angestrebt werden, deren Erreichen im Rahmen eines individuellen Erziehungsplanes exakt geplant und dessen Durchführung und Evaluation in der Regel durch Verstärkerpläne exakt festgelegt werden, sondern Erfahrungsräume für die Kinder bereitgestellt werden, in denen es den Kindern möglich ist, die Umwelt selbständig zu erkunden und sie sich experimentierend anzueignen. Vom Erwachsenen werden also Situationen gestaltet, die einen hohen Aufforderungscharakter zum Handeln haben und das Kind vor lösbare Probleme stellt. Seine Rolle besteht also darin, innerhalb der vorgegebenen Rahmenbedingungen die nötigen Impulse für die Lösung des Problems zu geben und eine Atmosphäre des Vertrauens und der gegenseitigen Anerkennung und des Helfen Wollens herzustellen, die den Kindern die Sicherheit gibt, die vorhandenen Freiräume auch nutzen zu können. Erzieherisches Handeln muss also ausgerichtet sein auf die Gegenwart, nicht auf die Zukunft des Kindes. Es soll nicht durch wohl durchdachte Lernzielstrategien auf zukünftige Lebenssituationen vorbereitet, sondern mit Problemen konfrontiert werden, die im Moment aktuell für die eigene Lebensgeschichte sind. In der selbständigen oder unterstützten Bewältigung dieser Probleme werden Qualifikationen erworben, die auch zur Bewältigung zukünftiger Lebenssituationen dienlich sind.

An diesen aktuellen Bedürfnissen der Kinder anzuknüpfen, war unser Anliegen, als wir im Rahmen unseres Projektes in gemeinschaftlicher Arbeit von Lehrer und ErzieherInnen für ein Klassenzimmer ein Häuschen bauten, wo die Kinder nicht nur bei der gemeinsamen Gestaltung und dem Bau, sondern auch bei der Nutzung ihren Phantasien freien Lauf lassen konnten und nur durch die äußeren Rahmenbedingungen – das Häuschen musste in den Raum passen und so konstruiert werden, dass es stabil ist – eingeschränkt wurden. Gerade der letzte Punkt war einer der Auslöser, dieses Projekt anzugreifen, denn es konnte vom Lehrer schon immer beobachtet werden, wie sich die Kinder aus Schaumstoffteilen, Matratzen und Decken kuschelige Rückzugsmöglichkeiten schufen, in die sie sich auch während des Unterrichts zurückziehen konnten, um sich von den Belastungen der schulischen Anforderungen zu erholen. Der Wert dieser Matratzenhöhlen wurde hoch eingeschätzt, weshalb es oft Ärger gab, wenn im Streit ein selbstgebautes Häuschen zerstört wurde. Es lag deshalb nahe, im Klassenraum ein feststehendes und bleibendes Holzhaus zu bauen. Diese Idee wurde von den Kindern, den ErzieherIn-

nen und dem Lehrer, dessen Klasse aus fünf Kindern unserer Gruppe bestand, begeistert aufgegriffen und sofort in Angriff genommen. Die Kinder machten uns deutlich, dass für sie das Häuschen nicht nur die Möglichkeit des Rückzugs bot, also ein regressives Element in ihrer Entwicklung darstellte, sondern – bei der mühevollen Fertigstellung – auch wertvolle aktuelle Erfahrungen, etwas Eigenes herzustellen und es gemeinsam mit anderen zuteilen, gesammelt wurden. Diese Beschäftigung eröffnete aber auch den Blick in die Zukunft: zu planen und zu gestalten, nachzudenken über die Art und Weise, das Haus zu bauen und zu nutzen. Die dabei entfaltete Kreativität und Phantasie zeigten sich in den Gesprächen zur Planung des Häuschens: es sollte unbedingt aus Holz und so groß sein, dass man frei reingehen kann, mit einem Dach und Platz für alle, so dass der Lehrer ihnen immer Geschichten vorlesen kann. Angemalt sollte es werden und Licht müsste auch noch verlegt werden, mit Falltüre und Tarnung gegen die bedrohlichen Feinde, die eindringen und alles zerstören könnten.

„Gestaltete Phantasie" nannte SCHÄFER in seinem Bericht über eine ähnliche Aktion diesen selbst gebauten Raum im Klassenzimmer und bedauerte, dass die institutionellen Zwänge die Entfernung dieses Häuschens, das für zwei seiner Schülerinnen Rückzugsmöglichkeit während des Unterrichts und damit überhaupt die Grundlage für ihre Teilnahme bot, erforderten. In diesem „real gewordenen intermediären Bereich" hatten sie die Möglichkeit, ihren Phantasien weiter nachzugehen, ohne den Kontakt zur Außenwelt zu verlieren. Sie nahmen am Unterrichtsgeschehen teil, dem sie sich unter normalen Bedingungen entzogen, sie blieben also innerhalb ihrer Lerngruppe, ohne den Kontakt zu ihrer Innenwelt aufgeben zu müssen (vgl. SCHÄFER 1989, 43ff).

Wir hatten mit unserem Häuschen mehr Glück. Es steht noch heute in der Klasse des Lehrers, der am Bau mit beteiligt war und findet auch bei den inzwischen neuen Kindern, die am Bau nicht beteiligt waren, seine Anerkennung. Es wird genutzt um sich zurückzuziehen, sich die notwendigen „Auszeiten" zu nehmen, ohne jedoch gleich ganz auszusteigen aus dem Unterrichtsgeschehen und es bietet sich darüber hinaus dafür an, gemeinsam Geschichten zuzuhören, zu träumen und den eigenen Phantasien freien Lauf zu lassen.

So gestaltet definiert sich Entwicklungsbegleitung als Prozess der gemeinsamen Lebensgestaltung von Kind und Erwachsener, in dem jeder nach seinen Fähigkeiten und Fertigkeiten zum guten Gelingen beiträgt. So verstanden hebt Offenheit im pädagogischen Kontext auch jede Form der hierarchischen Beziehung auf, da in diesem gemeinsamen Prozess alle Strukturen transparent gemacht werden und sich letztlich nur in verschiedenen Aufgaben innerhalb des gesamten Kontextes festmachen lassen.

Offenheit aus der Sicht des Kindes müsste also heißen, frei verfügbare Räume und Zeiten zu haben, wo Platz ist, selbständig Aktivitäten zu entwickeln, so dass es seinen Entwicklungsprozess von Anfang an selbst- und mitentscheiden kann – im Rahmen seiner Möglichkeiten. Entwicklung würde dann für das Kind bedeuten, dass es mit Situationen konfrontiert wird, die es nach seiner freien Entscheidung, auf der Grundlage seiner Erfahrungen bewältigen kann. Sein neugieriges Bestreben wird dazu führen, dass es – im Sinne des entdeckenden Lernens – durch erhöhte Aktivität Problemsituationen zu bewältigen sucht und im eigenen Handeln Problemlösungsmöglichkeiten findet und anwendet. Bewältigte Situationen vermitteln Erfolgserlebnisse, reduzieren aber auch Angst, da sie Kontrolle über die Situation ermöglichen. Reichen jedoch die Kompetenzen für die Bewältigung der Problemsituation nicht aus, wird es – bei fehlender Hilfe – eher zu einer Erhöhung des Angstniveaus kommen, weil mangels Orientierung die Fähigkeit verloren ging, sich auf aktive Weise den Umweltgegebenheiten anzupassen und sie in angemessener Form zu kontrollieren. Diese „erhöhte Angstbereitschaft reduziert exploratives, die neue Situation erforschendes Verhalten. Die daraus resultierenden, aktiv nicht bewältigenden Anpassungsdefizite müssen dann vom Kind auf andere Weise ausgeglichen werden“ (Nienstedt/Westermann 1992, 54). Sogenannte Verhaltensauffälligkeiten sind dann die Folge.

Dass die Kinder dies oft besser wissen als die Erwachsenen, zeigt mir ein 14-jähriger Junge, der mich beinahe verzweifelt darum bittet, mit ihm und seinen Freunden doch „etwas zu machen, da sie sonst doch wieder nur Scheiß machen würden“. Aus diesem Grund bieten wir für Jugendliche ab 13 Jahren in den Abendstunden zwischen 19.00 und 21.00 Uhr – einer besonders gefährlichen Zeitphase – die Möglichkeit, sich im „Clubraum“ zu treffen und gemeinsam Musik zu hören, zu tanzen und miteinander zu spielen. Die benachbarte Turnhalle erweitert dieses Angebot um sportliche Elemente, wodurch ein anregungsreicher Rahmen geboten wird, die Zeit bis zum Schlafen gehen „sinnvoll“ zu überbrücken.

Offenheit im erzieherischen Prozess bedeutet also nicht Ziellosigkeit oder ein falsch verstandenes „laissez-faire“, das die Kinder mit ihren

Entwicklungsproblemen allein lässt. Das soziale Miteinander von mehreren Kindern und Erwachsenen einer Gruppe verlangt wegen der Komplexität dieses Prozesses ein hohes Maß sorgfältiger Planung, die jedoch einerseits dem Prinzip der Offenheit genügen und andererseits auch seine Grenzen akzeptieren muss.

In Kap. 4.5 wird gezeigt, wie wichtig es ist, sich über den zeitlichen Verlauf eines Tages genaue Vorstellungen zu machen und dies mit den Kindern und Jugendlichen im Rahmen eines Gruppengespräches zu diskutieren und festzulegen. Um das gemeinsame Leben in einer Wohngruppe zu regeln, müssen auch klare Angaben darüber gemacht werden, wer wann welchen Dienst zu machen hat. Auf die Fähigkeiten, Interessen und Bedürfnisse der einzelnen einzugehen heißt in diesem Fall z.B. die Zusammensetzung der Tischdienste den Kindern zu überlassen oder sich die Gruppendienste (Pflege der Pflanzen, Betreuung des Aquariums, Organisation der Bastelecke) selbst wählen zu lassen.

Die Planung des pädagogischen Alltags verlangt also ein hohes Maß an Sensibilität für die aktuell notwendigen Dinge, ohne den Blick in die Vergangenheit der Kinder zu vergessen oder ihre Zukunft aus den Augen zu verlieren. Sie muss sich mit den Entwicklungszielen der Kinder auseinandersetzen, sie muss eingehen auf die sozial- und lebensgeschichtlich bedingten Vorerfahrungen der Kinder, ihr Gefühle und Bedürfnisse und damit den Kindern Handlungsspielräume eröffnen, die ihnen ihr Handeln als subjektiv bedeutsam erleben lassen und die Selbststeuerung des Kindes ermöglichen. Dadurch werden Entwicklungsprozesse in Gang gesetzt, die ihnen eine positive Werthaltung zu sich selbst und zu ihrer Umwelt vermitteln und sie letztlich zu selbständigen und selbstverantwortlichen Persönlichkeiten werden lassen[19].

Offene und anregungsreiche „Räume“ sind also erforderlich, um dem Kind die Möglichkeit zu geben, sein in ihm angelegtes Potential zur Wirklichkeit werden zu lassen. Probleme können jedoch entstehen, wenn zu viel an Freiraum geboten wird und damit die Gefahr des

---

[19] Der Planbarkeit erzieherischer Maßnahmen sind jedoch auch Grenzen gesetzt, da nicht alle Elemente dieses komplizierten Prozesses – in der Wohngruppe, in der Schule, im Elternhaus – bekannt oder genügend erfassbar sind. In der „Chaostheorie“ gilt diese Unkenntnis über die Anfangsbedingungen von „nichtlinearen Systemen“ wie es die menschliche Gesellschaft darstellt als Ursache dafür, dass Entwicklungen nicht vorhersehbar sind. Schon kleinste Veränderungen oder Störungen im System können hier größte Veränderungen hervorrufen (Schmetterlingseffekt) (vgl. HAMMER 1999a).

chaotischen Auswucherns, der unkontrollierten Handlungen und völliger Ziellosigkeit provoziert wird. Hier ist Hilfe erforderlich, die durch ein gewisses Maß an Strukturierung der Situationen gewährleistet werden kann, mit denen das Kind konfrontiert wird. Dies soll jedoch nicht heißen, dass – wie es SIGRELL als Vorschlag für den Umgang mit erziehungsschwierigen Kindern formuliert – „mit Rücksicht auf das geringe Können der Schüler, ihre Schulunlust aufgrund früherer Misserfolge sowie ihre Ich-Schwäche, die Schule ihnen eine Lernsituation anbieten (soll), die dadurch charakterisiert ist, dass während des ganzen Tages jede Aktivität wohl strukturiert und einfach ist“ (SIGRELL 1971, 116). Hier werden die Schwierigkeiten der Kinder ausgenutzt, um Lern- und Erziehungsmethoden zu rechtfertigen, die das Kind in permanenter Abhängigkeit des Erwachsenen festhalten und sie damit ein Leben lang den Sachzwängen oder den personalen Autoritäten zu unterwerfen. Ein kritisches Hinterfragen ihrer Situation wird dadurch unterbunden. Das noch nicht erreichte Ziel der Mündigkeit wird als Argument dafür benutzt, das Kind in seiner Unmündigkeit festzuhalten.

Versteht man diese Mündigkeit nicht als Ziel, sondern als Prozess, der nie als abgeschlossen betrachtet werden kann, so gilt es, für die Kinder Situationen mit meisterbaren Anforderungen zu schaffen, ihnen also Strukturierungshilfen zu geben, die für sie Hilfestellung in den konkreten Situationen bedeuten.

Dies mag die Geschichte eines Jungen verdeutlichen, den ich hier Mike nenne. Er wurde im Alter von 10 Jahren in unsere Gruppe aufgenommen, nachdem er bereits einen längeren Aufenthalt in einer Pflegefamilie hinter sich hatte und von dort entfernt werden musste, da er durch sein chaotisches und oft nicht mehr kalkulierbares Verhalten die dort wohnenden kleinen Kinder immer wieder in Gefahr brachte. Verständlich wird dies, wenn man seine Ursprungsfamilie in Betracht zieht, in der Mike ständig mit sexueller und körperlicher Gewalt konfrontiert wurde und daraus ein grundlegendes Misstrauen gegenüber der Erwachsenenwelt entwickelte, die ihm weder Halt noch Geborgenheit geben konnte. Vor diesem Hintergrund lassen sich seine Attacken gegen die Erwachsenen immer wieder interpretieren als Schrei nach Hilfe und als Frage, ob die ständig beteuerten Liebesangebote auch ernst gemeint sind und den Belastungen seiner Unstrukturiertheit Stand halten können. Sein inneres Chaos war auf der Suche nach äußerem Halt, den er in seiner räumlichen Umgebung zunächst nicht finden konnte, da er diese nicht als Struktur, sondern als Chaos empfand. Ihm fehlte das Vertrauen in die ErzieherInnen, als Garanten

dieser Ordnung. Erst als sich dieses langsam entwickelte, fing er an, auch in seiner Umgebung zunehmend für Ordnung zu sorgen. So überfiel ihn manchmal die „Aufräumwut", wie es im Erzieherbuch geschildert wird, die soweit führte, dass er nicht nur sein Zimmer in Ordnung brachte, sondern in einer Zimmerkonferenz auch noch einen Ordnungsplan für Zimmerangelegenheiten aufstellte. Es kam eine Zeit, da er sich soweit heimisch fühlte, dass er anfing, sein Zimmer nicht mehr zu zerstören, sondern sich mit Hilfe der ErzieherInnen einen Schreibtisch zu bauen und schließlich sogar den Plan fasste, Mücken und Spinnen in seinem Zimmer zu züchten.
Mike half nun das zunehmende Vertrauen in die ErzieherInnen, auch Grenzsetzungen zu akzeptieren und Anforderungen anzunehmen, da er sie nicht mehr als Infragestellung seiner eigenen Existenz auffassen musste, sondern als Kritik an seinem augenblicklichen Verhalten. Dies zeigt eine Situation, in der er von einem Erzieher aufgefordert wurde, eine Mülltüte zum Container zu bringen. Er ging aus der Wohnung und versuchte die Tüte zunächst in einem Abfalleimer am Sportplatz unterzubringen, um sich den weiteren Weg zu sparen. Da dieser jedoch zu klein war, warf er sie mit einem weiten Bogen hinter die, den Sportplatz umgrenzenden Büsche. Kurze Zeit später, darauf angesprochen, überlegt er zunächst, von wo aus er bei seiner „Untat" beobachtet werden konnte, dreht dann mit einem verschmitzten Gesicht ab, holte fröhlich pfeifend die Mülltüte und brachte sie schließlich zum Abfallcontainer. Monate früher hätte er dies erstens nicht gemacht, wäre zweitens verbal aggressiv gegen den Erzieher und drittens tätlich aggressiv gegen ein naheliegendes Objekt geworden. Erst das entwickelte Vertrauen, als Mike anerkannt und geschätzt zu werden und die immer wieder erlebte Offenheit, die ihm in seinem Alltag geboten wurden, halfen ihm, diese Grenzsetzung zu ertragen und die Struktur zu akzeptieren, die ihm vom Erwachsenen vorgegeben wurde.

Im folgenden wird im einzelnen darauf eingegangen, wie durch personelle Unterstützung, durch Strukturierung von Räumen und Zeiten, durch ein wohl überlegtes Angebot an Materialien und durch die Evozierung von Themen, die an die Biographie der Kinder angebunden werden, die Komplexität der Entwicklungsanforderungen für die Kinder reduziert und ihren Fähigkeiten angepasst werden kann.

4.3 Beziehungen als Medium der Pädagogik

Jenseits des Subjektiven, diesseits des Objektiven, auf dem schmalen Grat, darauf ich und Du sich begegnen, ist das Reich des Zwischen.

Martin Buber

Beziehungen werden für die Gestaltung menschlichen Zusammenseins immer deutlicher als tragendes Element beschrieben. Wurde in den Sozialwissenschaften das Augenmerk früher eher auf das Individuum oder auf die gesellschaftlichen Bedingungen gerichtet, in denen der Mensch lebt, so setzt sich in neuerer Zeit in der Diskussion ein Paradigma durch, das von der Systemtheorie am massivsten vertreten wird. Hier wird als zentrale Frage die Beziehungen zwischen den Systemelementen behandelt. Das Ganze in einem Beziehungskontext ist also mehr als die Summe seiner Teile, schließt es doch neben der Summe der einzelnen Elemente auch die Beziehungen zwischen ihnen ein. Hier wird deutlich, dass eine Veränderung des Gesamtkontextes nicht nur über den Wandel eines Elements, sondern auch über die Veränderung der Beziehungen zwischen ihnen verursacht werden kann – allerdings nicht nur. Die Hoffnung, dass sich menschliches Verhalten grundlegend ändert, wenn Systembedingungen verändert werden, missachtet die Biographie des Einzelnen. Die Lebensgeschichte eines Menschen lässt sich nicht so ohne weiteres ausradieren. Die Veränderungen des Systems werden hier deshalb nur als Voraussetzungen, als Rahmenbedingungen dafür betrachtet, dass sich Menschen verändern können. Sie müssen es aber selbst tun und sie tun aus auf der Grundlage ihrer erlebten Geschichte.
Darüber hinaus ist zu berücksichtigen, dass durch die Veränderung eines einzelnen Elements innerhalb des Systems sich auch Auswirkungen auf andere ergeben. In unserem Kontext bedeutet dies, dass die Beziehungen zwischen den Menschen das Sein und Werden jedes einzelnen mit beeinflussen, dass also Veränderungen im pädagogischen Kontext nie einseitig vom Erwachsenen zum Kind, sondern immer auch vom Kind hin zum Erwachsenen angeregt werden. Entwicklung ist angelegt als Prozess der „Ko-Evolution" (MATURANA/VARELA 1990) von Mitmenschen in einer Umwelt, die Verhalten beeinflusst, die sich aber auch mit dem Verhalten des Menschen verändert.

4.3.1 Beziehungen im pädagogischen Kontext

„Ich brauche nicht besonders zu betonen, dass auch heute noch Pädagogen sich mit dem Unterton der Besserwisserei an die Aufgabe der Erziehung machen. Die penible Diskussion um hierarchische Lernschritte und Lernziele scheint mir die letzte, bis ins kleinste systematisierte Folge dieser A-priori-Pädagogik in der Gegenwart zu sein. Die Opfer dieser auch weitgehend institutionalisierten Haltung, sofern sie nicht einen persönlichen Kompromiss finden, der sie wenigstens still durchhalten lässt, werden ausgesondert in Heime, Kliniken, Sonderschulen und dergleichen, und kaum jemand fragt danach, was man *von ihnen* vielleicht hätte lernen können darüber, was es heißt, etwas so zu lernen, dass es ihnen persönlich bedeutsam wird“ (SCHÄFER 1982, 67).

Mit dieser harten Feststellung trifft SCHÄFER den Kern einer üblen Erziehung, der viele Kinder unterworfen sind und gegen die sie sich mit dem Mut der Verzweiflung wehren müssen, um die völlige Zerstörung ihrer Person zu verhindern. Ihr Verhalten, selbst meist Folge einer Erziehung, deren Zielsetzungen, Inhalte und Methoden das subjektive Erleben der Kinder ausgeklammert hat, führt zu einer Ausgrenzung aus dem regulären Erziehungssystem wie Familie oder Regelschule und bringt sie in Heime, in denen wieder Erziehungspläne mit Grob- und Feinzielen gemacht werden, die in der Regel eher den Erwachsenen als Krücke dienen, um den Alltag befriedigend zu bewältigen. Dies heißt nicht, dass erzieherische Prozesse nicht geplant werden sollen. Will man jedoch einerseits das Allmachtsgefühl möglicher Erziehbarkeit auf einen realistischen Boden setzten und andererseits dem Kind eine Welt einrichten, die Freiräume bietet, um nach eigenen Wünschen und Vorstellungen zu leben und nicht den ausgelegten Spuren des Erwachsenen zu folgen, so muss dieser die nötige Distanz wahren und dem Kind die Furcht nehmen, „dass ihre eigene Initiative nicht gesehen, ja sogar überrollt würde und damit sie als Subjekt ausgelöscht und zum bloßen Plakat der Wünsche der anderen, der Lehrer, Pädagogen und Eltern, degradiert würden“ (ebd. 70). Die in diesem Zusammenhang in der Pädagogik schon oft gestellte Frage nach der Notwendigkeit von „Führen oder Wachsenlassen“ (vgl. LITT 1958) erweist sich an dieser Stelle jedoch als Problemstellung in die falsche Richtung, wenn dieser Entwicklungsprozess nicht nur auf Seiten des Kindes gesehen, sondern als „ko-evolutiver Prozeß“ (MATURANA/VARELA 1990), in dem sich Kind und Erwachsener gemeinsam in wechselseitiger Bedingtheit entwickeln. BETTELHEIM (1971) wies darauf hin, dass zu den besten Erziehern diejenigen zählten, die ihren

eigenen Entwicklungsprozess noch als unabgeschlossen betrachteten und bereit waren, sich mit der eigenen Biographie auseinander zu setzen. Sie gewannen daraus die Erkenntnis, „dass sich das Wie und Warum der Behandlung eines Patienten und seiner Probleme aus der Persönlichkeit und den früheren Erfahrungen eines Mitarbeiters ergaben (...). Die unerwünschten Probleme ihrer eigenen Vergangenheit in der Beziehung zu einem Patienten zu begreifen und zu bewältigen, ermöglichte den Mitarbeitern ein ganz anderes, direkteres und intimeres Verständnis der Probleme des Patienten – und von sich selbst im Zusammenhang mit dem, was sie mit einem Patienten taten und für ihn empfanden“ (ebd. 221f).
Sich auf diesen „ko-evolutiven“ Entwicklungsprozess einzulassen heißt also für den Erwachsenen mit der eigenen Lebensgeschichte klar zu kommen und sich die eigenen Wünsche, Interessen und Bedürfnisse, die meist noch unbewusster Art sind und deren Entstehung oft weit in der frühen Kindheit vergraben liegt, zu verdeutlichen.

Die Tatsache, dass Persönlichkeitsentwicklung als gemeinsamer und partnerschaftlicher Prozess verstanden wird, heißt jedoch nicht, dass alle Beteiligten in diesem Geschehen gleich sind, oder die gleichen Rechte und Pflichten haben. Abgesehen von den äußeren, institutionellen Verpflichtungen trägt der Erwachsene wegen seines Lebens- und Erfahrungsvorsprungs ein höheres Maß an Verantwortung für das Gelingen dieses Prozesses. Er bringt seine Kenntnisse und Fertigkeiten physischer und psychischer Art ein, um für ein gutes Gelingen dieses Prozesses beizutragen, ohne jedoch vom Anspruch besessen zu sein, schon alles können und wissen zu müssen und v.a. ohne diesen Entwicklungsvorsprung gegenüber dem „Zögling“ für den Aufbau einer hierarchischen Beziehung zu nutzen. Dadurch würde er nicht nur gegen ein moralisches Gebot der Achtung des Anderen verstoßen, sondern darüber hinaus Entwicklungsmöglichkeiten für das Kind abschneiden, die sich eröffnen, wenn es in hohem Maße frei und selbständig seine Entwicklungsschritte gehen kann. Dies gilt insbesondere für die Erziehung von Kindern, deren bisherige Lebenserfahrung gerade diese Möglichkeiten versperrte und die deshalb zu „Kindern die hassen“ (Redl/Wineman 1984) geworden sind. Sie hatten keine Chance eine „eigenständige Persönlichkeit“ zu entwickeln, da sie in ihrem Tun und Handeln nie akzeptiert wurden und deshalb Verhaltensmuster erzeugten, die in einer, für sie feindlichen Umwelt ihr Überleben sicherten.

Über die physische und psychische Nähe dem Kind Halt zu geben, den es braucht, um sich mit Ruhe und Zuversicht den Herausforderungen der Umwelt zu stellen und sie sich aktiv anzueignen, ist eine Seite der Beziehung, die ergänzt werden muss von ihrer Kehrseite, dem Gewähren der notwendigen Distanz, die dem Kind auch Freiräume für eine eigenständige Entwicklung geben kann (vgl. MAHLER u.a. 1985).

Dieser Entwicklungsprozess, bei dem sich das Kleinkind ständig auf der Suche nach der „optimalen Entfernung", also dem richtigen Verhältnis von physischer Nähe und Distanz befindet, gibt einige Hinweise darauf, wie auch in späteren Entwicklungsphasen dem Kind immer wieder die Chance geboten werden muss, v.a. über den Körper Kontakte anzuknüpfen, sich wieder zu lösen, langsam Abstand zu gewinnen aus der engen Beziehung zu einem Erwachsenen, ohne jedoch aus seinem Blickfeld zu verschwinden. Distanz zu gewähren heißt also nicht, das Kind zu verlassen, sondern meint, mit dem nötigen physischen oder psychischem Abstand die Entwicklung des Kindes aufmerksam zu verfolgen und zu begleiten.

Wenn sich Beziehungen als Überschneidungsbereiche „potentieller Räume" von Kind und Erwachsenem darstellen lassen, so erzeugen die hier entstehenden Interferenzmuster eine Resonanz, die dem Kind ein Gefühl des Angenommenseins, aber auch die Erkenntnis vermittelt, dass es mit seinen Handlungen Wirkungen erzeugt. Es verändert auch den Erwachsenen, wenn er in Einklang ist mit seiner innerpsychischen Realität und sie für den „intermediären Bereich" öffnen kann. Dieses Zusammenspiel verlangt ein hohes Maß an Aufmerksamkeit für die Signale des anderen, um dadurch einen Prozess gegenseitiger Verständigung in Gang zu setzen. Es bedarf seitens des Erwachsenen viel Einfühlungsvermögen, um die Wünsche und Interessen hinter den Signalen des Kindes zu verstehen. „Distanz halten und nicht vorschnell überbrücken, Bereitschaft, auf die kleinen Signale zu *hören*, die die Kinder von sich aus senden, Bemühen, diesen Signalen einen guten Sinn für die Kinder zuzugestehen, und schließlich eine Art geheime Sympathie mit den Betroffenen, die es wenigstens vorübergehend ermöglicht, sich in der Phantasie an ihre Stelle zu setzen, das ist es, was ich mit Resonanz bezeichne" (SCHÄFER 1982, 71).

Diese Resonanz herzustellen verlangt ein hohes Maß an „professioneller Distanz" beim Erwachsenen, ohne jedoch die Fähigkeit zu persönlicher Nähe zu vernachlässigen. Nur wenn er dem Kind Zärtlichkeit und Intimität bieten kann, die für die Kinder häufig durch den unmittelbaren, positiv erlebten körperlichen Kontakt hergestellt wird, erhält das Kind die nötige Stütze, den Rückhalt, um sich seinen Entwicklungsaufgaben stellen zu können. Die vertrauensvolle Beziehung zum Erwachsenen gibt ihm die Möglichkeit, „emotional aufzutanken" (MAHLER) und sich nach den Phasen der Ruhe wieder von ihm zu entfernen. Dieser Abstand, der sich zunehmend vergrößert, ist für das Kind von existentieller Bedeutung, da es sich nur in dieser Distanz, nur aus der sich lösenden Umarmung, die in früher Kindheit lebensnotwendig, später jedoch lebensberaubend ist, zu einer eigenständigen Persönlichkeit entwickeln kann. Dennoch braucht es immer wieder diese „Heimatbasis", da es dadurch immer wieder die nötige Hilfe erhält und der Gefahr entgeht, in soziale Isolation zu geraten. Den meisten Heimkindern dürfte diese „Heimatbasis" fehlen, da in ihren Herkunftsfamilien gerade in dieser Hinsicht – des sich gegenseitig Stützens und Helfens – enorme Defizite vorherrschten.

So besitzt Mike, der schon weiter oben beschriebene Junge, nur geringe Fähigkeiten in der Grenzziehung zwischen sich und seinen Mitmenschen. Seine Grenzüberschreitungen führen in der Regel zu massiver Abwehr und verstärken in ihm erneut das Gefühl der Ablehnung, die ja mit verantwortlich ist für diese Unfähigkeit, den „richtigen" Abstand zu finden. Hilfreich sind für ihn Massagesituationen, in denen er deutlich seine Körpergrenzen spürt und sich somit leichter gegenüber dem Anderen abgrenzen kann, in denen er aber auch ein hohes Maß an konzentrierter und bedingungsloser Zuwendung erfährt, deren Erfahrung ihm die anschließende Trennung – sei es durch das Weggehen der ErzieherIn oder durch den Schlaf, der für ihn einen Abschied aus der aktuellen Beziehung darstellt – erleichtert, oder gar erst ermöglicht.

Die Gestaltung dieser Beziehung, die für den Erwachsenen oft aufzehrend ist, da er nicht immer damit rechnen kann, für seine Liebe auch Gegenliebe zu erhalten, und weil er dennoch stark genug sein muss, die affektiven Belastungen zu ertragen, die aus den Konflikten der Kinder und mit ihnen entstehen, ist aufgrund ihrer Bedeutung als grundlegendes Element der Persönlichkeitsförderung der Kinder zu sehen – und nicht nur dieser, sondern auch der eigenen.
Aus diesem Grunde stellt sich die Beziehungsgestaltung auch als überaus kompliziert dar. Es geht ja nicht nur um das hier und jetzt. Es geht um ein Kind, dessen Biographie und Lebenssituation berücksichtigt werden muss, aber nicht nur diese, auch die eigene Lebensgeschichte mischt sich in diesem interferierenden Prozess der gemeinsamen Interaktion mit ein.

4.3.2 Die Sprache des Körpers in der Beziehung

Trotz der Schwierigkeiten, mit denen die ErzieherInnen in ihrer Arbeit immer wieder konfrontiert werden, muss es das ständige Bemühen der Erwachsenen sein, tragfähige Beziehungen zu den Kindern aufzubauen, da nur darüber eine wirksame Entwicklungsbegleitung möglich ist. Viel zu oft stellt es sich jedoch heraus, dass das beklagte „Verschwinden des Körpers" (Kamper/Wulf 1982) auch für die Beziehungsgestaltung gilt. Die Verfeinerung von Gesprächstechniken ist sicher hilfreich, stößt jedoch dann an Grenzen, wenn Kinder über das Wort nicht mehr erreichbar sind.

Redl zeigt mit seinem Konzept des „lifespace-interviews" auf, dass Gespräche eine wichtige Funktion haben können. Er, und sein Mitarbeiter Wineman, machen mit ihren praktischen Hinweisen zur „Steuerung des aggressiven Verhaltens beim Kind" (1990) aber auch deutlich, dass „Kinder, die hassen" weniger über das Reden als im Handeln zu erreichen sind und dass eine sanfte Berührung oder die körperliche Nähe oft mehr bewirken, als es große Worte tun könnten. Dies um so mehr bei Kindern, deren Denk- und Lebensweise aufgrund ihrer Sozialisationserfahrungen eher einfach strukturiert ist.

Vielleicht könnte man ihre kommunikativen Kompetenzen in Anlehnung an die von Bruner (vgl. Bullens 1982) formulierten Repräsentationsebenen eher als handlungsmäßig (enactive) und bildhaft (ikonic), denn als symbolisch (symbolic) bezeichnen und daraus Konsequenzen für den Beziehungsaufbau ziehen.

Beim Spracherwerb bauen diese Repräsentationsmedien aufeinander auf, bedingen sich gegenseitig und stehen miteinander in Wechselwirkung. Während im ersten Lebensjahr beim Säugling die handlungsmäßige Repräsentation dominiert und Begriffe vollständig von sensumotorischen Handlungen definiert werden, also „im wahrsten Sinn des Wortes das Ergebnis des *Be-Greifens* (sind)" (ebd., 437), wird diese Form nach und nach von der ikonischen Repräsentation überlagert. Gegen Ende des ersten und anfangs des zweiten Lebensjahres beginnt das Kleinkind, sich seine Umwelt auch als innere Vorstellungsbilder und räumliche Schemata zu vergegenwärtigen und das Kind kann sich allmählich von den, an unmittelbare Handlungen gebundenen Repräsentationen lösen. Erst wenn das Kind in der Lage ist, „von der mannigfaltigen und verwirrenden Konkretheit zu abstrahieren" (ebd., 442), wird es lernen, zu verallgemeinern und die Sprache als Instrument der symbolischen Repräsentation und des begrifflichen Denkens zu verwenden. Wieweit dies gelingt, hängt von den Sozialisationsbedingungen der Kinder ab.

Liegt es nicht nahe, dass auch Kinder, die in familiären Verhältnissen aufgewachsen sind, in denen „elaborierte Sprachcodes" nie zur Anwendung kommen, und deren Sprachverhalten dem literarischen Niveau schlechter Comics sehr nahe kommt, ihre Umwelt eher enactiv und bildhaft wahrnehmen und deshalb einer Wertevermittlung über die Sprache nur schwer zugänglich sind? Liegt darin nicht begründet, dass sie über das eigene Tun oder das Vorbild der Erwachsenen mehr lernen als über Belehrung?

Wir können uns dies deutlich machen am Fall eines 14-jährigen Jungen, den ich im folgenden Alfred nenne. Er zwang, zusammen mit einem Gleichaltrigen aus seiner Wohngruppe, einen 7-jährigen Jungen an einem abgelegenen Ort, versteckt hinter Büschen, zu sexuellen Spielen. Als er später deshalb zur Rede gestellt wurde, war als seine erste Reaktion die Befürchtung zu erkennen, seinen Erzieher, den er seit Jahren kennt und an dem er sehr hängt, enttäuscht zu haben. Nicht der sexuelle Missbrauch des Jungen war für ihn böse, sondern die Enttäuschung die er seinem Erzieher bereitet hatte, von dessen Verurteilung der Tat er wusste. Er nahm also dessen Reaktion als Maßstab der Bewertung seines Handelns und nicht ein abstraktes Wertesystem.
Wir unterließen es zwar nicht, ihm verbal über sein Vergehen aufzuklären. Um ihm mit seinem Vergehen auch konkret zu konfrontieren, musste er darüber hinaus schriftlich niederlegen, was er im Wiederholungsfall zu tun habe, um zukünftig das Opfer vor seinem Mittäter zu schützen. Er hatte – nach einer gewissen Schonfrist – auch noch die Aufgabe, als Akt der Wiedergutmachung für den geschädigten Jungen ein Geschenk zu kaufen, das er ihm, gemeinsam mit dem „Mittäter" überreichte.
Mit dieser Aktion war gewährleistet, dass die beiden Jungen über längere Zeit an ihre Tat erinnert wurden und sich immer wieder konkret damit auseinandersetzen mussten.

Viel mehr als die Versicherung der Liebe und der ständigen Zusicherung, dass sich das Kind ruhig auf einen verlassen und einem vertrauen kann, wirkt, das Kind wirklich zu halten und zu stützen, wenn es diese Hilfe braucht. Der verbale Trost und die wortreiche Versicherung der Hilfestellung reicht meist nicht aus um dem Kind wirklich die nötige Zuversicht zu geben. Oft ist physisches Halten im wörtlichen Sinn notwendig um dem Kind den Halt zu geben, der sein psychisches und psychisches Überleben sichert.

Beobachten wir als Beispiel eine Mutter, die mit ihrem Kind zusammen ist, es füttert, in frische Windeln legt oder einfach mit ihm spielt, so ist offensichtlich, dass zwischen den beiden zwar intensiv kommuniziert wird, dass jedoch das gesprochene Wort keine Rolle spielt. Das Kind ist der verbalen Sprache noch nicht mächtig, die Mutter passt sich dessen Fähigkeiten an. Die Beziehung wird über einen „tonischen Dialog“ (WALLON) gestaltet, das Kind teilt sich der Mutter in erster Linie über die Spannungszustände seines Körpers mit und drückt somit Wohlsein oder Mangelzustände aus. Über Mimik, Gestik und taktile Prozesse bleibt die Mutter in ständigem Kontakt mit dem Kind und bietet ihm den emotionalen Halt (WINNICOTT), den es braucht, um sich vertrauensvoll mit der Umwelt auseinandersetzen zu lernen. Auch das Kind selbst nimmt aktiv an diesem Kommunikationsprozess teil und besitzt bereits einige Mittel, an diesem „präverbalen Dialog“ aktiv mitzuwirken (vgl. DORNES 1993, 62ff). Vor allem für das mimische Verhalten gibt es einige Hinweise, dass hier ein angeborenes Repertoire vorliegt, das – wie kulturvergleichende Studien zeigen – als universell gültiges Signalsystem bezeichnet werden kann und wegen seiner engen Verbindung zum emotionalen Erleben in hohem Maße dazu beiträgt, „den emotionalen Gehalt einer Situation zu definieren und zu steuern“ (ELLGRING 1986, 25). Wegen der Mehrdeutigkeit, die diesen „analogen Informationen“ (WATZLAWICK) anhaftet, ist es nicht immer leicht, deren Gehalt zu entziffern. Dies gilt v.a. dann, wenn wir uns in belastenden Situationen befinden, was ja im pädagogischen Kontext nicht selten der Fall ist, im besonderen aber für Kinder, deren Dekodierungsfähigkeiten sich erst mit zunehmendem Alter ausprägen. Kinder werden v.a. dann verwirrt und verunsichert, wenn Mitteilungen divergent oder kontravalent sind, wenn sich also der Informationsgehalt, den sie über unterschiedliche Wahrnehmungskanäle erhalten, widerspricht. Scherzhafte und ironische Bemerkungen werden ebenso negativ interpretiert wie kritische Hinweise, die mit einem Lächeln aber mit strengem Unterton gemacht werden, da diese, v.a. wenn sie der Unterschicht zugehören, im Zweifelsfall eher dem auditiven als dem visuellen Kanal folgen. Unklare und zweideutige Äußerungen und Gesten sollten deshalb in der Erziehung mit Kindern vermieden werden, da sie bei den Kindern Unsicherheit und Ängste auslösen und auf Dauer zu vermehrt aggressivem Verhalten führen. „Bei dauernden widersprüchlichen Kommunikationssignalen können sogar pathologische Folgen eintreten“ (ROSENBUSCH 1986, 52).

Es ist sicher nicht einfach, diese meist unbewussten Faktoren der Beziehungsgestaltung zu trainieren. Dennoch sollte hier zumindest deren Bedeutung für die erzieherische Arbeit bewusst gemacht werden, da sie – als „analoge Anteile“ (WATZLAWICK) der Kommunikation –

nicht nur den Interaktionsverlauf regeln, sondern auch für die Entwicklung des „Klimas" innerhalb einer Gruppe verantwortlich sind. Durch das nonverbale Verhalten drückt sich die eigene Gestimmtheit aus und wird vom Gegenüber – vermutlich meist coenästhetisch (SPITZ) – wahrgenommen, was bei ihm über Eindrucksprozesse zu einer Veränderung seiner Antriebslage führen kann. „Wir werden unruhiger, wenn wir die Unruhe im Verhalten des anderen bemerken. Wir werden gedrückter Stimmung, wenn wir uns mit einer depressiven Person unterhalten" (ELLGRING 1986, 16).

REDL/WINEMAN berichteten aus ihrer Gruppe über Vorfälle, in denen alle Kinder scheinbar völlig unvermittelt „in Zustände von triebhafter Wildheit" ausbrachen und stellten fest, dass es die gegenseitige Ansteckung war, die zu solchen Eskalationen führte. Dieses Entstehen einer Gruppenstimmung nannten sie „gruppenpsychologischen Rausch", weil er wirklich am meisten dem wohlbekannten Zustand der Trunkenheit ähnlich ist, mit all seinen Begleiterscheinungen" (1984, 91). Sie gingen nicht darauf ein, wodurch diese Zustände zustande kamen. Man kann jedoch davon ausgehen, dass es die unbewussten Mitteilungen nonverbaler Art waren, die diesen „Rausch" verursachten. Schon deshalb ist es notwendig, vermehrt auf diese Signale zu achten und den nonverbalen Anteilen im interaktiven Geschehen die ihnen zustehende Bedeutung zukommen zu lassen.

Wenn ARGYLE bei seiner Aufzählung der Grundelemente des Sozialverhaltens nur zwei der verbalen, jedoch neun der nonverbalen Kommunikation zuweist, verweist auch er auf die von MEHRABIAN postulierte Verteilung der unterschiedlichen Anteile im Kommunikationsprozess: durch den verbalen Informationskanal werden 7%, durch den nonverbalen 93% aller Mitteilungen übermittelt (vgl. HEINEMANN 1976).

Nonverbale Kommunikation	**Verbale Kommunikation**
Körperhaltung Körperkontakt Blickrichtung Räumliche Nähe Äußere Erscheinung Mimik und Gestik Zeitliche Abstimmung des Sprechens Emotionaler Tonfall Sprach- und Sprechfehler, Akzent	Arten von Äußerungen Linguistische Struktur der Äußerungen

Abbildung nach ARGYLE 1972

Gehen wir mit ARGYLE (1989, 259) davon aus, dass die Unmittelbarkeit persönlicher Beziehungen in erster Linie über eine Körperhaltung erreicht wird, die Zuwendung signalisiert, über Berührungen, die den persönlichen Kontakt herstellen, über den zugewandten Blick und der ausbalancierten Nähe, so können wir uns für die pädagogische Beziehungsgestaltung auf einige wenige besonders wichtige Aspekte aus dem großen Kapitel der nonverbalen Kommunikation beschränken.

Soziale Beziehungen werden in einem hohen Maß durch die *Körperhaltung* strukturiert. Partnerschaftliches Verhalten drückt sich nicht nur darin aus, dass der Erwachsene mit dem Kind höflich spricht und sich ihm verbal gleichstellt. Es ist die Haltung des ganzen Körpers über den wir soziale Beziehungen aufbauen: „Sie bleibt als Vorstellung von einer Person hängen, sie provoziert Wertungen, löst positive und negative Gefühle aus; ihr glauben wir mehr als verbalen Äußerungen und Selbstdarstellungen. Wie jemand unmittelbar auf uns zugeht, welche Gefühle er uns über Körperhaltung, Mimik, Gestik und Redeweise zu verstehen gibt, während er scheinbar sachlich mit uns spricht, das macht uns betroffen, ruft Urteile, Abwehrreaktionen oder Zuwendungen hervor, interpretiert seine Rede, setzt sich in den Vorstellungen über jemanden fest und wird immer wieder aktualisiert, wenn wir uns fragen, wie die Äußerung einer Person gemeint war“ (SCHELLER 1982, 237).
Partnerschaftliche Beziehungen, die von gegenseitiger Achtung getragen werden, drücken sich aus in der Hinwendung und dem Vorbeugen des Körpers. Dies wird zusammen mit der Aufnahme des Blickkontakts als Zeichen für persönliches Interesse gedeutet, während Personen die negative Einstellung durch körperliches Abwenden gezeigt wird. Letzteres lässt sich noch verstärken durch ein Verschränken der Arme, wodurch Abwehr und Passivität ausgedrückt wird. Die Kontaktaufnahme wird dadurch erheblich erschwert (vgl. ebd.).

Ein 14-jähriger Junge, dessen Kindheit von vielen und dauerhaften beängstigenden Erlebnissen geprägt war, in denen er ständiger Bedrohung und der Angst vor Schlägen ausgesetzt war, zeigte in seinen persönlichen Beziehungen zu uns in seinem Verhalten weiterhin diese Angst, obwohl er nichts mehr zu befürchten hatte. Die schlechten Erfahrungen in verschiedenen Heimen, in denen Prügelstrafe und körperliche Bedrohung zum Alltag gehörten[20]*, manifestierten sich in sei-*

[20] Es handelte sich hierbei um Heime in der ehemaligen DDR.

nem körperlichen Ausdruck und in seinem Sprachverhalten. Er konnte nur leise flüsternd auf Gesprächsangebote eingehen und schien mit seiner Körperhaltung immer die Bereitschaft anzudeuten, Schläge zu empfangen und so abzuwehren, dass sie möglichst wenig schmerzhaft waren. Um dieser Angst zu begegnen, wurde im ErzieherInnenteam vereinbart, ihm – entsprechend der Bedeutung des Grußrituals aus früheren Zeiten, wo in unterschiedlichen Formen, dem Gegenüber die offene, unbewaffnete Hand gezeigt wurde – mit herabhängenden Armen und geöffnet Händen gegenüberzutreten um ihm dadurch zu signalisieren, dass eine Annäherung in freundlicher Absicht erfolgt und nicht mit dem Ziel, ihn zu schlagen oder ihm körperlich zu nahe zu treten.
Vielleicht lag es an der unbewussten Veränderung des Körperausdrucks, die sich nach diesen Überlegungen einstellte: der Junge verlor nach diesem Gespräch seine Ängste und konnte sich, auch ohne Ritual, offener auf Kommunikationsangebote einlassen.

Körperkontakte als Element der Beziehungsgestaltung spielen für Kinder eine viel größere Rolle als für Erwachsene[21]. Das Spiel der Kinder ist bewegungsorientiert und körperbezogen, aber auch deren Streitigkeiten werden v.a. körperlich ausgetragen. Auch die Beziehung der Erwachsenen zu den Kindern kann sehr körperbetont sein – wenn es der Erwachsene zulassen kann, ohne jedoch den engen Kontakt zum Kind für sich selbst zu missbrauchen.
Die berührte und berührende Körperregion, die Dauer des Kontaktes, seine Intensität und Stärke, v.a. aber ob die Berührungen auf Gegenseitigkeit beruhen, sind wichtige Aspekte des Körperkontakts und entscheiden letztlich darüber, ob der Erwachsene dem Kind seine Macht zeigen, oder ihm ein Beziehungsangebot machen will.
Dabei müssen es nicht immer Schläge sein, die der Beziehung ein eindeutiges Hierarchiegefälle geben. Es gibt Berührungen, die – meist im Gewand der Freundlichkeit und Zuneigung – die Ausübung von Macht kaschieren. MONTAGU sieht darin ein Relikt aus Zeiten, da Herrschaft nur über physische Gewalt demonstriert wurde. Er stellt fest, dass es vermutlich die Erinnerungsspuren an diese alten Formen der körperlichen Auseinandersetzung sind, dass „Männer in der westlichen Welt Kinder oft mit unangenehmen Manipulationen der Haut zu begrüßen (pflegen) (...). Es ist einigermaßen interessant, dass nur

[21] Zumindest gilt dies für unseren Kulturkreis. JOURARD stellte bei kulturvergleichenden Beobachtungen fest, dass Paare, die im Café saßen, sich während einer Stunde in Puerto Rico 180 mal, in Paris 110 mal, in Florida 2 mal und in London gar nicht berührten (vgl. HEINEMANN 1976, 53).

Männer solche sadistischen Spielchen pflegen, und dann meist Jungen gegenüber, obwohl die Zöpfe der Mädchen ihrer Aufmerksamkeit nicht ganz entgehen" (MONTAGU z.n. HENLEY 1991, 173). Als Beispiele werden das Kneifen in die Backen, Ziehen an den Ohren, Kniffe, der Klaps auf das Gesäß oder das Haare-Verwuscheln erwähnt. Auch GOFFMANN betont diese „spielerischen Entweihungen", deren unterschwellige Aggressivität in unserer Gesellschaft v.a. Schwachen, d.h. Kinder und Frauen, aber auch rangniederen Angestellten oder Behinderten gegenüber ausgeübt werden, „so zum Beispiel, wenn ein Pfleger freundlich einem Patienten das Haar zerzaust oder ihn auf andere (drastischere) Weise aufzieht" (z.n. ebd., 174). Besondere Vorsicht muss in diesem Zusammenhang bei Kindern genommen werden, die sexuell missbraucht wurden und einer Berührung ihres Körpers, aufgrund ihrer negativen Erfahrung, eher misstrauisch gegenüberstehen. Dies gilt auch bei körperlich misshandelten Kindern, die Körperkontakte primär als schmerzhaft erlebten und oft erst sehr langsam wieder eine körperliche Beziehung zulassen können.

Im pädagogischen Alltag finden sich immer wieder Gelegenheiten, über angenehm erlebte Berührungen den Kindern positive Erfahrungen für ihren Körper zu vermitteln. Es ist jedoch nicht immer so einfach, die richtige „Dosierung" oder die angemessene Form zu finden. Dabei ist es nicht nur die Distanzlosigkeit der Kinder, die dabei so häufig beklagt wird. Auch die Erwachsenen tragen dazu ihren Teil bei, indem sie der Anziehung des „Kindchenschemas" (LORENZ) erliegen.
So fand Petra, ein 4-jähriges Mädchen, das neu in unserer Einrichtung aufgenommen wurde, immer wieder Erwachsene, die es auf den Arm nahmen und mit ihm schmeichelten und schmusten. Mag Petra den Kontakt auch als angenehm empfunden haben, so ist dennoch die Gefahr damit verbunden, dass sie Körperkontakte und die damit verbundenen Gefühle von allen, ihr greifbaren Personen vermittelt bekommt. Dadurch wird auf lange Sicht verhindert, dass sie konstante und dauerhafte Beziehungen zu einer oder zumindest zu wenigen, exklusiven Bezugspersonen ihrer Wohngruppe entwickeln lernt.
Ein anderes Problem zeigt sich bei Helmut, der sich bis heute schwer tut, in einer angemessenen Form seinen Bedürfnissen nach Körperkontakt nachzukommen. Aufgewachsen in einer Familie, in der Beziehungen sehr stark von körperlicher und sexueller Gewalt geprägt waren, lernte er, auf andere Menschen nur mit Droh- und Kampfgebärden zuzugehen. Er findet den Körperkontakt dann beim Zuschlagen mit den Fäusten, oder indem er den Anderen am Hemd zerrt und zum Kämpfen einlädt.

War es im ersten Fall nötig, die Erwachsenen darauf hinzuweisen, zu Petra die nötige Distanz zu wahren und die intensiven körperlichen Kontakte auf die ErzieherInnen der eigenen Wohngruppe zu beschränken, so mussten Helmut immer wieder angemessene Formen der Kontaktaufnahme vermittelt werden, indem z.B. in übertriebener Form das Grußritual mit ihm vollzogen und – im entsprechenden Rahmen – sein Bedarf nach körperlicher Auseinandersetzung beim Ringen und Raufen gestillt wurde.

Auch über das *Blickverhalten* kann die Intensität einer Beziehung gesteuert werden. Zum einen signalisiert es die Bereitschaft, sich auf einen Kontakt mit dem anderen einzulassen, andererseits erzeugt es beim anderen auch erhöhte Aufmerksamkeit und reguliert somit durch ein abwechselndes Hin- und Weggucken ein angenehmes Maß an psychischer Nähe im Kommunikationsprozess. Zu direkter Blickkontakt wirkt jedoch bei ängstlichen Kindern einschüchternd und kann dazu führen, dass sich anbahnende Kontakte wieder abgebrochen werden. Dies trifft v.a. dann zu, wenn der Blick zur Verhaltenskorrektur eingesetzt wird und dem Kind durch kurz andauernde Blicke signalisiert wird, dass seine „bösen Absichten“ erkannt und missbilligt werden.

Manchmal ist zu beobachten, wie die Intimsphäre der Kinder von ErzieherInnen verletzt wird, indem sie diese zwingen, den Erziehern doch in die Augen zu schauen, wenn sie mit ihnen sprechen. Wird dieses Wegsehen jedoch nicht als Missachtung der eigenen Autorität, sondern als Zeichen der Angst und Unsicherheit erkannt und akzeptiert, so könnte man dem Kind die Freiheit lassen, auch wegzuschauen, wenn es ihm bei der Kontaktaufnahme hilft. Dies würde dann allerdings auch den Verzicht darauf bedeuten, den Blick als Mittel einzusetzen, um über die Kinder Macht und Kontrolle auszuüben, wie es die Schlange Kaa im Dschungelbuch tut.

Respekt und Achtung gegenüber dem Anderen kann auch dadurch geäußert werden, dass sein *persönlicher Raum* geachtet, und ein Eindringen in dessen individuelle „Verteidigungszonen“ vermieden wird. Dieser, um den Körper herum gebildete Bereich variiert bei verschiedenen Personen und hängt letztlich von der – vermutlich unbewussten – „Entscheidung“ darüber ab, ob eher dem Gefühl nachgegeben wird, körperlichen Kontakt zu anderen aufzunehmen, oder ob das Misstrauen überwiegt, physisch verletzt zu werden. Eine Entscheidung die sicherlich in erheblichen Maße von der Lebensgeschichte geprägt wird und in den ersten Lebensmonaten beim Aufbau von Urvertrauen oder Urmisstrauen seine Grundlage erhält.

Die Achtung des persönlichen Raumes drückt Respekt und Wertschätzung aus. Das Einhalten größerer Abstände signalisiert die Anerkennung der dominanten Position, wie es nicht nur Politiker und Wirtschaftsmagnaten erwarten. Auch bei Vorschulkindern ist schon festzustellen, „dass sie zu anderen Kindern, die sich ihnen gegenüber in eine dominante Position gebracht hatten, einen größeren Abstand einhielten“ (Henley 1991, 57). Das Eindringen in den persönlichen Raum wird als Bedrohung der eigenen Persönlichkeit gewertet und wirkt sich massiv auf das Selbstbewusstsein aus.

Diese Bedrohung der Persönlichkeit als erlebte Einschränkung des persönlichen Raumes musste Mike erfahren, der wenige Wochen nach seiner Aufnahme noch immer um seinen Platz in der Gruppe kämpfte. Vor allem von seinem Zimmergenossen, der ihn als direkten Konkurrenten innerhalb des sozialen Gefüges in der Gruppe erlebte, musste er immer wieder die Bedrohung seines persönlichen Raumes in Kauf nehmen.
So zeigte ihm Stefan bei einem gemeinsamen Bad in der Badewanne deutlich seine Macht, die sich für ihn über Raumbeherrschung manifestierte. Nicht nur, dass er den Wasserhahn im Griff hatte und dadurch die Temperatur immer so regulierte, dass Mike sich unwohl fühlte. Er breitete sich mit seinen vor der Brust verschränkten Armen zudem so weit aus, dass seine Beine unter dem Körper Mike's durchreichten und diesem absolut keinen Platz mehr ließen, um in Ruhe sein Bad zu genießen.

Erleben Erwachsene das Eindringen in ihren persönlichen Raum, so lässt sich eine ganze Menge an unterschiedlichen körpersprachlichen Ausdrucksmöglichkeiten beobachten: „Die Versuchsperson rutscht unruhig auf dem Stuhl hin und her, schlägt ein Bein über das andere und trommelt mit den Fingern auf die Stuhl- oder Sessellehne. (...) Der Angegriffene schließt die Augen, lässt das Kinn auf die Brust sinken und hebt die Schultern. All das bedeutet: „Gehen Sie. Ich will Sie hier nicht haben. Sie sind ein Eindringling und bedrohen meine persönliche Sphäre“ (Fast 1990, 56). Diese sanften Reaktionen, die letztlich damit enden, dass der Bedrohte „aus dem Felde geht“ und sich vor den Angriffen dadurch wehrt, dass er sich zurückzieht, ist bei Kindern sicher eher selten zu beobachten und verlangt ein sehr sensibles Eingehen der ErzieherIn, wenn daraus entstehende Konflikte ohne Streit entschärft werden sollen.

Dies verdeutlicht eine Situation in der Wohngruppe, als Martha an den gedeckten Frühstückstisch kommt und zielsicher auf ihren Platz zusteuert, an dem sich heute Christoph breit gemacht hat. Auf ihre Bitte hin, den Stuhl zu räumen, rollt er mit den Schultern und sagt mit gesenktem Kopf: „Hier sitze ich". Den beginnenden Streit, Martha zieht am Stuhl und sagt nochmals deutlich: „das ist mein Platz", beobachten die anderen Kinder und geben vorsichtige, aber keine eindeutigen Kommentare ab.
Der anwesende Erzieher konnte die Situation nicht sicher beurteilen, da er nur aushalf und nicht wusste, wem der Platz nun wirklich „zustand". Als Ausweg aus diesem Dilemma bot er Martha seinen privilegierten Erzieherplatz am Kopfende des Tisches an, was diese strahlend annahm.

Nicht immer lassen sich die Streitigkeiten um den persönlichen Raum so gewaltlos beenden. Häufig kommt es vor, dass sanfte oder zufällige Berührungen oder ein unbeabsichtigtes Näherrücken durch andere Kinder oder Erwachsene als Eindringen in den persönlichen Raum gesehen wird und eine vermeintlich unverhältnismäßige Reaktion provoziert. Das Kind stößt den „Eindringling" in einer aggressiven Art und Weise von sich oder schlägt „zurück", weil er eine eher zufällige Berührung als Angriff interpretiert hat. Viele negative Vorerfahrungen haben zu diesem „Weltbild" geführt, das persönliche Nähe zum Nächsten kaum noch zulassen kann und eine Beziehungsaufnahme über sanfte Körperkontakte als physischen Angriff auf die eigene Persönlichkeit auffasst.

Häufig enden deshalb zunächst harmlos beginnenden Spielereien als gewalttätiger Ernst. Beim gemeinsamen Spiel auf dem Rundtrampolin, wo bequem 4-5 Kinder zusammen springen und spielen können, ohne sich dabei im Wege zu stehen, ist es natürlich nicht zu vermeiden, dass sich die Kinder dabei berühren, sich anrempeln oder auch umstoßen. Werden diese „Berührungen", die sicher manchmal auch weh tun können, nicht mehr als notwendiges Element des gemeinsamen Spiels, sondern als Angriff auf die eigene Person interpretiert, so ist die folgende Schlägerei kaum noch zu vermeiden.

Wie gesehen kann das nonverbale Verhalten als ein Mittel der Disziplinierung und der Demonstration von Macht und Stärke, aber auch als Möglichkeit genutzt werden, den Kindern gegenüber eine positive Einstellung zu zeigen. Untersuchungen zum „Pygmalioneffekt" (vgl. HECKHAUSEN 1974) machen deutlich, dass dies in der Re-

gel nicht bewusst geschieht. Dennoch werden darüber die Entwicklungsvoraussetzungen der Kinder erheblich beeinflusst.[22]
Da das nonverbale Verhalten für die Verhaltens- und Beziehungsregulierung bei Unterschichtkindern eine besonders große Rolle im Vergleich zu Kindern mit sozioökonomisch höherem Status spielt (vgl. ROSENBUSCH 1986, 67f), wird es interessant sein, zu erfahren, wie REDL in seiner Arbeit mit den „Kindern, die hassen" nonverbale Elemente zur Verhaltenssteuerung eingesetzt hat. Er zeigte ja mit seinem Konzept des „lifespace-interviews" (1978) auf, dass Gespräche eine wichtige Funktion haben können. Er und sein Mitarbeiter David WINEMAN machten mit ihren praktischen Hinweisen zur „Steuerung des aggressiven Verhaltens beim Kind" (1990) aber auch deutlich, dass diese Kinder weniger über das Reden als im Handeln zu erreichen sind und dass eine sanfte Berührung oder die körperliche Nähe oft mehr bewirken als es große Worte tun könnten.
Bei den entfalteten Techniken handelt es sich um solche, die vermutlich von jedem, der mit Kindern zu tun hat, schon irgendwann einmal angewandt worden sind, die von den beiden Autoren jedoch unter dem Blickwinkel der „Verhaltenshygiene" systematisiert und beleuchtet wurden. Wenn wir sie hier daraufhin untersuchen, wie der Erwachsene auf das Kind einwirkt, wie also in den beschriebenen Krisensituationen Beziehungsangebote gemacht werden, so fällt auf, dass der Erwachsene in erster Linie sein nonverbales Repertoire anwenden muss, um das Kind durch spezifische Situationsgestaltung oder durch seinen Einsatz als „Hilfs-Ich" bei der Problembewältigung zu unterstützen.

[22] Dieses Ergebnis gilt auch in umgekehrter Richtung, d.h. „verhalten sich Schüler dem Lehrer gegenüber nonverbal positiv, so zeigen sie ihm, dass sie ihn für kompetent halten. Als Folge davon verhalten sich die Lehrer so, wie es die Schüler erwarten, d.h. sie bemühen sich darum, ganz gut zu unterrichten" (ROSENBUSCH 1986, 67).

nonverbal	nonverbal/verbal	verbal
• Bewusstes Ignorieren • Eingriff durch Signale • Kontrolle durch körperliche Nähe und Berührung • Affektive Zuwendung • Umgruppierung • Umstrukturierung • Einschränkung der räumlichen Bewegungsfreiheit und der Verfügbarkeit von Gegenständen • Physisches Eingreifen	• Engagement in einer „Interessengemeinschaft" • Spannungsentschärfung durch Humor • Hilfestellung zur Überwindung von Hindernissen • Antiseptischer Hinauswurf • Erlaubnis und „autoritatives Verbot" • Bestrafungen und Drohungen	• Deutung als Eingriff • Direkter Appell • Versprechen und Belohnungen

Dieses Repertoire an nonverbalen Verhaltensmustern findet seine ständige Anwendung im erzieherischen Alltag, ohne dass sich die ErzieherInnen immer dessen bewusst sind. Nicht adäquate *Verhaltensweisen der Kinder werden ignoriert*, indem sich die Erwachsenen körperlich abwenden, wegschauen oder ganz „aus dem Felde gehen". Dies muss nicht heißen, dass sie den Raum verlassen um nicht mit dem entstehenden Problem konfrontiert zu werden. Manchmal kann dadurch auch Spannung aus der Situation genommen werden, weil sich vielleicht die Motivation für die Handlung, nämlich die ErzieherIn zu provozieren, in Luft auflöst.

Der *Eingriff durch Signale* kann oft schon im Vorfeld möglicher Auseinandersetzungen helfen, durch ein Schütteln des Kopfes, das Heben eines Fingers oder durch den mimischen Ausdruck der Missbilligung, Auseinandersetzungen zu vermeiden und die Gemüter rechtzeitig zu beruhigen.

Dies gelingt, abhängig von der Situation und der psychischen Gestimmtheit der Betroffenen, auch oft durch *körperliche Annäherung oder dem körperlichen Kontakt*, der hergestellt werden kann durch ein sanftes Schulterklopfen oder dadurch, dass man die Hände des Kindes fasst. Lässt es das Kind zu, dass man ihm den Arm auf die Schulter legen darf, dann ist die Gefahr einer Eskalation meist gebannt. Es zeigt dadurch bereits ein hohes Maß an Selbstkontrolle und

Vertrauen dem anderen gegenüber und ist danach kaum noch in der Lage, wirklich „auszurasten".
Dies zeigt sich verstärkt bei der *affektiven Zuwendung*, die über den Blickkontakt hergestellt werden kann, die jedoch v.a. in eine intensive körperliche Nähe einmündet, wo der Erwachsene das Kind in den Arm nehmen, es streicheln oder auf den Schoß setzen, also in einer sehr intimen Art und Weise körperlich „versorgen" darf.
Ebenso intensiv, jedoch für alle Beteiligten in einer anderen Gefühlslage, kann sich das *physische Eingreifen* darstellen, wenn es darum geht, das Kind festzuhalten, um es bei einem schon ausgebrochenen aggressiven Akt zurückzuhalten, gleichzeitig aber auch zu schützen und Schlimmeres zu verhindern.
Dadurch wird eine *Einschränkung der räumlichen Bewegungsfreiheit und der Verfügbarkeit von Gegenständen* erreicht. Dies ist jedoch auch möglich, indem Gegenstände außer Reichweite gestellt werden oder der persönliche Raum soweit eingeschränkt wird, dass die Aktionen weder Sachen gefährden, noch andere Kinder dadurch bedroht werden. Auch Maßnahmen der *Umstrukturierung* oder *Umgruppierung* beziehen sich auf Veränderungen der Situation, die als nicht verbale Hilfen des Erwachsenen für das, im Moment nicht im vollen Besitz seiner Ich-Stärke befindliche Kind durchgeführt werden.

REDL/WINEMAN (1990) schlagen auch Verhaltensmuster vor, mit denen sowohl verbal wie auch non-verbal Situationen entschärft und Kinder wieder beruhigt werden können. Neben den oben schon erwähnten Möglichkeiten, durch körperliche Zuwendung und durch das Blickverhalten sein Interesse an der Teilhabe am Interaktionsgeschehen mit einem Kind zu signalisieren, können durch körperliche Nähe oder einem aufmunternden Klaps auf die Schultern wichtige *Hilfestellungen bei der Überwindung von Hindernissen* gegeben werden.
Durch die Körperhaltung, durch Mimik und Gestik kann – je nach Situation – eine *Bedrohung* ausgedrückt oder gar eine *Strafe* ausgeführt werden. Es kann aber auch eine *Situation entschärft* und durch eine entsprechende humorvolle Mimik und eine Gestik, die z.B. das kindliche Verhalten überzeichnet darstellt, die *Spannung aus dem Konflikt herausgenommen* und einer Problemlösung zugänglich gemacht werden.
Damit könnte die „letzte" aller Möglichkeiten verhindert werden, der *Hinauswurf*, den REDL/WINEMAN deshalb als „antiseptisch" bezeichnen, weil das Kind in solch einem Fall nicht einfach aus der Situation eliminiert wird, um einen Störenfried zu beseitigen. Die „Notwendigkeit vollkommener Antisepsis" verlangt, dass das Kind nach dem Hin-

auswurf weiterhin betreut und kontrolliert wird. „In unserem Fall bedeutet das: Irgendein Erwachsener muss bei ihm sein, im günstigsten Fall derjenige, der sich am besten mit ihm versteht. Ein Ort muss gewählt werden, an dem die vorherige Überstimulation nicht stattfindet und der entweder beruhigend wirkt oder Ersatztätigkeiten anbietet" (1990, 76). Dadurch wird auch die Möglichkeit geboten, nachträglich auftretende Affekte zu bearbeiten, und neue Verhaltensmuster zu entwickeln.
Wie gesehen, kann die Berücksichtigung der nonverbalen Anteile in der Interaktion mit Kindern also helfen, Beziehungen zu gestalten und den Kindern die notwendige Unterstützung im Sinne des „Haltens" zu geben, ohne sie zu unterdrücken. Sie macht aber auch deutlich, wie durch die Einschränkung der Freiheitsräume nicht nur Bewegungs-, sondern auch Entwicklungsräume versperrt und Kinder in der Abhängigkeit zum Erwachsenen festgehalten werden.

Dieses Kapitel über Beziehungsgestaltung im Focus der Körpersprache soll nicht abgeschlossen werden, ohne auf eine Dimension im erzieherischen Dialog hinzuweisen, die uns viel erfahren lässt über die Befindlichkeit, die Wünsche und Interessen der Kinder, die bei ausschließlicher Betrachtung der verbalen Anteile untergehen würden. Kinder drücken sich mit ihrem Körper aus, sie teilen sich mit und dies mit einer Ehrlichkeit, die schon deshalb zuverlässig ist, weil Kinder bis zu einem Alter von 8 bis 9 Jahren gar nicht in der Lage sind, körperlich zu täuschen (vgl. Rosenbusch 1986, 62f).
Sich einzustellen auf die nonverbalen Äußerungen der Kinder heißt, sich in einen körperlichen Dialog einzulassen und neben dem, in der Regel dominierenden diakritischen Wahrnehmungssystem (Spitz 1987), auch die coenästhetische Organisation der Reizaufnahme zuzulassen. Aus ihr heraus, aus dem Mitschwingen in der Kommunikation mit dem Anderen, entsteht die Fähigkeit der „Empathie", die für die Arbeit der ErzieherIn so unentbehrlich ist. Nur durch die Mobilisierung der coenästhetischen Organisation wird es möglich sein, „das nichtverbale Material des Patienten zu „empfangen", zu „verstehen" und dessen primitiven Affekte, Sensationen, Spannungen, die dem präverbalen Entwicklungsstadium entstammen, mitzufühlen" (Brocher 1967, 635). Was für Erwachsene gilt, muss um so mehr für den Dialog mit Kindern gelten, deren coenästhetische Organisation die Wahrnehmungsprozesse zunächst dominiert, ehe mit zunehmendem Alter die diakritische Organisation überhand nimmt und die coenästhetische verdrängt, ohne dass diese jedoch ganz an Bedeutung verliert (vgl. Spitz 1987, 151ff).

Wenngleich den Kindern die coenästhetische Organisation in die Wiege gelegt wurde und erst in der Latenzzeit der Verdrängung unterliegt, sind gerade die sogenannten „Problemkinder“ nicht unbelastet, was ihre Körperlichkeit und damit auch die Fähigkeit betrifft, mit ihrem Körper einen Dialog zum Anderen aufzubauen. Aufgrund ihrer Lebensgeschichte, die oft geprägt war von erlebter physischer und sexueller Gewalt, war es ihnen nicht möglich, eine positive Beziehung zu ihrem Körper aufzubauen. Oft ist er ihnen fremd, er ist feindlich, abstoßend und wird als fraktioniert, also nicht in seiner Ganzheit erlebt.
Ihre nonverbale Kommunikation, mit dem Körper als zentrales Medium, ist deshalb gestört und führt- da sie ja in der Regel nicht bewusst abläuft – häufig zu sozialen Konflikten, deren Entstehen nicht immer offensichtlich ist. Eine intensive Beschäftigung mit dem eigenen Körper und eine Auseinandersetzung mit dem Thema der körperlichen und sexuellen Gewalt (auf einer nonverbalen Ebene) kann helfen, ihr Leben auf eine neue körperliche Grundlage zu stellen und soziale Konflikte in Zukunft zu vermeiden.

4.4 Der Raum als Medium der Pädagogik

Überall kann man sparen, nur beim Wohnen nicht! Es gibt Räume, die unsere Seele nicht atmen lassen; Zimmer, die uns jeden Morgen, wenn man aufsteht, den Glauben an die Zukunft nehmen. Oder ein Treppenhaus, zum Beispiel, kann ausreichen, dass man jedes mal, wenn man heimkommt, eine Zone von Widerwillen durchschreiten muss; man überträgt es auf die Frau, die uns empfängt, jahrelang, man weiß es nicht, eines Tages staunt man vor den Folgen.

Max Frisch

4.4.1 Räume und Verhalten

Bei der folgenden Untersuchung der räumlichen Bedingtheit menschlichen Verhaltens liegt es nahe, nicht von einem physikalischen Raumbegriff auszugehen, der belebte und unbelebte Dinge in einem „euklidischen Raum“ verortet, sondern vom „erlebten Raum“, „so wie er sich dem konkreten menschlichen Leben erschließt“ (Bollnow 1990, 18).
Dieser „erlebte Raum“ steht im folgenden im Mittelpunkt unserer Überlegungen. Wir können dabei erneut zurückgreifen auf ein Grundprinzip der Winnicott'schen Persönlichkeitstheorie, nach der Entwicklung im intermediären Bereich stattfindet, d.h. in einem „potentiellen

Raum“, in dem die Möglichkeit geboten wird, Interessen und Bedürfnisse der innerpsychischen Welt mit den Anforderungen der Außenwelt zu konfrontieren und in Einklang zu bringen.

„Der Mensch befindet sich nicht im Raum, wie ein Gegenstand sich etwa in einer Schachtel befindet, und er verhält sich auch nicht so zum Raum, als ob zunächst etwas wie ein raumloses Subjekt vorhanden wäre, das sich dann hinterher auch zu einem Raum verhielte, sondern das Leben besteht ursprünglich in diesem Verhältnis zum Raum und kann davon nicht einmal in Gedanken abgelöst werden“ (BOLLNOW 1990, 23).
Der Mensch füllt also den Raum nicht, wie Dinge die Wohnräume, sondern er verhält sich zu ihm, gestaltet ihn und wird von ihm aber auch gestaltet, da sich die räumlichen Erfahrungen bei ihm psychisch und körperlich sedimentieren. „In ihnen dokumentiert sich weniger sein Wissen über seine Umwelt als vielmehr sein Sich-in-ihr-zurechtfinden-Können“ (LIPPITZ 1989, 94). Der Mensch gestaltet also Räume, ist aber auch das Ergebnis von Raumgestalten.

Spüren wir dem eigenen Erleben nach beim Betreten eines Waldes mit sehr hohen Buchen – ein Gefühl wie beim Betreten einer Kathedrale – und erinnern uns an seine lichte Helle mit seinem klaren und frischen Duft, so wissen wir, wie sich unser Körpergefühl verändert und uns größer und erhabener werden lässt. Wie konträr dazu erleben wir die muffige Luft und das düstere Licht eines dicht bewachsenen Fichtenwaldes, der eher an die Atmosphäre eines Kellerraumes erinnert und uns klein und niedergedrückt macht.

Räume entfalten also eine nachhaltige Wirkung, die sich spürbar niederschlägt, weil sie in sinnlich-körperlich vermittelter Art und Weise geschieht. Räume werden also gebildet durch unser Verhalten zu Gegenständen oder anderen Personen. In diesen Handlungen bildet sich aber auch der Raum im Menschen ab und wirkt ein, auf die Entwicklung seiner Persönlichkeit. Dies gilt natürlich vor allem für Kinder, deren Entwicklung im besonderen Maße von den Umweltbedingungen beeinträchtigt werden.

Räume haben großen Einfluss auf die Entwicklungschancen der Kinder. Dies lässt sich zunächst schon einmal an der *Lage ihres „Entwicklungsraumes“* festmachen. TUCHOLSKY bringt dies auf den Punkt, wenn er sagt: „In der Ackerstraße ist Geburt Fluch; warum sind diese Kinder auch gerade aus diesem Loch gekommen? Ein paar Löcher weiter, und das Assessorenexamen wäre ihnen sicher gewesen“ (z.n. MAHLKE/SCHARTE 1989, 16).

Soziale Herkunft schlägt sich also auch in Gestalt von Entwicklungsräumen nieder. Ob jemand in einer Zweizimmerwohnung oder in einer Villa mit Garten aufwächst, beeinflusst in hohem Maße seine zukünftige Entwicklung, die sich, vermittelt über seine intellektuelle und sozio-emotionale Entwicklung, in seinen gesellschaftlichen Zukunftschancen niederschlägt.
Doch nicht nur die Raumlage, auch die *Architektur der Wohnräume* beeinflusst das menschliche Verhalten sicher mehr, als im allgemeinen von PädagogInnen und PsychologInnen anerkannt wird.
Es gilt heute als abgesicherte Erkenntnis, dass der gestörte Zusammenhang zwischen innerem Erleben und äußerlich-konkretem Raum, wie er sich intakt noch in Lebensbedingungen nahe der Natur gezeigt hat, krankmachend ist. Moderne Architektur, die eher an ökonomischen Verwertungsbedingungen denn an gesunde Lebensraumgestaltung orientiert ist, schert sich wenig um die elementaren Bedürfnisse menschlichen Lebens und nimmt die Ergebnisse billigend in Kauf. Wir wissen, dass Wohnverhältnisse, die wenig Raum lassen für die Bewegungsfreiheit des Einzelnen, die also eine hohe Personendichte aufweisen, in direktem Zusammenhang stehen mit der Zunahme an Aggressionen und destruktivem Verhalten. Eine Studie des Bundesministeriums für Jugend, Familie und Gesundheit (1976, z.n. PETRI 1989) zeigt,

- „dass durch ungünstige Wohnraumbedingungen für das Kleinkind empfindliche Entwicklungsschäden entstehen können (...),
- dass räumliche Enge und Bewegungsmängel, sowie fehlende Rückzugsmöglichkeiten einen negativen Einfluss auf die Entwicklung des Sozialverhaltens, besonders durch Steigerung der Aggressionsneigung, haben (...),
- dass beengte Wohnverhältnisse zu einem unduldsamen und strengen Erziehungsstil und zu familiären Spannungen führen“ (ebd.).

Bei einer detaillierteren Betrachtung (vgl. ebd.) ist festzuhalten, dass

- Verhaltensauffälligkeiten mit dem Stockwerk, in dem die Wohnungen der Betroffenen liegen, korrelieren,
- beengte Wohnverhältnisse die Neugier und den Betätigungsdrang der Kinder drosseln und die Aufnahme sozialer Kontakte erschweren (42% aller befragten Kinder unter 6 Jahren konnten noch nie einen Freund zum Spielen einladen),
- Aggressionen in Schulklassen häufiger auftreten, wenn ein hoher Schüleranteil aus Wohnblocksiedlungen stammt,
- Aggressionen mit der Einwohnerzahl zunehmen (in Orten mit weniger als 100.000 Einwohner sind 1,4 %, in Orten mit mehr als

100.000 Einwohner 11,9 % verbal, bzw. 5,8 – 9,6% physisch aggressiv)
- in Schulen mit mehr als 800 Schülern eine drei- bis viermal höhere Zahl physischer Aggressionen zu beobachten ist, als in kleineren Schulen.

Es betrifft nicht nur das aggressive Sozialverhalten, das durch ungünstige Lebensbedingungen gefördert wir. Persönlichkeitsentwicklung im allgemeinen wird eingeschränkt und zeigt sich in defizitär entwikkelten Wahrnehmungs- und Denkfunktionen, wie auch in den eingeschränkten Handlungsmöglichkeiten der Kinder. „Räumliche Enge verhindert die volle Entfaltung der kindlichen Persönlichkeit, da das Kind in seiner Auseinandersetzung mit der Umwelt, im Umgang mit Dingen und Sachverhalten nicht die Möglichkeit hat, die für seine Entwicklung notwendigen Wahrnehmungs- und Bewegungsmuster zu erwerben und Erfahrungen zu sammeln“ (Schick 1981, 52). Die schon klassische Untersuchung über das motorische Verhalten von Schifferkindern, über die Wiegersma (1971) berichtet, zeigt, dass bei diesen Kindern, die unter der räumlichen Enge ihrer Schiffe aufwuchsen, erhebliche Mängel im sprachlichen und motorischen Bereich auftraten. Räumliche Enge in den Wohnungen schränkt den Bewegungsraum und damit die Spielmöglichkeiten der Kinder ein, da wenig Platz zur Verfügung steht und die vorhandenen Räume aus der Sicht der Erwachsenen funktionalisiert, also für die Kinder meist tabuisiert sind. Hinzu kommt der erhöhte „Selbstschutz“ der Erwachsenen, die mehr Ruhe fordern und die Kinder in ihren Aktivitäten noch mehr einschränken. „In Untersuchungen wurde nachgewiesen, dass unter beengenden Wohnverhältnissen besonderes Gewicht auf Gehorsam und Disziplin gelegt wird, dass eine überdurchschnittlich starke Bestrafung von Aggressivität zwischen Kindern und insgesamt eine ungewöhnlich rigide Verhaltenskontrolle vorherrscht“ (Schick 1981, 58).
Wohnungen sind in der Regel zu klein. Vor allem jungen Familien, deren kleine Kinder Bewegungs- und Entfaltungsräume brauchen, leben aus finanziellen Gründen in beengten Wohnungen, d.h. „15% aller Kinder unter 18 Jahren in der Bundesrepublik leben mit ihren Eltern in Wohnungen, deren Größe den Wohnraum-Mindestnormen nicht entsprechen“ (Wenz-Gahler 1987,303).

Was bleibt dann den Kindern anderes übrig, als sich ins Freie zu flüchten. Aber auch hier sind die Kinder privilegiert, die in Einfamilienhäusern leben, da diese meist mit einem Garten umgeben sind, der ausreichend Spielräume anbietet, um innerhalb der Familie oder mit Freunden zu spielen oder weil sie kurze und schnelle Wege zu den nahegelegenen Spielplätzen haben, die in den sog. „besseren Vierteln“ häufiger zu finden und besser ausgestattet sind als „in den Vierteln traditioneller Industriearbeiterschaft“ (MUNDT 1980, 94). Zudem tun sich die Kinder leichter, aus ihren Wohnungen zu diesen Spielplätzen zu gelangen als Hochhauskinder, deren Aktionsradius stark eingeschränkt ist, weil sie sich nicht trauen, alleine die Spielplätze aufzusuchen. Sie haben Angst davor sich zu verirren und den Sichtkontakt zur Mutter zu verlieren.

Diese restriktiven Umweltbedingungen durch zu enge Wohnungen, durch nicht erreichbare oder schlecht ausgestattete Spielplätze, führen für die Kinder zu einem gravierenden Mangel an Bewegungs- und Sinneserfahrungen und verhindern letztlich den Erwerb eines sicheren Umgangs mit der materialen und sozialen Umwelt. Dabei ist es nicht die Enge der Wohnungen allein, die schon per se einen negativen Einfluss ausübt, sondern das Zusammenwirken von geringer Wohnfläche, die von den Betroffenen subjektiv als Mangelsituation erlebt wird, mit einem dadurch induzierten autoritären Erziehungsstil, der zu verstärkt störendem und gestörtem Verhalten der Kinder führt.

Die eben geschilderten Lebensbedingungen machen deutlich, dass es den Kindern an einer Umwelt mangelt, die ein gewisses Maß an Halt für die noch instabile Persönlichkeit verspricht und die einen strukturierten Rahmen für ihre weitere Entwicklung abgibt. Dieser sollte einerseits Sicherheit und Kontinuität bieten, andererseits aber auch zu einer Herausforderung werden. Die zu erobernden Räume sollten neugierig machen und zum aktiven Tun anregen. Was den Kindern und Jugendlichen jedoch geboten wird, ist eine zerrissene Lebenswelt, deren Sozialräume verteilt und desintegriert sind. ZEIHER (1983) spricht von einer „Verinselung“ der kindlichen Welt und meint damit die traurige Tatsache, dass Kinder gezwungen werden, in einer dem Verwertungsinteresse der Erwachsenen unterworfenen Umwelt aufwachsen zu müssen, deren Räume zusehends funktionalisiert und den Bedürfnissen der Kinder und Jugendlichen immer mehr verschlossen werden. Dabei geht es nicht nur um die zunehmende Zubetonierung zugunsten des Autoverkehrs. Auch die sog. Freiräume, also die Erholungs- und Spielräume, sind weitgehend verplant, normiert und funktionalisiert: man geht im Wald spazieren, man ruht auf der Parkbank. Selbst Bewegungsräume lassen nur bestimmte, normierte Bewegungen zu, ein Abgleiten davon wird bereits von den „Raumwächtern“ moniert und bestraft. Im Schwimmbad darf nur geschwommen werden – in einer Richtung. Im Eisstadion ist meist nur das Fahren

im Kreis erlaubt – im Uhrzeigersinn. Auch die Laufbahnrichtung auf den Sportplätzen, die Routen auf den Verkehrsübungsplätzen – alles ist gerichtet und normiert.
Hinzu kommt, dass die Struktur der „Spielräume" in der Regel nicht den Explorations- und Gestaltungsbedürfnissen der Kinder entspricht und deshalb wenig Anregungen für die Freizeitgestaltung und damit für die weitere Persönlichkeitsentwicklung bieten. Durch die statischen und wenig flexiblen Formen der Spielgeräte werden die Handlungen der Kinder vorgeschrieben und in einem hohen Maße determiniert, so dass nur wenig Freiheitsgrade in ihren Handlungen bleiben. Ein voll durchstrukturierter Raum lässt eben keinen Spielraum, ein Zustand, gegen den sich die Kinder und Jugendlichen nur noch durch „unsachgemäße" Umgestaltung, also durch Zerstörung zur Wehr setzen können.

Es bleiben kaum Freiräume, die im WINNICOTT'schen Sinn als intermediäre Bereiche gestaltet werden könnten, da Spielräume keinen Platz lassen für eigene Ideen, zur Entfaltung kindlicher Phantasien. Sie sind als Spielghettos eingerichtet und versperren sich durch ihre Verinselung einer selbständigen Aneignung durch die Kinder und Jugendlichen. Nur mit Hilfe des Erwachsenen kann ihnen dies noch gelingen. Dies erweitert zwar ihren Bewegungsradius, belässt sie allerdings an der Leine und unter der Kontrolle des Erwachsenen, der An- und Abfahrt überwacht. Kindliche Lebenserfahrung bezieht sich nur noch auf Erlebnisinseln. Den Kindern geht dadurch der Überblick über ihre Umwelt verloren, die Komplexität der Lebenswelt wird reduziert auf einzelne Elemente, in denen funktional gehandelt wird. Zu beklagen ist der Verlust der „Zwischenräume", die Straßenecken, die Treppenhäuser, die unbebauten Grundstücke, die verwilderten Gärten, in denen sich die Phantasie und Kreativität der Kinder entfalten könnten. Räume also, die nicht funktionalisiert und rigide strukturiert, sondern offen und anregungsreich sind und durch ihre vielfältigen Verwendungsmöglichkeiten Impulse geben und als echte Freiräume den Kindern und Jugendlichen zur Verfügung bleiben.

Kinder und Jugendliche nehmen dies nicht tatenlos hin, sie wehren sich gegen die Unterdrückung ihrer Entwicklungschancen, die sich in erster Linie im Versperren ihrer Bewegungs- und Handlungsräume äußert. Ihr „auffälliges Verhalten" ist Zeichen des Aufstands gegen diese Unterdrückung und äußert sich vorwiegend in der – aus der Sicht der Erwachsenen – unrechtmäßigen Aneignung tabuisierter Räume, die sie für ihre Aktivitäten beanspruchen.
Vor allem in den sog. „sozialen Brennpunkten", deren Raumstruktur eher auf Wirtschaftlichkeit ausgerichtet ist, als darauf, für Kinder

und Jugendliche anregungsreiche Lernfelder bereitzustellen, in denen sie nach eigenen Entwürfen, Plänen und Phantasien sich Umwelt aktiv tätig aneignen könnten, sind Handlungsmöglichkeiten stark eingeschränkt durch Verbote, gegen die sich die Kinder und Jugendlichen nur über „non-konforme Kanäle“ zur Wehr setzen können. Deshalb weisen auch diese Wohngebiete höhere Raten „abweichenden Verhaltens“ auf, „die sich einerseits in offensiven Formen wie vermehrtem Schuleschwänzen, hoher Bereitschaft zu körperlichen Gewalttätigkeiten und Vandalismus und gesteigerten Kriminalitätsraten äußern oder andererseits in defensiven, zum Teil eskapistischen Formen, ihren Niederschlag finden, wie geringer Planungsbereitschaft und Frustrationstoleranz, gesteigertem Videokonsum, resignativer Gleichgültigkeit, Beziehungsreduktionen, d.h. Verlust an Außenkontakten, zunehmendem Bedürfnis nach Suchtmitteln“ (BECKER/SCHIRP 1986, 3).

Im folgenden werden beispielhaft die Bemühungen dargestellt, die diese Auswirkungen krankmachender Lebensbedingungen wieder zu kompensieren versuchen und neue Chancen für eine Raumaneignung bieten, die den Anforderungen einer gesunden Persönlichkeitsentwicklung genügen. Dazu war es erforderlich, nach den wirklichen, nicht nach den von Erwachsenen vermuteten und in normierte Geräte und Räume gesperrten Bedürfnissen zu fragen. Kinder brauchen Spielräume, die einen strukturierten, d.h. Halt und Schutz bietenden Rahmen bieten für ihre psychische Sicherheit. Sie müssen für die Kinder aber auch eine Herausforderung, also offen und anregungsreich sein. Gestaltete Räume werden den Kindern also zu ihrem Schutze gegeben, sie sind ihnen jedoch auch aufgegeben als anzueignende. Hier trifft sich also im intermediären Bereich die Innenwelt des Menschen, die sich mit der Außenwelt vereint um dadurch Neues zu schaffen, d.h. in diesem Falle den Menschen selbst und seine Umwelt zu verändern, beides unter dem Einfluss des Anderen.

4.4.2 Gestaltung einer kindgemäßen Lebensumwelt

Fragt man Menschen, was für sie an ihrer Wohnung am wichtigsten ist, so äußern sie zunächst und vor allem das Bedürfnis nach Sicherheit, Schutz und Geborgenheit. Der zusätzliche Wunsch nach Beständigkeit und Vertrautheit verweist auf die Funktion des Hauses, das als „Heimstatt“ eine grundlegende Entwicklungsbedingung darstellt. ERIKSON prägte dafür den Begriff des „Urvertrauens“. Weitere Entwicklung wäre natürlich abgeschnitten, wenn im Haus nicht noch andere Möglichkeiten verborgen wären. Wohnen sollte auch einen räumlichen Rahmen bieten für Selbstverwirklichung und Selbstdarstellung (Demonstration des sozialen Status), sowie das Bedürfnis nach sozialen Kontakten und der Kommunikation mit anderen Menschen befriedigen. Wieder in Anlehnung an die Entwicklungstheorie von ERIKSON lassen sich hier die Phasen der Autonomie und der Entwicklung von Initiative wiederfinden. Diese für die kindliche Entwicklung formulierten basalen Elemente, können übertragen werden auf die Gestaltung von Wohnungen, v.a. dann, wenn sie im besonderen Interesse des Kindes durchgeführt wird.

Diese Anbindung des Hausbaus an die Entwicklungstheorie von ERIKSON gewann für unsere Arbeit ihre besondere Bedeutung, als es darum ging, den Bau eines Häuschens für das Klassenzimmer unserer Kinder zu planen. Die, im Team auftretenden Bedenken, ob unser Plan nicht als Versuch der Erwachsenen zu werten sei, eigene Kindheitsträume zu verwirklichen, führte zu einer Diskussion über die Entwicklungsgemäßheit eines Hausbaus, der nach architektonischen Richtlinien ausgeführt werden sollte: Zeichnung eines Plans, Kauf und Vorbereitung des Materials, Zusammenbau und Montage in den Zimmern. Der Zweifel äußerte sich darin, ob es – den Bedürfnissen der Kinder entsprechend – nicht Konstruktionen gäbe, die den Entwicklungsphasen der Kinder angemessener wären (vgl. Abb. nächste Seite).

- Nach diesen Überlegungen verlangt Wohnen im *ersten Lebensjahr* die Möglichkeit des Rückzugs in die Wärme und Dunkelheit einer vertrauten Umgebung, die Regression in einen Zustand der Geborgenheit, der an die zeit- und raumlose Phase des Aufenthaltes im Mutterleib erinnert, an das „verlorene Paradies“. Das sich Verkriechen in eine Höhle heißt, sich vor einer Welt, die zu hohe Anforderungen stellt, zurückzuziehen – was zeitweise, auch für ältere Kinder, immer wieder gewährleistet sein muss.
- Im *2. und 3. Lebensjahr* geht es für das Kind darum, auf eigenen Füßen zu stehen, seinen Platz in der Welt zu behaupten. Es geht darum, Autonomie zu entwickeln, seinen eigenen Raum abzugrenzen, „Pflöcke einzuschlagen“. Der Bau eines mit einfachsten Mitteln (dünne, geschmeidige Äste, Ranken, Stroh, Farn, Binsen, langes Gras) angefertigten Hauses würde ausreichen für Versteckspiele, die im besonderen Maße der Förderung von Autonomie dienen.
- In der Phase vom *4. bis 6. Lebensjahr* verlässt das Kind die Sicherheit der Familie. Es wendet sich mehr und mehr der Außenwelt zu. Es verlässt das „verlorene Paradies“ und dringt ein in eine Welt voller Gefahren und Tücken. Dazu braucht es aber einen

Entwicklungsphasen	Baustil der Häuschen
Vertrauen – Misstrauen (1.Lebensjahr)	dunkle und warme Höhle, gebaut aus weichen, kuschligen Materialien: Schaumstoff, Decken, Kissen, Kartons, Tücher *Typ: Vogelnest*
Autonomie – Scham und Zweifel (2. und 3. Lebensjahr)	eigener, abgegrenzter Raum, gebaut aus einfachen Materialien: Äste, Ranken, Stroh, Farn, Binsen, Gras *Typ: Wigwam*
Initiative – Schuldgefühl (4.-6. Lebensjahr)	stabile, befestigte Hütte als Heimatbasis, gebaut aus festen Materialien: Holzstämmen, Pfosten, Balken *Typ: Western Saloon*
Werksinn – Minderwertigkeitsgefühl (Schulalter)	„richtiges Haus“, gebaut nach Plan: mit zurechtgeschnittenen Hölzern und Brettern *Typ: Wohnhaus*

Heimathafen, ein eigenes Haus als Basis für Unternehmungen. Das Haus muss auch ausreichend stabil und befestigt sein, um beim Räuber und Gendarm Spielen den Angriffen der Feinde standzuhalten. Ein Haus aus roh behauenen Baumstämmen, Pfosten und Balken, wie es früher die Siedler im „Wilden Westen“ bauten, ist für diese Zwecke geeignet.

- Erst im *Schulalter* entwickelt das Kind Werksinn, will etwas „Richtiges“ mit anderen zusammen machen. Erst in diesem Alter ist es möglich, zu planen und zu konstruieren, länger an einer Sache dranzubleiben und mit dem Kind etwas Dauerhaftes herzustellen.

Die Bedenken bezüglich der Entwicklungsgemäßheit unserer Planung – mit den Kindern ein richtiges Haus zu bauen – wurden von der Begeisterung der Kinder schnell und grundsätzlich zerstreut. Selbst die Kleinsten (7 bis 8 Jahre) schlugen sofort vor, einen Plan zu machen und mit Hammer, Säge und Wasserwaage an die Arbeit zu gehen.

Wir konnten also loslegen. Die Kinder zeigten, dass für sie das Thema Hausbau nicht nur die Möglichkeit des Rückzugs bietet, also nicht nur ein regressives Element der Entwicklung darstellt, sondern auch den Blick in die Zukunft öffnen kann: zu planen und zu gestalten, nachzudenken über die Art und Weise, das Haus zu bauen und zu nutzen und die Erfahrung, in mühevoller Arbeit das Haus fertig zu stellen und es zu benutzen, was Eigenes herzustellen, es gemeinsam mit den anderen zu teilen.

Nach zahlreichen Gesprächen mit den Kindern zeichneten die Erwachsenen Pläne, in denen sie versuchten, möglichst alle Anregungen der Kinder zu verwirklichen. Exakte Zeichnungen waren Grundlage für die Beschaffung des notwendigen Materials, das von den Erwachsenen besorgt und für die Kinder so zurechtgelegt wurde, dass sie – ohne zu viel Abfall zu produzieren – loslegen konnten.

In einer dreitägigen Aktion, an der Kinder, ErzieherInnen, LehrerInnen und MotologInnen zusammen arbeiteten, wurde im Freien – begünstigt von schönem Wetter – die Bauteile der Häuser gefertigt, um anschließend in den drei Klassenräumen zusammengebaut zu werden. Ein Richtfest mit Salat, Limo und Würstchen beschloss diese gemeinschaftliche Arbeit, die allen Beteiligten eine Menge an Lernerfahrungen bot, wie folgende Nachbemerkungen zur Hausbauaktion zeigen.

1. Wahl des Ortes:

Es erwies sich als sehr günstig, einen freien, großen Platz zu benutzen:

- *der Platz war sehr groß und übersichtlich,*
- *durch die Nähe zu den Klassenzimmern bestand eine gute Verbindung vom Bauplatz innen und Bauplatz außen. Die Gruppe blieb dadurch geschlossen und der endgültige Standplatz der Häuser war nahe dem Bauplatz,*
- *es waren gute Abstellmöglichkeiten für die Werkzeuge während der Pause vorhanden waren. Dadurch musste nicht viel umgeräumt*

werden, so dass ein hohes Maß an Kontinuität im Arbeitsprozess erhalten werden konnte,

- *die den Bauplatz angrenzenden Spielgelegenheiten und Büsche, sowie der Sportplatz boten für die Kinder günstige Gelegenheiten, sich zurückzuziehen, Pausen zu machen, ohne die anderen Kinder zu arg zu belasten. Sie blieben dennoch im Bereich der Aufsichtsmöglichkeiten.*
- *die Akustik im Freien war sicher weniger belastend, als es die dauerhafte Belastung durch den Lärm der Werkzeuge in einem geschlossenen Raum gewesen wäre. Die Enge und die Lärmbelästigung hätten sicher zu einer stärkeren Unruhe, Hektik und Nervosität bei den Kindern geführt. Allerdings: Wir hatten Glück, dass wir schönes Wetter hatten.*

2. Zeitliche Planung:

Die einzelnen Arbeitsabschnitte wurden in der Regel zu kurz projektiert. Wegen der geringen Belastbarkeit und den benötigten Pausen dauerte jeder Arbeitsabschnitt länger als vorgesehen. Die Vorausplanung war angemessen gesetzt. Hektisch wurde es erst bei der Durchführung des Projektes. Dies ergab sich daraus, dass die Kinder einerseits sehr schnell fertig werden wollten, andererseits aber immer wieder Pausen brauchten, um neue Kräfte zu sammeln.

Bezüglich der Pausen wäre es sicher günstig gewesen, diese im Sinne von „richtigen Bauarbeitern“ rituell durchzuführen, d.h. offiziell einzuläuten, die angemessenen Speisen (Lyoner) auszuteilen und dann gemeinsam zu essen und zu trinken.

Es empfiehlt sich also, die Zeit sehr großzügig zu planen und genügend gemeinsame und gestaltete Pausen einzulegen!

3. Materialeinsatz:

Die Bereitstellung der Materialien war gut vorbereitet, sie waren klar und übersichtlich geordnet, die Kinder waren eingestellt darauf, dass es wertvolle Materialien gab und solche, die auch zum Spielen genutzt werden konnten.

Aus pädagogischer Sicht wäre es sicherlich günstig gewesen, die Kinder beim Einkauf, d.h. beim Heranschaffen der Materialien mit zu beteiligen. Dadurch wäre eine noch intensivere Bindung an das Gesamtprojekt entstanden und die Kinder hätten Erfahrungen gesammelt hinsichtlich der Kosten dieses Materials.

4. Lernerfahrungen beim Einsatz der Materialien:

Es war zu beobachten, dass die Kinder beim Umgang mit den Werkzeugen große Fortschritte machten und zusehends mehr vom spieleri-

schen zum adäquaten Einsatz der Werkzeuge kamen. Sie zeigten dabei zunehmend mehr Ausdauer und Konzentration.
Sie lernten, mit dem Werkzeug zu messen, zu sägen, zu schrauben, zu nageln, lernten dabei auch, mit dem elektrischen Werkzeug wie Stichsäge und Akkuschrauber adäquat umzugehen. Die jeweilige Fertigstellung eines Arbeitsschrittes vermittelte den Kindern dabei viele Erfolgserlebnisse.
Die gegenseitig notwendige Hilfestellung beim Halten von Materialien, bei der Unterstützung in den Arbeitsschritten bot viele Möglichkeiten des sozialen Lernens. Durch die intensive Beschäftigung mit einem Kind bei bestimmten Arbeitsschritten ergab sich die Möglichkeit, Außenseiter zu integrieren.
Kinder, die Pausen brauchten, konnten sich ohne negativ aufzufallen zurückziehen, um („im Privaten") mal kurz 20 Nägel in einen Klotz zu schlagen.
Ein großes Angebot an materialen Erfahrungen boten Hölzer, Metalle und Werkzeuge: Holz bricht entlang der Faser, Holz wird gespalten, wenn Nägel eingeschlagen werden, Nägel biegen sich, wenn sie auf zu hartes Holz geschlagen werden, Nägel brechen, Schrauben reißen, wenn sie in den Astknoten getrieben werden sollen.
Der adäquate Umgang mit den Materialien verlangt die richtige Dosierung des Krafteinsatzes (z.B. beim Nageln, Schrauben, Sägen). Als wichtige soziale Erfahrung zeigt sich auch die gegenseitige Hilfe unter den einzelnen Teams, d.h. die Kinder der verschiedenen Arbeitsgruppen halfen sich gegenseitig, ohne jetzt große Konkurrenz aufkommen zu lassen.
Die Tatsache, dass ein geplantes Projekt in einem relativ kurzen Zeitraum fertiggestellt werden konnte, war für die Kinder eine wertvolle Erfahrung. Bei dieser Planung lernten die Kinder vorauszuschauen, etwas zu entwickeln, zu überlegen, ob es zusammenpasst, es auszuprobieren, es zu verändern und neu zu machen, ohne dabei gleich frustriert aufzugeben.
Es entwickelte sich dabei ein Wirgefühl, d.h. nicht ich baue etwas, sondern wir bauen gemeinsam ein Haus. Dies war notwendig, da die einzelnen Arbeitsschritte immer wieder verdeutlichen, dass es einfacher ist, gemeinsam mit anderen zu arbeiten, als sich alleine zu versuchen. Die Kinder waren dabei sehr geduldig, hilfsbereit und voller Rücksichtnahme, auch den Schwächeren gegenüber.
Zwischen den Teams entwickelt sich bei aller Zusammenarbeit konstruktive Konkurrenz, die aber nicht destruktiv war, sondern anregend, die Gruppen stachelten sich gegenseitig an, ohne die anderen abzuwerten oder neidisch zu sein.

5. Zur Planung:
Die Planung der Häuser war ursprünglich sehr utopisch, wurde dann gemeinsam auf ein realistisches, praktikables Maß reduziert, das von allen akzeptiert wurde. Aussage eines Schülers: „Hatte nie geglaubt, dass wir das, was wir uns überlegt haben, auch fertig bekommen“. Diese Aussage spricht für eine enorme Stärkung des Selbstbewusstseins. Da die „normale“ Erfahrung unserer Kinder ist, dass nichts fertig wird, das alles kaputtgeht und zerfällt, das nichts ganz, nichts heil ist.
Hilfreich für die Stärkung des kindlichen Selbstbewusstseins ist es deshalb auch zu feiern und noch einmal die Akzente auf ihre Leistung zu legen. Hier bietet sich ein Richtfest mit Richtspruch und richtigem Festessen an.

6. Zur Gesamtstruktur:
Diese muss immer wieder neu geschaffen werden. Die Situationen müssen durch die Verdeutlichung der Arbeitsschritte den Kindern immer wieder anschaulich gemacht werden. Als problematisch erwies sich dabei, dass die Kinder den gezeichneten Plan nicht lesen konnten (die Entwicklung des Zeichenalters lag teilweise im Vorschulalter!). Dadurch waren vor allem die Jüngeren oft überfordert. Für sie wäre sicher eine andere Art des Hausbauens mit anderen Materialien und anderen Techniken und Werkzeugen angemessen gewesen.

Wichtig war für die Durchführung des Projekts der klare Rahmen mit den notwendigen Grenzsetzungen bezüglich des Umgangs mit Materialien und der Verwendung der Werkzeuge. Die Tatsache, dass kein Werkzeug verloren ging und keines mutwillig zerstört wurde zeigte, dass die Kinder konzentriert und den Regeln angemessen sich verhalten hatten. Auch die sonst eher beobachtbaren Auseinandersetzungen zwischen den Kindern hielten sich sehr in Grenzen.

Konstruktion ging vor Destruktion.
Als günstig erwies sich dabei auch, dass immer wieder Abfallmaterial vorhanden war, das die Kinder manchmal benutzten, um sich bei Frustrationen oder bei Ärger und Streit abzureagieren. Die Häuschen selbst wurden deshalb nichtangerührt.

Nachbemerkung:
Obwohl heute andere Kinder in den Klassenzimmern sind, die Häuschen werden auch jetzt noch regelmäßig benutzt: um sich in den Pausen darin zurückzuziehen, oder auch in Krisensituationen dort wieder zur Ruhe zu kommen und wieder sich neu zu konzentrieren und neue Kräfte zu sammeln.

Der Lebensraum muss zum einen für das Kind Schutz bieten, zum anderen aber auch ein hohes Maß an Herausforderungen, d.h. Anregungen für die Entwicklung von Wahrnehmung und Bewegung und Anreiz für ein aktives und verantwortungsvolles Handeln. Aufgabe der Gesellschaft ist es, dem Kind den für seine Entwicklung nötigen Schutz zu bieten, der an Intensität und Geborgenheit dem pränatalen Zustand gleichkommt. „Der Raum, der dem Kind zu seinem Entwicklungsspiel angeboten wird, muss analog der vorgeburtlichen Verhältnisse seinen Lebensprozessen aufs genaueste entsprechen. Eine bauliche Umweltplanung ist nur dann kindgemäß, wenn sie Projektion und Provokation seiner Prozesse ist. (...) Mit anderen Worten: Die auf das Kind bezogene Architektur hat die raumzeitliche Ermöglichungsform der Entwicklungsprozesse des Kindes zu sein“ (KÜKELHAUS 1979, 55f). Schafft sie es nicht, die ungestörte „Fortsetzung der vorgeburtlichen Geschehensordnungen sicherzustellen“, so muss sie sich den Vorwurf der „nachgeburtlichen Abtreibung“ (KÜKELHAUS) gefallen lassen.
Fehlt der kindlichen Lebenswelt die Wärme und Geborgenheit, die es im Mutterleib genießen konnte, so kann sich beim Kind nicht die, für sein Leben notwendige Basis des Urvertrauens entwickeln. Fehlt ihm auf der anderen Seite die notwendige Anregung, so bleiben die Reize aus, die das Kind in seiner Entwicklung vorantreiben. In einer Halt gebenden, stabilen und beständigen Umwelt sind also Veränderung und Anreiz, immer wieder Neues zu entdecken und zu gestalten, notwendig. Allerdings in einer Form, die auf die Interessen und Bedürfnisse der Kinder eingeht und sich nicht in starren Formen und durch belehrende Methoden darbietet.
Entwicklungshemmend und krankmachend sind für Kinder also Räume, die weder das eine, noch das andere bieten: sie verbreiten entweder eine Atmosphäre der Kälte und Strukturlosigkeit, die den Kindern weder den notwendigen Schutz noch die Ich-stützende Orientierung bieten, wie es im Begriff des WINNICOTT'schen „holdings“ impliziert ist, oder sie negieren wegen der Ausrichtung auf bloße Funktionalität die leibhaft-ganzheitliche Wahrnehmungsstruktur der Kinder. Das in dieser Lebensumwelt der Kinder entstehende Problemverhalten ist nicht auf Überreizung und Überforderung zurückzuführen. „Was uns erschöpft, ist die Nichtinanspruchnahme unserer Organe, ihre Ausschaltung, Unterdrückung, ist der negative Stress – viel schlimmer, weil viel allgemeiner und noch viel weniger durchschaut, als der aktuale Stress. Was aufbaut, ist Entfaltung, Entfaltung und Auseinandersetzung mit einer auch im Ganzen herausfordernden Welt“ (KÜKELHAUS, z.n. MAHLKE/SCHWARTE 1989, 24f).

Für das Kleinkind heißt dies, Räume zu haben, die eine Atmosphäre der Geborgenheit und Vertrautheit anbieten, was für dieses Alter nur in Verbindung mit der Anwesenheit der Vertrauen spendenden Mutter gewährleistet werden kann. Ein Spielbereich nahe dem Arbeitsbereich der erwachsenen Bezugsperson ist deshalb unabdingbar. Das Kleinkind kann die Sicherheit, die es braucht, um seine Außenwelt zu erobern, nur in der Nähe zu seiner Mutter finden, die ihm Wärme, Liebkosung, Hilfe und Anregung bietet. Nur durch diesen Rückhalt kann sich das Kind seine Nahräume aneignen, die als Greif- und Tasträume mit der Orientierung am eigenen Körper verbunden sind. Nur auf der Grundlage einer gesunden Zentrierung am eigenen Körper, als Koordinatensystem des umspannten Raumes, kann die Strukturierung des umgebenden Raumes gelingen, die sich allmählich weg vom Nahraum des eigenen Körpers, hin zum Fernraum der materialen und sozialen Umwelt zuwendet.
Dazu bedarf das Kind Räume, „die durch ihre Zustandsunterschiede eine dauernde Provokation der Bewegungs- und Sinnessysteme darstellen. Es bedarf einer räumlichen Welt, die den modernen Erkenntnissen einer inkonstanten Raum-, Licht- und Bewegungsführung gerecht wird: einer durch Niveauvorsprünge labyrinthisch geführten Welt, in der es in immer neue Räume des nicht voll verfügbaren, überraschungsbietenden, quasi Risikohaften eindringen kann“ (KÜKELHAUS 1979, 58f).
Begreift man das Selbständigwerden des Kindes als Expansion der räumlichen Aktivitäten, die aus einer sicheren Heimatbasis, des von der Mutter gehaltenen Körpers, unternommen wird, so wird verständlich, dass erst mit zunehmender Sicherheit und Vertrautheit in die eigenen Fähigkeiten und dem Wissen auf Unterstützung, das Wagnis unternommen werden kann, weitere Räume zu erobern, um damit zu einem höheren Maß von Autonomie und damit zu einem ersten Bewusstsein des entstehenden Selbst zu gelangen.

Bleiben Kinder im Krabbelalter noch in Sicht- und Hörweite der Mutter, so erweitert sich der Bewegungsraum mit dem aufrechten Gang. Das Kind gewinnt einen anderen Blick von der Welt, löst sich allmählich aus der unmittelbaren Nähe zur Mutter, ohne jedoch den Blickkontakt zu verlieren oder zumindest in ihrer Rufweite zu bleiben. Das Kind braucht jetzt Spielräume, in denen es sich mit anderen Kindern treffen und sich in deren Gemeinschaft weiterentwickeln kann, ohne jedoch auf eine Privatsphäre verzichten zu müssen, in die es sich immer wieder in Momenten der Überforderung zurückziehen und in der Nähe der Mutter „emotional auftanken“ kann. Am geeignetsten wäre hierfür ein „wohnungsnaher Spielbereich im Freien in der Hauseingangszone, also nicht mehr als 30-50 m von der Wohnung entfernt, für ruhige Einzel- und Sozialspiele wie Konstruktions- und Rollenspiele, mit guter Ruf- und Sichtverbindung zur Bezugsperson im Wohnungsinneren, und schließlich einen wohnungsfernen Spielbereich im Freien mit vielfältigem Angebot für alle Aktivitäten, die innerhalb des sehr begrenzten Erfahrungsraums der Wohnung aus räumlichen und sozialen Gründen nicht möglich sind, insbesondere für Schulkinder und Heranwachsende, höchstens 100 – 150 m von der Wohnung entfernt. Darüber hinaus sind natürlich weitere wichtige Angebote für Kinder außerhalb des engeren Wohnbereichs erforderlich" (ZINN 1979, 305).

Für die weitere Entwicklung des Kindes müsste es nun heißen, vermehrt Bewegungs- und Handlungsräume zu schaffen, in denen die Kinder sich zunehmend entfalten können.
In der „Sozialräumlichen Jugendpädagogik" (BÖHNISCH/MÜNCHMEIER 1990) wird dies mit dem Begriff der „Raumaneignung" beschrieben. Hiermit ist die Eigentätigkeit des Kindes und Jugendlichen gemeint, die bei der Planung und Ausführung der Handlung noch nicht auseinander fällt und auf das konkrete Erleben und Handeln bezogen ist. Der Kern dieser Betrachtungsweise besteht darin, dass die Alltagssituationen, in denen sich die Tätigkeiten entfalten, als Möglichkeitsbereiche gesehen werden, die durch die gemeinsame Festlegung der Handlungsthemen bestimmt werden. Räume bilden also die Rahmenbedingungen für Handlungen und müssen deshalb zur Vergrößerung der Handlungsfreiheit immer wieder erkämpft und erweitert werden. Sie bilden aber immer nur den Möglichkeitsraum von Handlungen, die sich in thematisch strukturierten und sozialräumlichen Situationen strukturieren. Raum wird damit zum Erlebnisraum, in dem die kindlichen Aktivitäten an ihre Biographie angebunden und mit Sinn belegt werden.
Wird dies den Kindern und Jugendlichen verwehrt, da von Eltern oder Raumwächtern zuviel Verbote ausgesprochen werden oder da die verkehrstechnische Bebauung der Räume eine mögliche Aneignung verwehrt, so werden Entwicklungsmöglichkeiten abgeschnitten. Persönlichkeitsentwicklung im „intermediären Bereich" wird verhindert, da der Weg der innerpsychischen Realität der Kinder und Jugendlichen, also ihre Ideen und Phantasien, nach außen versperrt ist und nicht im Sinne der Entdeckung des Neuen beschritten werden kann.
Es ist leicht nachzuvollziehen, dass Kinder und Jugendliche unter diesen Zuständen leiden und daraus auszubrechen versuchen. Diese

Kinder und Jugendlichen leiden unter den reduzierten Lebensräumen, in denen ihnen weder der notwendige Schutz- und Schonraum für eine harmonische Entwicklung, noch ausreichende Anregungen und Betätigungsfelder zur Entwicklung von Selbständigkeit und Selbstverantwortlichkeit gegeben wurden. Dies führt konsequent zu Verhaltensweisen, die gegen die Normen verstoßen. Dem gesellschaftlichen Auftrag zufolge könnte nun das „geplante Erziehen" darin bestehen, die Kontrollen und den Druck mit professioneller Kompetenz zu erhöhen und gezielter einzusetzen, um die Kinder und Jugendlichen „in den Griff zu bekommen". Entgegen diesem Erziehungskonzept, das beim Scheitern erzieherischer Bemühungen vermehrte Anstrengungen in die gleiche Richtung verlangt, können die pädagogischen Maßnahmen auch darauf ausgerichtet werden, die erlittenen Defizite der Kindheit dadurch zu beseitigen, dass den Kindern und Jugendlichen Lebensbedingungen geboten werden, die den Schonraum und die Entwicklungsreize bieten, die ihnen in der frühen Kindheit gefehlt haben.

4.4.3 Wohnraumgestaltung für Kinder

Bei den Überlegungen zur Wohnraumgestaltung ist davon auszugehen, dass Räume den Kindern die notwendigen strukturellen Rahmenbedingungen für ihre Persönlichkeitsentwicklung bieten, also Schonräume sein müssen, welche die Entwicklung nach außen absichern und schützen, nach innen jedoch so strukturiert sind, dass sie für optimale Lebensbedingungen sorgen, die Entwicklung fördern. Sie müssen also ausreichend offen sein und eine selbständige Eroberung der Räume zulassen, die damit für die Kinder Bedeutung gewinnen und in ihre Lebensgeschichte integriert werden können.
Es gibt nicht *den* richtigen Raum. Räume müssen unterschiedliches im Alltag der Kinder anbieten. Grosse Räume laden ein zum Bewegen, zum Rennen, zu Aktivitäten, die eher ausagierenden Charakter haben, während kleine Räume vielmehr Ruhe vermitteln, zum Kuscheln, für konzentrativen Beschäftigungen geeignet sind – wenn sie eine Atmosphäre der Ruhe und Wärme ausstrahlen (gestaltet durch Licht, Material, Gerüche usw.). Sind Räume vollgestopft mit Material, bergen sie ein Potenzial an Ablenkung und Gefahrenmomenten. Leere Räume mit einer dosierten Auswahl an Materialangebot verführen zur phantasievollen Entwicklung und Ausgestaltung von Spielgeschichten, die der Kreativität der Kinder viel Raum gibt.
Das Maß an unterschiedlicher Strukturierung lässt sich verdeutlichen, wenn wir Raumstrukturen in Beziehung setzen zu verschiedenen Er-

ziehungsstilen und damit zu einer Pädagogik der Raumgestaltung kommen, die von pädagogischen Einrichtungen viel zu selten bewusst in ihr Konzept integriert wird (siehe Abb. MAHLKE 1989).

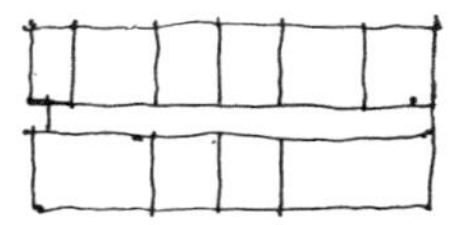

Dem starren, autoritären Raumsystem entspricht ein autoritärer Erziehungsstil. Der Gang als Achse von außen nach innen geplant

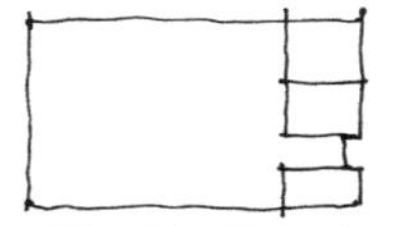

Dem undifferenzierten Raumsystem entspricht der Laissez-faire-Stil. Ungestalteter Großraum, Aufenthalt verwirrend, von außen nach innen geplant

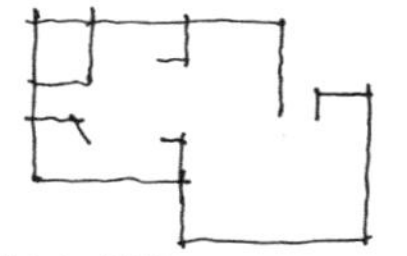

Gegliederten Erfahrungsräumen entspricht der sozial-integrative Erziehungsstil. Orientierung wird ermöglicht. Klein- und Großräumigkeit. Von innen nach außen geplant

Häufig zu finden sind in „totalen Institutionen“ (GOFFMAN) totalitäre Raumsysteme, die mit ihren langen Fluren und streng gegliederten Grundrissen auf einen *autoritären Erziehungsstil* verweisen, der für klare, überschaubare, festgelegte und streng geregelte Verhaltensweisen sorgt. Auf der anderen Seite laden offene Raumsysteme, große, ungegliederte Flächen ein zum unkontrollierten Austoben, das oft übersteigert und nicht und deshalb zu aggressiven Auseinandersetzung mit anderen Kindern führt. Hier werden Assoziationen zu einem Erziehungsstil geweckt, der als *Laissez-Faire* bezeichnet wird und, aus einer falsch verstandenen liberalistischen Haltung heraus, das Kind auf seinem Entwicklungsweg völlig allein und damit hilflos lassen will. Gegen die Rigidität autoritärer Raumstrukturen einerseits und die Formlosigkeit leerer Raumstrukturen andererseits, mehr zu Bremsen ist die beide als entwicklungshemmend zu betrachten sind, stehen Wohnungen mit gegliederter Vielfalt, mit unterschiedlich großen, aufeinander bezogenen Räumen, mit unterschiedlich hohen Ebenen, Sitzecken und Rückzugsflächen, die ein ungestörtes und lebendiges Nebeneinander verschiedener Aktivitäten erlauben, ohne dass gleich alles in Chaos und Unordnung versinkt. Das Verhalten von Kindern und Erwachsenen in diesen Räumen zeugt von Freiheit und Ungezwungenheit, die den *demokratisch partnerschaftlichen Erziehungsstil* kennzeichnen.

Eigene Erfahrungen im „Altbau“ einer Heimeinrichtung (s. Plan 1) zeigen, dass es nicht einfach ist, veränderte Erziehungsstile gegen die Raumstrukturen durchzusetzen. Die langen, ungegliederten Räume, die vor einigen Jahren noch 24 Kindern Platz boten, bringen auch dann noch viel Unruhe in die Wohngruppe, wenn nur neun Kinder

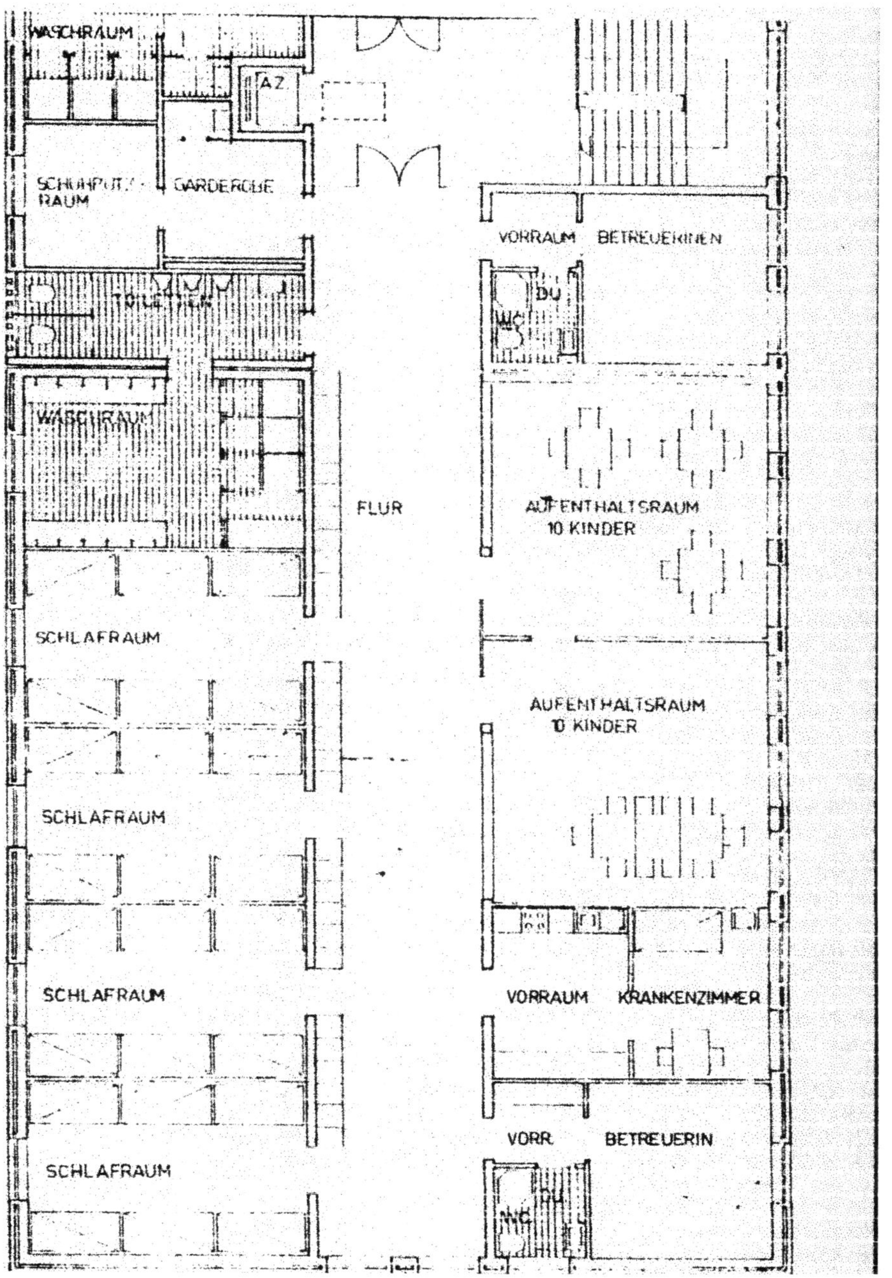
WASCHRAUM
A.Z.
SCHUHPUTZ-RAUM
GARDEROBE
VORRAUM
BETREUERINNEN
DU
WC
WASCHRAUM
FLUR
AUFENTHALTSRAUM 10 KINDER
SCHLAFRAUM
AUFENTHALTSRAUM 10 KINDER
SCHLAFRAUM
SCHLAFRAUM
VORRAUM
KRANKENZIMMER
VORR.
BETREUERIN
SCHLAFRAUM
WC

darin wohnen. Sie fordern geradezu auf zum Toben und zu aggressiven Auseinandersetzungen, da sie einerseits monoton und anregungsarm sind, da sie andererseits durch ihre mangelnde Binnengliederung kaum Schutz bieten für ruhige und eher meditative Beschäftigungen. Ständige Störungen durch andere, die den großen Raum für laute Bewegungsaktivitäten nutzen, verursachen ein hohes Maß an Unzufriedenheit, dem auch nicht begegnet werden kann durch zumindest zeitweiligem Rückzug in eine Privatsphäre, da auch hierfür die Möglichkeiten nicht vorhanden sind. Auch die Kinderzimmer sind groß, strukturlos und ungestaltet und erleichtern eher der ErzieherIn die „panoptische Kontrolle“ (vgl. GSTETTNER 1981), als dass sie dem Kind die lebensnotwendige Privatsphäre oder Impulse für ihr Spiel bieten.
Durch den Umbau der Wohnung, der nach den Prinzipien eines Architekten (MAHLKE/SCHWARTE 1985, 1989)[23] vollzogen wurde, dessen Konzeption zurecht als „Pädagogik des Raumes“ bezeichnet werden kann, weil es ihm gelang, bei der Planung und Durchführung seiner Arbeit in besonderem Maße die Bedürfnisse kindlicher Entwicklung zu berücksichtigen, konnten wir den Kindern Lebensbedingungen bieten, die einerseits Aktivitäten allein und innerhalb der Gruppe zuließen und sie sogar zusätzlich förderten, andererseits jedoch jedem einzelnen die Möglichkeit eröffneten, sich in die Intimsphäre seines eigenen Zimmers zurückzuziehen. Dies war in sich noch soweit strukturiert, dass beide Bewohner, jeder für sich, in ihren Betten sich ganz von der Umwelt abschließen konnten.
Die Wohnung wurde als Ganzheit konzipiert, deren einzelne Funktionsräume sich nicht gegenseitig ausgrenzen, sondern ineinanderfließend zugeordnet sind (s. Plan 2). Koch-, Eß-, Spiel- und Betätigungsbereiche bilden eine Einheit, die niemanden ausschließen, auch wenn einer kochen muss und die anderen spielen oder basteln. „Der Gemeinschaftsbereich ermöglicht den einzelnen eine größere Vielfalt von Tätigkeiten. Im Austausch mit anderen können sie sich anregen lassen, und sie können sich anders als gewohnt mit den anderen auseinandersetzen, auch durchaus einmal aufeinander losgehen oder sich in eine Nische zurückziehen“ (MAHLKE u.a. 1987, 9).
Denn gerade für Kinder, die sich selbst und ihren Platz in der Welt noch nicht gefunden haben, ist es wichtig, einen Raum zu haben, in den sie sich zurückziehen können und wo ihnen das Gefühl von Sicherheit und Halt vermittelt wird.

---

[23] Die Entwicklung dieser Konzeption, die gemeinsam mit FLOSDORF (1988) auch praktisch realisiert wurde, lehnte sich an die räumliche Gestaltung des therapeutischen Milieus an, wie sie an der von BETTELHEIM geleiteten Orthogenic School zu beobachten ist (vgl. KAUFHOLD/KRUMENACKER 1994).

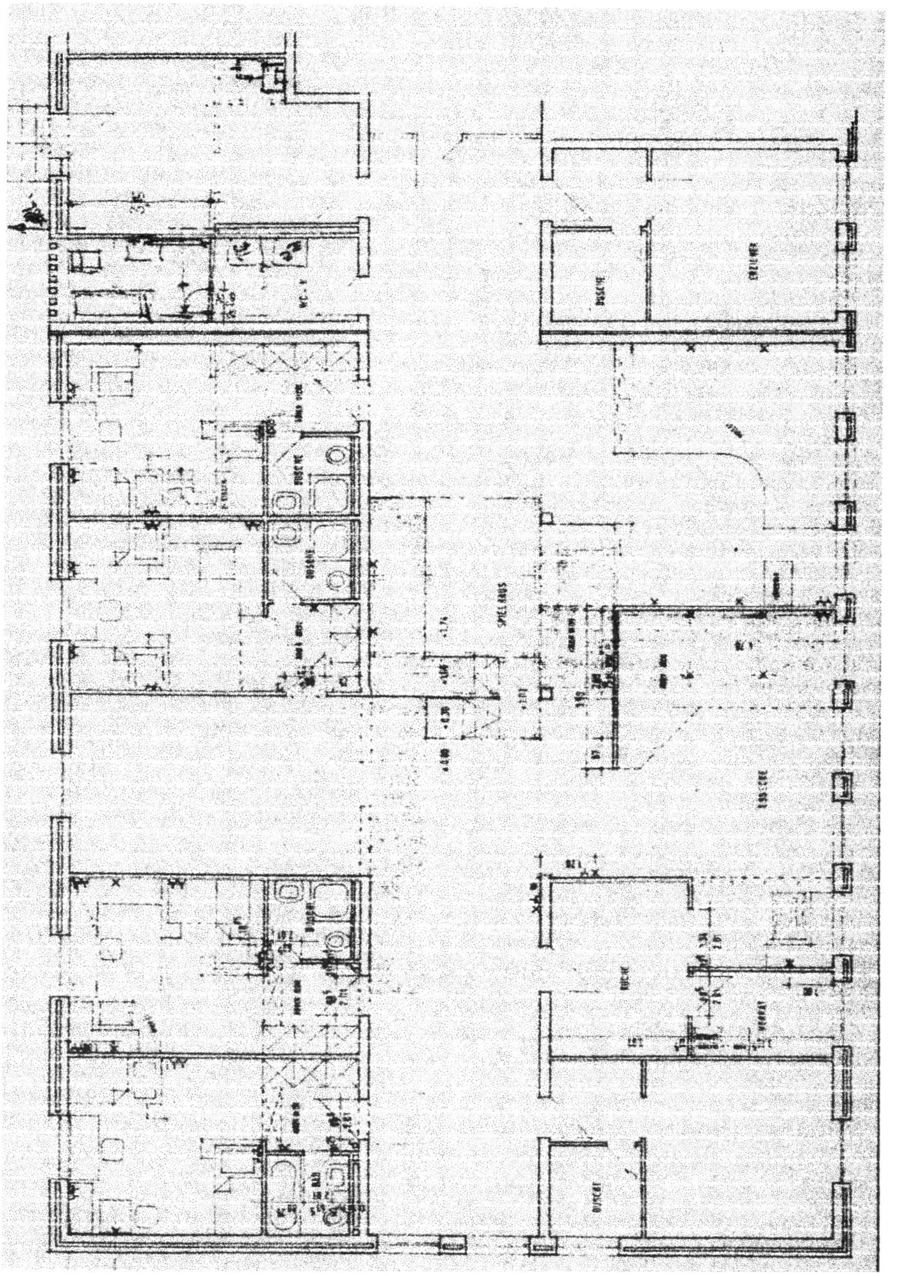

Mike zeigt uns bei seiner Neuaufnahme, dass es nicht selbstverständlich ist, diese Rückzugsmöglichkeit zu akzeptieren und auch zu nutzen. Noch zwei Wochen nach seinem Aufnahmetag ist er nur unter größten Schwierigkeiten zu bewegen, sich zum Schlafen in sein Zimmer zu legen. Er will draußen, in der Spielecke schlafen, wo ihm anscheinend die Nähe der ErzieherIn so viel Sicherheit und Schutz bietet, die er bei seinem Zimmerkameraden nicht spürt. Um so mehr, als dieser es ihm nicht leicht macht, sich in seinem neuen Zimmer wohl zu fühlen. Stefan, der bisher immer großen Wert darauf legte, dass die Tür seines Zimmers nachts geöffnet bleibt, damit der Schein des Nachtlichts in das Zimmer dringt, will nun die Tür schließen, weil (?) Mike, der Neue und Eindringling in „seinem" Zimmer, die Tür öffnen will. Er hat Angst. Sie stehen also immer wieder aus ihrem Bett auf und machen die Tür abwechselnd auf oder zu – ohne sich allerdings körperlich anzugreifen. Nach etwa einer halben Stunde nimmt Mike sein Bett und sein Kopfkissen und legt sich in die Spielecke auf eine Matratze. „Jetzt kann ich endlich in Ruhe schlafen" stöhnt er und schlummert ziemlich schnell ein.

Wenn sich die Kinder allerdings in ihren Zimmern heimisch fühlen, so genießen sie auch deren Vorzüge. Diese sind so gegliedert, dass sie auch als Mehrbettzimmer noch eine Intimsphäre bieten. Die Kinder sind geschützt vor dem ständig kontrollierenden Blick der ErzieherIn und finden ausreichend Platz für ihren privaten Besitz. Dadurch wird die Entwicklung eines Bewusstseins der ihnen eigenen Individualität und für persönliche Dinge gefördert, die ihren Platz in der Wohnung markieren. Dem wird gestalterisch zum Beispiel Rechnung getragen durch eine asymmetrische Strukturierung und die individuelle Einrichtung des Zimmers, da dadurch die Möglichkeit geboten wird, auf die Einmaligkeit des Einzelnen einzugehen und ihm mehr Bedeutung zugewiesen wird (vgl. MAHLKE u.a. 1986, 29).

Deutlich wird dies v.a. dann, wenn Kinder ein eigenes Zimmer für sich alleine bekommen. So betonte Manuela, als sie in das Zimmer eines entlassenen Jugendlichen einziehen durfte, dass sie jetzt alleine die Verantwortung für ihr Zimmer übernehmen würde. Ihr Stolz, in das Zimmer des ehemaligen Gruppenältesten ziehen zu dürfen, gab ihr – zumindest für eine gewisse Zeit – soviel Motivation, ihr Zimmer selbst zu putzen und großen Wert auf dessen Sauberkeit und Ordnung zu legen.
Gegenteilige Extremerfahrungen machten wir im Gemeinschaftsbad der alten Wohngruppe, für das sich keiner verantwortlich fühlte. Deshalb war dort auch nur schwer für hygienische Verhältnisse zu sorgen.

Auch an die spezifischen Probleme der Kinder wurde bei der Raumgestaltung gedacht: viele leiden unter einem starken Bewegungsdrang, der, wenn er kein geeignetes Betätigungsfeld findet, sich meist in offene Aggressionen gegen andere Personen oder Sachen entlädt. Die Wohnung muss also ausreichend Bewegungsraum bieten, durch ihre Raumgestaltung aber eher zum Ruhen als zum Bewegen einladen. „Deshalb werden Flure in der Bewegungsrichtung gebrochen und in die Breite ausgeweitet oder eingeengt, um so Rennen und Toben zu erschweren, dafür aber in zusätzlichen Nischen und Ecken zum Verweilen und miteinander Reden aufzufordern“ (FLOSDORF 1988, 14). Der Einbau von Podesten oder abgehängten Decken unterstützt dieses Anliegen ebenso wie die Berücksichtigung der 3. Dimension, wodurch die Aufmerksamkeit von der Horizontalen auch auf die Vertikale hingelenkt und dadurch dem enthemmten Bewegungsverhalten begegnet wird.
Nischen und nach außen abgeschirmte Orte bieten auch Geborgenheit und Halt. Sie fördern Kontakte zu den Mitbewohnern und ermöglichen durch ihre ruhige Atmosphäre den Aufbau von Beziehungen, die in ihren Anfängen viel Schonraum bedürfen.
Ruhe und Abgeschlossenheit sind auch wichtig für Aktivitäten, die viel Konzentration verlangen, v.a. für Kinder, die leicht ablenkbar und impulsiv sind. Die Wohnung muss, bei möglichst hoher Dämpfung der visuellen und akustischen Überreizung, klare Hinweisreize auf Tätigkeiten bieten, denen sich die Kinder in aller Ruhe und ohne Störungen widmen können. Deshalb sollen bei der Ausgestaltung Materialien verwendet werden, die zur aktiven Gestaltung herausfordern, deren Farb- und Formgebung jedoch Ruhe, Wärme und Konzentration ausstrahlen: also Holz, Naturmaterialien, Stoffe und warme Farben.
Diese Materialien, wie auch die Einrichtung, dürfen jedoch nicht nur weich und kuschelig sein. Kinder brauchen auch Kanten, an denen sie sich stoßen, Flächen, an denen sie sich reiben können. Der Ausdruck ihrer Wut darf nicht nur auf Schaumstoffpolster oder Boxsäcke treffen. Stabile Möbel, harte Wände geben den Kindern Halt und Orientierung in einer Welt, die für sie sonst doch so oft unsicher, unklar und haltlos ist. Die Stabilität der gestalteten Räume, die durch feste Verbindungen und fassbare und damit sicht- und greifbare Strukturen gewährleistet wird, bietet den Kindern „das Erleben von Sicherheit und Ausgeglichenheit, von ‘Getragen- und Gehaltenwerden’“ (MAHLKE u.a. 1987,6). Feste Einbauten aus massivem Holz sichern einen Bezugsrahmen, der besonders für die Kinder wichtig ist, die in ihrem Leben wenig Stabilität erfahren haben.
Nur aus einem sicheren und stabilen Standort heraus, von einem Ort, den das Kind für sich selbst gefunden, an dem es also „Ur-vertrauen“

entwickelt hat, kann das Kind Autonomie und Initiative entfalten (vgl. ERIKSON 1973) – wenn die Umwelt genügend anregungsreich ist, um dem Kind Offenheit für seine Persönlichkeitsentwicklung zu bieten. Durch Wahrnehmung und Bewegung eignet sich das Kind die Umwelt an und verlangt deshalb „eine bauliche Umwelt, die diesen Bewegungsbedürfnissen Rechnung trägt – eine Welt in der es Stufen und Treppen gibt, labyrinthisch angelegte Räume mit reliefartigen Böden" (KÜKELHAUS 1971, 62), Räume also, die Platz machen, aber durch ihre Strukturierung das Erleben des Kindes ansprechen, für Augen und Verstand durchschaubar und „mit dem Körpersinnen Gleichgewicht, Muskel- und Gelenkempfindlichkeit und dem Tastsinn unmittelbar erfassbar und überprüfbar (sind)" (MAHLKE u.a. 1987,6).

Ein besonders eindringliches Beispiel für diese körperliche Raumaneignung lieferte uns Mike bei seiner Aufnahme. Er fegte am ersten Tag wie ein Wirbelwind über die Gruppe, stieg auf Schränke, Regale und auf Betten. Er kroch unter die Betten, in den Spielturm, unter Bänke und Tische. Er versuchte in alle Zimmer einzudringen, obwohl er massive Gegenwehr von den Bewohnern erfuhr. Er schleppt vieles an, was schon lange verschwunden war und als verloren galt.
Die Toleranz der ErzieherInnen für dieses lebendige Verhalten und das Lob für die wiedergefundene Dinge halfen ihm, seine Aufnahme als positiv zu erleben und dadurch einen vereinfachten Einstieg in seine neue Gruppe zu finden.

4.4.4 Eroberung von Bewegungsräumen

Außenräume sind für Kinder in erster Linie Bewegungsräume. Eine Auswertung von Kinderzeichnungen, bei denen Kinder aufgefordert wurden, die Orte zu zeichnen, wo sie sich vorwiegend aufhielten, zeigt, dass ihre Bedeutung als Schutz- und Schonraum mit zunehmendem Alter abnimmt und vermehrt als Raum gesehen und genutzt wird, in dem sie ihre Bewegungsbedürfnisse ausleben und dadurch ihre motorischen, aber auch ihre kognitiven und psychosozialen Fähigkeiten und Fertigkeiten verbessern können (vgl. HEINE 1990, 185).
Diese Bewegungsräume können nach genormten Kriterien gestaltet und durch ein Regelwerk überzogen werden, wie es Sportplätze, aber auch Spielplätze mit stark strukturiertem Bewegungsangebot sein können. Es kann sich hierbei aber auch um „potentielle Bewegungsräume" (SCHERLER 1979, 7) handeln, die nicht zweckrational hergerichtet sind und auf Wiesen, Wäldern und auf Freiflächen in den Städten Bewegungsaktivitäten zulassen.

Auch die Außenräume unserer Einrichtung mussten also bewusst gestaltet und als ein zu erobernder Teil im Zusammenhang mit der Persönlichkeitsentwicklung organisiert werden. Betrachten wir zunächst das Freigelände, das sich unmittelbar an die Wohnung anschließt, so genießen die Kinder und Jugendlichen auch hier noch den Schutz des Zaunes und damit auch der sozialen Gemeinschaft der Kinder und Jugendlichen, die ihnen vertraut sind und wenig Angst machen. Nur in einem geringen Maße müssen sie sich der Öffentlichkeit preisgeben, wenn sie sich mit den gleichaltrigen, oft auch älteren Kindern und Jugendlichen anderer Wohngruppen auseinandersetzen. Es verbleiben ihnen jedoch als emotionaler Rückhalt die Räumlichkeiten der eigenen Wohnung, die immer wieder Rückzugsmöglichkeiten und Schutz bieten. Und dies ist wichtig, gilt es doch aus einer sicheren Basis heraus die Umwelt zu erobern, die zumindest auf dem Heimgelände noch als Bewegungswelt gestaltet werden kann und den Kindern und Jugendlichen Erfahrungen ermöglicht, die ihnen in den Verkehrszonen außerhalb versperrt sind.
Von größter Bedeutung für die Gestaltung von Außenanlagen dürfte es sein, eine „ausgewogene Balance zwischen den erwarteten Interessen und Fähigkeiten ihrer Benutzer einerseits und der Herrichtung der Umgebung andererseits (zu finden)" (Scherler 1979, 19). Die Bewegungsangebote müssen

- den nötigen Sicherheitserfordernissen genügen, ohne dadurch an Reiz zu verlieren. Kinder und Jugendliche müssen also noch einen Hauch von Risiko und Wagnis verspüren, um den nötigen Anreiz zu haben, auch dauerhaft die Gelegenheiten zu nutzen,
- einfach zu bewältigen sein, da die Ausdauer der Kinder und Jugendlichen beim Lernen von neuen Bewegungsfertigkeiten nicht sehr groß ist und zu komplexe Anforderungen schnell zu Resignation und Rückzug führen. Sind sie allerdings offensichtlich zu leicht, um mit ihrer Beherrschung vor anderen groß zu tun, so werden sie von vorne herein als „Babykram" abgelehnt,
- inhaltlich vielfältig sein, um für verschiedene Altersbereiche und unterschiedliche Interessen und Neigungen genügend Attraktivität zu besitzen und jedem nach seinem Können die entsprechenden Herausforderungen zu bieten,
- für Einzel- oder Gruppenaktivitäten nutzbar sein.

Bei all dem gilt es, eine ausgewogene Balance zwischen offenen und strukturierten Angeboten einzuhalten. Die Bewegungsgelegenheiten dürfen nicht überbestimmt sein, da hierdurch Fremdbestimmung und das beinahe wahllose Konsumieren von Dargebotenem unterstützt würde. Es muss aber auch der Strukturlosigkeit der Kinder Rechnung getragen werden, die es anscheinend nie gelernt haben, phantasievoll und kreativ zu spielen und deshalb immer wieder strukturgebende Impulse brauchen um zu einem konstruktiven Spiel und zu einer sinnvollen Nutzung der Bewegungsgelegenheiten zu gelangen.

Offene Strukturen:	Spielwiese, Rollschuhbahn, Fahrradbahn, Abenteuerspielplatz
geschlossene Strukturen:	Fußballplatz, Skatebordbahn, Kletterwand, Schaukel

Die Attraktivität des Geländes mit seinen Spielplätzen und Spielgeräten reicht oft nicht aus, um die Kinder und Jugendlichen zu einer selbständigen Nutzung zu bewegen. Sie müssen immer wieder dazu „überredet" werden durch die Initiierung von Bewegungsaktivitäten, die sie aus ihrer Reserve herauslocken.

So macht ein Wettbewerb mit den Möglichkeiten der Nutzung einer Fahrradbahn oder der Skate-board-Anlage bekannt. Auch eine Schatzsuche führt die Kinder und Jugendlichen in die entlegendsten Winkel des Heimgeländes deren Orte einigen bisher unbekannt waren und die sie nur innerhalb der Gruppe, mit Hilfe der Erzieher erreichten.

Ihre Angst, sich aus der vertrauten Umgebung zu lösen, wird natürlich noch größer, wenn es darum geht, das Heimgelände zu verlassen und Orte außerhalb zu besuchen[24]. Wir planten deshalb – im Rahmen eines großen Komplexes zum Thema Heimat (vgl. Kap. 4.7.) – zahlreiche bewegungs- und handlungsorientierte Aktivitäten, um den Kindern und Jugendlichen ihre Heimat nahe zu bringen und sie einzuladen, sich ihre Umwelt aktiv zu erschließen (vgl. Projektgruppe Puma 1994).

[24] Unsere Versuche, Kinder und Jugendliche in Sportvereine oder Jugendgruppen unterzubringen scheiterten – trotz anfänglichen Erfolgs – oft an deren Ängsten, sich in fremder Umgebung zu bewegen. Kleine Konflikte mit „fremden" Personen, also Mitspieler oder Trainer, führten häufig zum Abbruch und Rückzug in die vertraute Umgebung des Heimes.

Das erste Ziel war es, den neu gestalteten „Hüttenweg“ der Heimatstadt zu erkunden, wobei das Interesse der Kinder an der Sache sehr unterschiedlich war und durch ständige soziale Auseinandersetzungen überlagert wurde. Einige Kinder der Gruppe – und dies werteten wir als Zeichen einer gelungenen Motivierung – meldeten sich kurze Zeit später in der Schule freiwillig für die Arbeitsgruppe Heimatkunde.

Da es für unsere Kinder immer ein Problem ist, ihr Heimgelände zu verlassen, gingen wir, um ihnen weitere „Spielräume“ außerhalb zu erschließen, zu einem Freizeitgelände in der Nähe des Heimes, um mit ihnen einen gemeinsamen Spielnachmittag durchzuführen. Die Gelegenheit zum freien Spiel wurde dort intensiv genutzt, durch die Anforderungen von New Games und Regelspielen waren sie jedoch massiv überfordert. Sie zeigten Ausweichverhalten, indem sie Streit provozierten, die Situation verließen oder immer wieder andere Spiele vorschlugen. Groß war die Begeisterung jedoch für Spiele, in denen Kinder gegen Erwachsene kämpfen konnten (z.B. Tauziehen), weil hier das Thema der Auseinandersetzung um Macht und Kontrolle aktualisiert wurde.

Der nächste Schritt war es, im Rahmen einer Stadtralley, die Kinder loszulassen. Nach den Vorbereitungen durch gemeinsame Aktionen in der Stadt wurden die Kinder mit einem langen Aufgabenzettel in Kleingruppen in die Stadt geschickt. Die Gruppenzusammensetzung wurde durch die ErzieherInnen vorgenommen, so dass in jeder Gruppe sich jemand befand, der lesen und sich orientieren konnte oder sich traute, Fremde anzusprechen. Die Kinder waren 3 Stunden unterwegs und lösten ihre Aufgaben fast vollständig. Konzentriert auf die Aufgaben in „fremder Umgebung“, gab es weder unerwünschte Vorkommnisse noch Streit. Die von außen erzwungene Neuordnung der Beziehungen untereinander erweiterte den Blickwinkel der Einzelnen und veränderte die Gruppendynamik positiv.
Im weiteren Verlauf wurden die Entfernungen zur „Heimatbasis“ größer. Die Räume waren deshalb auch nicht mehr als Streifräume zu erkunden, sondern mussten als Gruppenaktivitäten gemeinsam angesteuert werden. Neben dem Besuch bedeutsamer Orte in der heimatlichen Umgebung zählte es zu den Höhepunkten, das Zuhause von Kindern und ErzieherInnen zu besuchen, um eine Vorstellung darüber zu bekommen, wie die Einzelnen wohnen und leben, und sich dadurch ein Stück näher zu kommen.

Damit war noch kein Endpunkt erreicht. Um den Kindern den Wert beheimateter Räume zu verdeutlichen, müssen fremde Räume aufge-

sucht werden. Das Heimkommen wurde dadurch zu einer neuen Erfahrung, die mit einem Hauch von Abenteuer verbunden war.
In Vorausplanung einer größeren Tour musste die neu angeschaffte Ausrüstung erprobt und die Kinder an das Leben in freier Natur gewöhnt werden. Wir „eroberten" uns dazu eine Höhle, die, tief im Wald gelegen, uns fernab der Zivilisation, der ideale Lernort für das (Über-) leben im Freien sein sollte. Dabei ging die Einrichtung der Höhle mit unseren Iso-Matten und Schlafsäcken ganz gut von statten. Die Kinder waren auch begeistert dabei, Feuerholz heranzuschleppen und sich dann mit ihren Schlafstätten rund um das Lagerfeuer einzurichten, als das Eintreffen eines „Raumwächters", in Gestalt des Revierförsters die Situation jäh zerstörte, indem er uns aufforderte, binnen 30min den Wald zu verlassen. Da keiner Lust hatte, sich in die vertrauten Betten in der Heimwohngruppe zurückzuziehen, konnte die Situation noch gerettet werden, da wir im Heuschober eines Bauernhofes Unterschlupf fanden. Für alle Beteiligten war diese Höhlentour ein Ereignis, das uns – herausgerissen aus den Bedingungen des Alltags – konfrontierte mit den Schwierigkeiten, sich fremde Räume anzueignen, die nicht zur beliebigen Nutzung freigegeben sind. Die Funktion „Übernachten" war offensichtlich für die Höhle nicht vorgesehen.

Als besondere Höhepunkte in diesem Zusammenhang lassen sich ein Segeltörn nach Holland und eine Fahrradtour nach Frankreich anführen. Diese Aktionen bildeten nicht nur den krönenden Abschluss einer langfristigen Arbeit, sondern sie war auch zu sehen vor dem Hintergrund der Eroberung von Fernräumen, die den Kindern neue Horizonte eröffneten. Sie führten ins Ausland und vermittelten dadurch das Erlebnis von Neuem: in ein fremdes Land zu fahren, mit fremder Währung zu zahlen, eine ungewohnte Sprache zu hören oder unbekannte Produkte in den Läden zu entdecken. Wichtig für die Kinder und Jugendlichen war aber auch das Erlebnis, von dort wieder zurückzukehren, in die Heimat, in der mit vertrautem Geld bezahlt, eine verständliche Sprache gesprochen wurde und in den Supermärkten wieder das gekauft werden konnte, was bekannt und gemocht wurde. Heimat wurde dadurch er-fahrbar und zu einem neuen Erlebnis, das in den Erfahrungsschatz der Kinder integriert werden konnte.

4.5 Die Zeit als Medium der Pädagogik

Wenn man Kindern etwas beibringen will,
muss man viel Zeit verlieren,
um desto mehr zu gewinnen.

Jean Jaques Rousseau

So wie Räume als physikalisch exakte beschrieben oder als erlebte Räume für die Erlebniswelt des Menschen in Betracht gezogen werden können, so berücksichtigen wir auch bei der Zeit – die ja in der Physik des 20. Jahrhunderts vom Raum nicht mehr zu trennen ist –, dass es sich auch hier um eine subjektiv erlebte Zeit handelt, also nicht um etwas objektiv Gegebenes, „sondern um ein von Menschen entwickeltes Bestimmungsverhältnis im Nacheinander einer Vielfalt von unterschiedlichen Geschehensabfolgen“ (DE HAAN 1989, 1633). Die Wurzeln des Wortes, die im altindogermanischen „dati“ und im indogermanischen „da“ zu finden sind, verweisen auf die Bedeutung der Zeit als Vorgang des Teilens, Zerreißens, Abschneidens und Abtrennens (vgl. ebd.) und drücken die Beunruhigungen des Menschen aus, angesichts ständig über sie hereinbrechender Ereignisse, die nicht vorhersehbar und deren Folgen nicht kalkulierbar sind. Lebensplanung ist deshalb so lange der Willkür des Schicksals unterworfen, bis es gelingt, diese Ereignisse in ihrer Abfolge zu begreifen und sie in zeitliche Strukturen einzuordnen.
Beim Versuch, das Phänomen Zeit in den Griff zu bekommen, erlitt der Mensch allerdings eine schmerzvolle Niederlage. Nicht der Mensch bestimmt über seine Zeit, sondern er unterwirft sich Zeitrhythmen, die seinem natürlichen Lebensrhythmus in einem hohen Maß widersprechen.

4.5.1 Aspekte des Zeiterlebens für Kinder

Betrachten wir die Entwicklungsbedingungen von Kindern, so lässt sich zeigen, dass dies nicht nur gesellschaftlich, sondern – im Sinne eines systemischen Verstehens – auch entwicklungspsychologisch bedeutsam ist. Kinder entwickeln ihre Zeitvorstellungen aus der Periodizität ihres Körpers heraus und aus den Beziehungen zu anderen Menschen, die einer zeitlichen Strukturierung unterliegen.
Der regelmäßige Rhythmus der Atmung, Schlaf- und Wachzuständen und der Versorgung mit Essen lässt das Gefühl von Kontinui-

tät[25] und zeitlichen Abläufen entstehen. Dauer wird erfahren aus dem Erleben des Wartens, wobei die beständige Erfüllung der Bedürfnisse die Zuversicht und Sicherheit entstehen lässt, nicht den Zufällen des Lebens ausgesetzt zu sein, sondern in einer vertrauensvollen Umwelt leben zu dürfen. Die Sphinkterkontrolle vermittelt das erste Gefühl einer Verfügung über Eigenzeit, das direkt zerstört werden kann, wenn über direktive und rigide Maßnahmen die Entwicklung von *Selbst*-beherrschung verhindert wird zugunsten einer *Fremd*-beherrschung, die einen ersten Eindruck von fremd bestimmter Zeit entstehen lässt.

Ist die manchmal notwendige Versagung, die das Kind zur Bedürfnisbefriedigung erleben muss, nicht total, sondern zeitlich beschränkt, so kann sich daraus der Begriff von Zeitdauer und Beherrschung über die Zeit als notwendiges Mittel der Beziehungsgestaltung entwickeln.

WINNICOTT, der die Zeit als „vierte Dimension der Integration" bezeichnet, zeigt, wie durch die fürsorgliche Haltung der Mutter die „Kontinuität des fortdauernden Seins" in der Erlebniswelt des Kindes entstehen und bewahrt werden kann. Sie gibt ihm durch ihr Verhalten den notwendigen Halt, der das Vertrauen in eine stabile und beständige Umwelt entstehen lässt. Sie hält ihn nicht nur physisch, sondern auch psychisch. „Man wird bemerken, dass *ein Zeitfaktor* hinzugekommen ist und dass die Mutter *eine Situation aufrechterhält,* so dass der Säugling die Möglichkeit hat, die Folgen von Trieberlebnissen durchzuarbeiten" (WINNICOTT 1969, 271). Kommt das Gefühl für die Kontinuität der Lebenslinie durch die beständige Fürsorge zustande, so entsteht der Sinn für die fortschreitende Zeit durch den Ablauf und den Abschluss von Prozessen, deren zeitlicher Ablauf durch das mütterliche Verhalten strukturiert wird.

Durch diese Prozesse der mütterlichen Pflege, die in einer verlässlichen Form immer wiederkehren, ist es dem Kind möglich, eine kontinuierliche Lebenslinie und Sinn für eine fortschreitende Zeit zu entwickeln, in die Ereignisse als erlebte Gegenwart, verbunden mit Vergangenheit und Zukunft, eingeordnet werden können.

---

[25] Untersuchungen zu frühen Kindheitserinnerungen zeigen, dass zeitliche Kontinuität im Erleben des Kindes erst entstehen muss. Erinnerungen an diese frühe Zeit der Kinder sind meist nur als Erinnerungsinseln, Bruchstücke oder aus Teilen zusammengefügte Fragmente stark gefühlsbetonter Erlebnisse abrufbar. Erst während oder nach der Pubertät verfestigen sich diese Erinnerungen und werden konstant (vgl. GRÜSSER 1989).

Dieses Gefühl von Kontinuität manifestiert sich in den Bewegungsformen des Wiegens und Schaukelns und macht diese für die kindliche Entwicklung auch so elementar. Zeuge davon sind auch die Selbstheilungsversuche hyperaktiver Kinder, die beim Schaukeln die Angst vor dem Auseinanderbrechen des Körpers bewältigen (vgl. HAMMER 1996) oder die verzweifelten Versuche hospitalisierter Kinder, die sich durch die schaukelnden Bewegungen des gesamten Körpers versichern, dass sie noch existieren. Es ist das Versprechen der rhythmischen Wiederkehr, „dass das, was jetzt geschieht, wieder geschehen wird und dass nichts die Kette unterbrechen wird. Wir nehmen an, dass der Säugling unterscheiden kann zwischen dem rhythmischen Versprechen von Kontinuität und dem arhythmischen Schock der Diskontinuität“ (TOUSSIENG z.n. v.LÜPKE 1983, 58), dessen Erleben im Säugling die „unvorstellbare Angst“ hervorbringen lässt, die WINNICOTT im Zusammenbrechen, unaufhörlichen Fallen, in der Beziehungslosigkeit zum Körper und dem Verlust der Orientierung sieht.

Diese Diskontinuität kann sich zeigen in der Unzuverlässigkeit der physischen Versorgung im allgemeinen, sie zeigt sich aber auch in „kleinen Gesten“, deren falscher Einsatz ein zerrissenes Zeitgefühl entstehen lassen kann. Werden sie zu häufig und zu eindringlich eingesetzt, so geht die optimale affektive Einstimmung zwischen Mutter und Kind verloren. Die Mutter setzt dann „ihre eigene Geste ein, die durch das Sich-Fügen des Säuglings sinnvoll gemacht werden soll“ (WINNICOTT, z.n. ROMER 1993, 39).

Dieses Zuviel an Gesten weitet sich später aus zu einem Zuviel an Eingriffen in die Aktivitäten, also in die Eigenzeit des Kindes. Zugunsten der Triebbeherrschung werden selbstbestimmte körperliche Prozesse des Kindes domestiziert und führen zu einem Seinszustand, den WINNICOTT als „falsches Selbst“ bezeichnet hat. Werden dem Kind Freiräume zugestanden, die es als „private Räume in der Zeit“ (SANDERS) gestalten kann, in dem es Wahlmöglichkeiten hat und nicht von innen oder außen determiniert ist, so kann es seinen eigenen Interessen nachgehen. „Es kann eigene Handlungen in Gang setzen, Initiativen entwickeln und deren Wirkung beobachten. Es kann die Erfahrung von Kontingenz, von Wechselseitigkeit machen“ (KÖHLER, z.n. DORNES 1993, 72) und in einem Bereich der „Übergangszeit“ (NOWOTNY), die nicht der Realzeit aber auch nicht alleine der Eigenzeit angehört, die Fähigkeit zu selbständigem und kreativem Schaffen entwickeln.

Selbstentwicklung wird somit als Entwicklung in selbstbestimmter Zeit verstanden, die – entgegen der Meinung erziehungsbegieriger

Erwachsener – nie als verlorene Zeit betrachtet werden darf, denn diese, im kindlichen Spiel scheinbar „verlorene Zeit“, ist immer für die Zukunft gewonnene Zeit, da sich in ihr die Kraft des kindlichen Spiels entfalten kann, das entwicklungsnotwendig für sein weiteres Leben ist.

Die Folgen dieser (Fehl-)Entwicklung können wir bei Jugendlichen beobachten, deren Lebenslinie zerrissen ist und sich aus zerstückelten Momenten von Erlebnisinseln zusammensetzt. Ihre Gegenwart lässt sich nur vage an verdrängte Erinnerungen der Vergangenheit anknüpfen, und sie verspricht nur wenig Aussicht auf eine sinnvolle Zukunft. Die Jugendlichen geben sich der Gegenwart hin, die bestimmt wird von körperfeindlichen Rhythmen, eingezwängt in das Diktat einer knappen Zeit, die nur durch die Disziplinierung des Körpers bewältigt werden kann. Er muss aus dem Verkehr gezogen werden, da er in die immer komplexere Vernunftordnung nur ungebührlich hineinpfuschen und zu erheblichen Zeitverlusten führen würde. Um Zeit zu sparen, muss der Körper ausgeschaltet werden, weshalb er auch aus einer Vielzahl von Alltagssituationen herausgenommen wurde. „Hierzu einige wenige Beispiele: Rolltreppen, Aufzüge, Fahrkartenschalter, Geldautomaten, Haushaltsgeräte, Telefone oder Verkehrsmittel. Das holographische Büro im Wohnzimmer gaukelt mir nur noch – aber das lebensecht – die körperliche Anwesenheit meiner Kollegen vor. Beim Screenshopping per Telefon, verlasse ich gar nicht mehr das Haus, sondern kaufe im Wohnzimmer vom Sessel aus. Falls das Forschungsprogramm „virtual reality“ erfolgreich sein wird, können wir vollkommen vom Körper Abschied nehmen“ (Becker 1990, 6).
Die Domestizierung des Körpers durch eine Vernunftordnung, deren Basis der geizige Umgang mit der Zeit ist, gepaart mit einer geringen Zukunftsperspektive, die das Erleben der Jugendlichen auf eine Gegenwart zurückwirft, die leer und inhaltslos ist, weil sie nicht aus dem „Prinzip Hoffnung“ gespeist werden kann, muss dazu führen, dass sich diese Jugendlichen wehren – wollen sie ihr Überleben sichern. Sie wehren sich gegen die Stillegung des Körpers und sind ständig auf der Suche nach Aktivitäten, die Nervenkitzel und starke Affektbetonung versprechen. Sie füllen ihre sinnentleerte Zeit durch körperbetonte und risikoreiche Abenteuer, in denen sie ihren Körper einsetzen können und unmittelbare Erfüllung finden[26].

---

[26] Eine andere Form der Körperbezogenheit entdecken die Jugendlichen auf ihren Techno-Parties, wo sie nächtelang zu einer Musik tanzen, die mit 130 und mehr Schlägen pro Minute die Körper in Schwingung bringt.

Besonders deutlich wird diese Problematik bei arbeitslosen Jugendlichen, die zwar einen größeren Freiraum an freier Zeit zur Verfügung haben, die aber doppelt entleert ist, weil ihr der Arbeitstag als „Organisator und subjektiver Sinnproduzent fehlt (...). Monotonie und Langeweile als lebensbedrohende, scheinbar selbst zu verantwortende Faktoren – verbunden mit Perspektivelosigkeit auf allen Ebenen – fordern ihre Bewältigungs- und Verarbeitungsformen. Das zunehmende Bedürfnis nach Spannungserlebnissen wird zu einem sachlogisch vernünftigen Vorgang, wenn sein Entstehungszusammenhang in der durchrationalisierten Monotonie des Alltags der Jugendlichen lokalisiert wird. Ausbruchssehnsüchte treten dann auf, wenn pathogene, lebensentziehende Sozialfaktoren wie Eintönigkeit, Langeweile, tägliche Frustration und Konflikte erdrückend werden, und es scheint, als seien diese nicht mehr zu bewältigen“ (BECKER/KOCH/SCHIRP 1988, 186f). Sind diese in der realen Welt nicht mehr zu befriedigen, so findet die Flucht in irreale Welten statt, die enden könnten im Konsum von weichen oder harten Drogen oder in der völligen Hingabe an die fiktionale Welt des „Cyber-Space“.
Als möglicher Ausweg wird derzeit häufig das Angebot von Abenteuer- und Risikosportarten propagiert, das zwar helfen kann, die unmittelbaren Bedürfnisse körperlich und erlebnisnah zu befriedigen, an der Gesamtsituation des Jugendlichen jedoch nichts ändert, wenn es nicht anknüpft an die Biographie der Betroffenen. Es kann dadurch nicht in ihre Lebensplanung eingebunden werden und bleibt ein singuläres Ereignis, das in den Lebenslauf der Jugendlichen eingebrochen ist.

Dies dürfte auch für erlebnispädagogische Maßnahmen gelten, die auf die Erfüllung des Augenblicks setzen und Erlebnisse anbieten, die „aus seinem Entstehungszusammenhang, seiner historischen, lokalen, biographischen und kontextualen Dimension herausgerissen (sind). Aber gerade die zeitlich-biographische Dimension ist für die (Heim-)Erziehung von besonderer Bedeutung. (...) Solange die Erfahrung erlebnispädagogischer Aktivitäten keine Anknüpfungspunkte in der Biographie und an der Problemlage der Klientel hat, muss der Effekt ins Leere laufen“ (STAHLMANN 1994, 27). Die Projekte wirken exotisch und werden als punktuell erlebt, ohne dass die gesammelten Erfahrungen in den Schatz der Lebenserfahrungen integriert werden können.
Hilfreicher könnte es deshalb sein, auf der Grundlage verlässlicher und dauerhafter Beziehungen innerhalb des pädagogischen Alltags Erlebnisse zu schaffen, die der Unmittelbarkeit der körperlichen Bedürfnisbefriedigung genügen, also keinen zu langen Bedürfnisaufschub

verlangen. Sie wären – angeknüpft an die Vergangenheit – als erfüllte Gegenwart in die Lebensgeschichte der Kinder und Jugendlichen integriert und könnten helfen, Perspektiven für die Zukunft zu entwickeln, da sie thematisch über den Tag hinausreichen und an den zukünftigen Lebenskontext gebunden bleiben (vgl. dazu auch Kap. 4.8).

Die Bedeutung der Zukunft für die Orientierung der Kinder und Jugendlichen nach vorne, zeigte uns MAKARENKO. Er sah im „System der Perspektiven" eine große aktivierende Kraft, da sie das Streben des Menschen weckt, ein bestimmtes Ziel, sei es ein persönliches oder gesellschaftliches, zu erreichen.
„Der Mensch kann auf Erden nicht leben, wenn er nichts Freudiges vor sich sieht. Das eigentliche Stimulans im Leben des Menschen ist die Freude von morgen" (MAKARENKO 1974, 237). Pädagogische Aufgabe ist es also, im jungen Menschen die Perspektive eines Lebensweges zu gestalten, in dem die Freude des morgigen Tages liegt. Dabei gilt es, zunächst diese Freude selbst zu organisieren, sie ins Leben zu rufen, sie dann aber auch real werden zu lassen, denn „es ist selbstverständlich, dass das Spiel der Perspektiven nur dann wirksam sein wird, wenn Sie tatsächlich um das Kollektiv besorgt sind, wenn Sie sich wirklich bemühen, dessen Leben freudvoller zu gestalten, wenn Sie das Kollektiv nicht betrügen, indem Sie ihm vielversprechende Perspektiven zeigen, die sich dann nicht verwirklichen lassen" (ebd., 221). Die zu entwerfende Utopie muss also konkret sein und darf nicht auf den St. Nimmerleinstag verschoben werden. Sie muss mit den Mitteln der Kinder und Jugendlichen auch erreichbar sein, um einen wirklichen Anreiz darzustellen, ohne die Enttäuschung nicht erreichter Ziele vorzuprogrammieren. „Weiter muss man beharrlich danach streben, die einfacheren Formen der Freude in differenziertere und menschlich bedeutendere zu verwandeln. Hier gibt es eine interessante Linie: von der primitiven Befriedigung durch einen Pfefferkuchen bis zum höchsten Pflichtgefühl" (ebd., 237). MAKARENKO nennt diese Entwicklungslinie die sukzessive Herausbildung der nahen, mittleren und weiten Perspektive, die ausgeht von der individuellen Ebene, um sich über das Gruppenkollektiv zum größten Kollektiv, das es für ihn gibt zuzuwenden: der Sowjetunion.

Bei der *nahen Perspektive* geht es zunächst um die Befriedigung primärer Bedürfnisse wie angenehmes Wohnen, Essen und einem Mindestmaß an Sicherheit und Schutz innerhalb der Gemeinschaft. Dies „und ein freundlicher und schlichter Umgangston bilden das notwendige Minimum an Perspektiven, ohne das man sich eine richtige Erziehungsarbeit nur sehr schwer denken kann" (ebd., 219). Ist diese

Grundversorgung geschaffen, müssen die Kinder und Jugendlichen, die aufgrund ihrer Lebensgeschichte an „naheliegende Perspektiven anderer Art gewöhnt sind“ (ebd.) zu neuen Perspektiven hingeführt werden. Gemeint ist damit: „ihre Kraft an schwächeren Kameraden zu erproben, die Mädchen offensichtlich grob zu behandeln, gemeine Witze zu erzählen, materielle Werte durch Diebstahl zu erwerben, zu trinken“ (MAKARENKO 1974, 219)[27].
Anreize dafür, neue Wege einzuschlagen, können geschaffen werden durch den Besuch von Kino, Konzerten, Abendveranstaltungen, Arbeitsgemeinschaften, Leseabenden, Spaziergängen, Ausflügen u.ä. Es wäre jedoch ein Fehler, die nahe Perspektive nur auf dem „Prinzip des Angenehmen“ aufzubauen, „selbst dann, wenn in diesem Angenehmen Elemente des Nützlichen enthalten sind. Auf diese Weise würden wir Kinder zu völlig unzulässiger Genusssucht erziehen“ (ebd.).

Den Kindern und Jugendlichen müssen Möglichkeiten geboten werden, die einen gewissen Aufwand erfordern. „Wenn der Hof schmutzig ist, taucht ganz selbstverständlich der Vorschlag auf, dass man einen primitiven Weg durch den Schmutz bahnen und das Beschreiten des Hofes dadurch angenehmer machen könnte. (...) Wenn den Kindern vorgeschlagen wird, eine Fläche zu schaffen, auf der später Schlittschuh gelaufen werden kann, werden sie mit Eifer an die Arbeit gehen, begeistert von der so einfachen und nicht sehr wertvollen Perspektive der Zerstreuung. Wenn jedoch bei dieser Arbeit einzelne interessante Sonderaufgaben zu lösen sind, wie der Bau einer Wärmehalle, die Schaffung von Sitzgelegenheiten, die Anlage der Beleuchtung usw., dann wird die Perspektive des Angenehmen allmählich durch das Streben nach Wertvollerem und nach Erfolg in der Arbeit ersetzt.(...) Eine der wichtigsten Aufgaben der Heimleitung ist es, eine derartige nahe Perspektive zu schaffen, d.h. die Freude auf den morgigen Tag“ (ebd., 220).
Dies kann in Arbeiten liegen, die im Werkbereich durchgeführt werden und zur Erstellung bedeutender Produkte führen, aber auch dem Einzelnen Nutzen bringen, da sein technisches Interesse, das er dieser Arbeit entgegenbringt in neue Qualifikationen umgewandelt wird. Günstige Gelegenheiten, eine optimistische und gespannte Grundstimmung zu erzeugen, bieten auch gemeinsame sportliche und kulturelle Veranstaltungen. Ähnliche Möglichkeiten sind auch in der Schule ge-

27 REDL/WINEMAN (1984) nennen dies Verhaltensweisen, die von einem „delinquenten Ich“ gesteuert sind.

boten, wenn die Angebote dort auf das Interesse der Schüler stoßen. „Ein Zögling, der seine Schulaufgaben gemacht hat, wird stets mit einer guten Perspektive aufwachen" (ebd., 221) und mit einem guten Gefühl in den neuen Tag hineingehen.

Die *mittlere Perspektive* besteht in der Planung und Durchführung von Ereignissen, die für die Gemeinschaft von Bedeutung sind und nicht heute oder morgen, sondern etwas später stattfinden. MAKARENKO denkt hier an Jahrestage, an besondere Feste und Feiern, Beginn und Abschluss eines Schuljahres, die Entlassung von Zöglingen, die Einweihung neuer Räume oder Werkstätten u.ä.. Solche, für den Einzelnen und die Gruppe bedeutenden Ereignisse, sollten – um ihren Wert nicht zu verwässern – nicht zu häufig vorkommen und in einem entsprechenden Rahmen durchgeführt werden. Eine langfristige Hinführung zu diesen bedeutsamen Ereignissen ist ebenso unabdinglich, wie der krönende Abschluss, der in einem festlichen Rahmen gefeiert werden muss.

Als eigenes Beispiel hierfür mögen unsere „Sommerprojekte" dienen, die wir innerhalb einer Gruppe, gemeinsam mit Lehrern der Schule durchführten. So wurde für ein Schuljahr jeweils ein besonderes Ziel gesetzt, das im Sommerhalbjahr seinen Höhepunkt und Abschluss fand. Der in Kap. 4.2 beschriebene Bau eines Häuschens für ein Klassenzimmer der Kinder umfasste mit Vorbereitung, Planung, Durchführung und Abschluss den Zeitraum von mehr als einem halben Jahr, wobei es gelang, die Kinder und Jugendlichen immer wieder neu für anstehende Arbeiten zu motivieren und sie auf das zu realisierende Ziel hinarbeiten zu lassen. Anknüpfend an ihrem kindlichen Bedürfnis, sich Höhlen zu bauen, wurde das Thema ins Spiel gebracht und in verschiedenen Facetten im Unterricht der Schule und im Heimalltag verfolgt. Die Entwicklung des Hausbaues in der Menschheitsgeschichte fand Eingang in den Geschichtsunterricht, der durch den Modellbau von Lehm- und Pfahlhäusern aufgelockert und intensiviert wurde.
Die Durchführung und Fertigstellung dieses Hausbaus stellte für die Kinder und Jugendlichen eine wertvolle Erfahrung dar, da sie bei der Planung lernten, vorauszuschauen, etwas zu entwickeln, zu überlegen, ob es zusammenpasst, es auszuprobieren, es zu verändern und neu zu machen, ohne dabei gleich frustriert aufzugeben, um schließlich das Endprodukt greifbar und nutzbar vor Augen zu haben. „Ich hätte nie geglaubt, dass wir das, was wir uns überlegt haben, auch fertig bekommen" sagte uns ein Schüler beim „Richtfest" und gab uns damit ein Zeugnis für sein gestärktes Selbstbewusstsein, das größte Hoffnung für seinen weiteren Weg in die Zukunft entstehen lässt.

Am schwierigsten dürfte es sicher sein, bei Kindern und Jugendlichen eine *weite Perspektive* zu entwickeln, da es hierbei nicht nur um die Fähigkeit geht, einen immer längeren Bedürfnisaufschub zu ertragen, sondern darüber hinaus um den Verzicht auf die augenblicklichen persönlichen Interessen zugunsten des Gemeinschaftsinteresses.

Auch hier mag ein Beispiel aus unserer Gruppenarbeit verdeutlichen, wie – trotz aller Probleme, die aus dem Drang nach unmittelbarer Befriedigung selbstbezogener Bedürfnisse entstehen – auch ein moralisches Wertbewusstsein entwickelt werden kann, das von sozialem Engagement geprägt ist. So griffen wir aktuelle politische Ereignisse in unserer Gesellschaft auf, die Zeichen waren für eine immer deutlicher werdende Ausgrenzung und Bedrohung ausländischer Mitbürger in Deutschland, und nutzten die Möglichkeit, eine ehemalige Kollegin zu besuchen, die jetzt russische Ausländerkinder betreut. Es entwikkelte sich ein reger Kontakt zwischen den Kindern, trotz einiger Sprachschwierigkeiten. Die hohen sozialen Fähigkeiten der russischen Kinder und die Kontaktfreudigkeit unserer Kinder ermöglichten viele gemeinsame Spiele, die sicher ein Beitrag dafür waren, dass es in der Wohngruppe zu dieser Zeit keine Anzeichen für fremdenfeindliche oder rechtsradikale Tendenzen gab. Der hohe Wert der „Völkerverständigung" hatte hier seinen Niederschlag gefunden.

Perspektiven entwickeln zu können, d.h. Lust auf ein Leben als zukünftiges, herankommendes und als selbst zu gestaltendes zu gewinnen, ist nicht einfach für Kinder und Jugendliche, denen meist die emotionale Basis fehlt, hoffnungsvoll in die Zukunft blicken zu können. Die Genese von Hoffnung als „die Erwartung eines ersehnten oder gewünschten Zustandes, eine in der seelischen Tiefenschicht verwurzelte Grundstimmung, die stark die menschliche Handlungsbereitschaft mitbestimmt" (Brockhaus, z.n. PETRI 1993, 113), ist abhängig von positiven Erfahrungen der frühen Kindheit, in der erfüllte Beziehungen Urvertrauen (ERIKSON) entstehen lassen.
„Vertrauen, als Basis der Hoffnung, beinhaltet ein Erleben der Kontinuität, welches zwischen den Erfahrungen der Vergangenheit und Gegenwart hin zum Zukünftigen zu vermitteln weiß. Das Kind lernt dann in entbehrungsreichen Situationen zukünftige Befriedigung zu antizipieren, d.h. es entwickelt das Vertrauen, dass seine Bedürfnisse erfüllt werden, weil es sich an Situationen erinnert, in denen die Befriedigung seiner Bedürfnisse folgte" (SCHNOOR 1988, 52).
Menschliche Entwicklung braucht für den Blick und die Tat nach vorne auch den Mangel. Erst die „Vertreibung aus dem Paradies", in dem sich der Säugling bei einer fürsorglichen Mutter befindet, treibt

ihn nach vorne und lässt ihn Entwicklung als Herausforderung erleben – mit der Hoffnung auf ein gutes Ende.
Die Fähigkeit zur Hoffnung basiert also auf der emotionalen Sicherheit erfüllter Vergangenheit, aus der noch immer Kraft geschöpft wird. Nur auf dieser Grundlage kann Hoffnung zu einer nach vorne drängenden, zu einer „tätigen Hoffnung" (E. FROMM) werden. Diese hilft, alle Zeichen neuen Lebens zu erkennen und jeden Augenblick „dem, was bereit ist geboren zu werden, ans Licht zu helfen" (FROMM z.n. PETRI 1993, 114). Fehlt dieser Mutterboden, auf dem Hoffnung wächst und gedeiht, dann kann es den Kindern und Jugendlichen auch nicht gelingen, Perspektiven zu entwickeln – weder nahe noch ferne.
Treffen sie dann noch auf gesellschaftliche Verhältnisse, die ihnen auch keine Herausforderungen anbieten kann, da die Aussichten auf eine erfüllte Zukunft äußerst gering sind und die Gegenwart gefüllt wird mit Dingen, die mit ihrer inneren Realität nichts zu tun haben, dann müssen sie sich letztlich in einem Akt der Verzweiflung gegen diese Gesellschaft auflehnen. Sie machen kaputt, was sie kaputt macht. „Destruktivität ist die Kreativität der Hoffnungslosen" sagt FROMM und drückt damit die Perspektivlosigkeit der Kinder und Jugendlichen aus, deren kreatives Potential für die Gestaltung ihres Entwicklungsprozesses grundlegend zerstört ist.
So schlecht sei es doch um die Zukunftsperspektive der Kinder und Jugendlichen gar nicht bestellt. Die neueste Shell Jugendstudie (2000) berichtet, dass die Jugendlichen recht zuversichtlich in die Zukunft blicken. Sie sind überzeugt von ihrer eigenen Leistungsfähigkeit und versuchen aktiv ihrer Lebensperspektive vorzubereiten. „Die Hälfte aller Jugendlichen beurteilt ihre persönliche Zukunft 'eher zuversichtlich'; bei der gesellschaftlichen Zukunft gilt das sogar für zwei Drittel" (ebd., 13). Sie fühlen sich gut vorbereitet auf ihre zukünftige Entwicklung – allerdings nur dann, wenn sie über entsprechend gute Voraussetzungen verfügen: Bildung, Unterstützung durch die Eltern, eine klare Lebensplanung und Persönlichkeitsressourcen wie z.B. Selbstvertrauen.
Liegen diese Bedingungen nicht vor, sieht die Zukunft „eher düster" aus. Nur 9% geben dies an, weitere 42% sagen „gemischt, mal so – mal so".
So überzeugend stellt sich das Gesamtbild also nicht dar, wie es die Shell-Studie 2000 in ihrer Einleitung vermitteln will. Bei diesen „persönlich Düsteren" handelt es sich immerhin um jeden Zehnten Jugendlichen in unserer Gesellschaft. Sie sind benachteiligt, was ihre Startbedingungen betrifft: „Ihr Bildungsniveau ist deutlich niedriger (auch das ihrer Eltern). Eigene Arbeitslosigkeit bzw. Arbeitslosigkeit

bei den Eltern ist häufiger. Das Wohnniveau ist niedriger (eher Mietwohnung als eigenes Haus)“ (ebd., 24).
Diese Jugendlichen orientieren sich weniger am Lebens- und Sinnbereich Familie, sie vertrauen auch nicht den politisch-öffentlichen Institutionen und Verbänden. Sie haben auch weniger Freunde oder Menschen, mit denen sie sich über ihre Ängste und Sorgen unterhalten können.
Ihnen fehlt eine klare Lebensplanung. Die Zukunft scheint ihnen wenig gestaltbar. Es fehlt das Selbstvertrauen, die Zuversicht, auch mit unerwarteten Dingen fertig werden zu können. Und sie rechnen für ihre Zukunft mit schweren Herausforderungen. Deshalb sind sie auch stärker gegenwartsorientiert. Damit ist allerdings keine erfüllte Gegenwart gemeint. Es handelt sich hier vielmehr um eine „Ausweichbewegung vor der Zukunft“. Sie fliehen der Zukunft und verstecken sich in der Gegenwart. Also nicht „Nutze den Tag“ ist das Motto, sondern verstecke dich im Alltag. Dieser Alltag ist nicht sehr reichhaltig, eher monoton mit wenig sozialen Kontakten (vgl. ebd., 37ff).

Aus der 13. Shell Jugendstudie 2000 erfahren wir nicht nur, wie sich die Jugendlichen in ihrer aktuellen Lebenssituation sehen, sondern auch einiges darüber, wie es dazu gekommen ist. Dies hängt eng mit den Entwicklungsbedingungen in ihrem Elternhaus zusammen. Am schlechtesten sind die daran, die sehr streng erzogen worden sind, sich aber mit diesem Erziehungsstil nicht versöhnen konnten. Sie wollen deshalb auch mit diesem Erziehungsstil brechen, wollen es anders machen als ihre Eltern. Diesen Jugendlichen fehlt also nicht nur das verständnisvolle Klima in ihrer Kindheit, ihnen ist auch jegliche Orientierung abhanden gekommen. Sie müssen neue Ziele finden, neue Wege beschreiten – und dies macht Angst, schürt Unsicherheit. Die Studie macht ganz deutlich, wie wichtig die persönlichen Beziehungen zwischen den Kindern und den Eltern sind.
„Elterliches Zutrauen und, negativ damit verbunden, ängstliche Besorgtheit sind durchgehend diejenigen Dimensionen, die die Zukunftsorientierung der Jugendlichen im Sinne von Zutrauen in die Zukunft oder Ausweichen vor ihr in Erwartung von Unwägbarkeiten mitbestimmen“ (ebd., 90).
Jugendliche, die „eher düster“ in die Zukunft blicken, kommen aus einem lieblos-kontrollierenden, das Selbstvertrauen nicht fördernden Erziehungsklima. Sie haben wenig elterliches Zutrauen erfahren. „Die Eltern waren unzufrieden damit, wie sich das Kind die Welt zugänglich gemacht hat, und haben häufig an ihm herumgekrittelt“ 76). Was die Kinder und Jugendlichen erfahren ist vielmehr eine übermäßig

vorhandene „ängstliche Besorgtheit und die verständnisvolle Anteilnahme der Eltern“, die ebenfalls für das Entstehen von Pessimismus und für Ausweichbewegungen vor der Zukunft, also Gegenwartsorientierung verantwortlich gemacht werden können. Daraus folgt schließlich eine geringer Eigenständigkeit, weniger Zielgerichtetheit und letztlich auch weniger Selbstsicherheit und Mut dafür, die Zukunft anzupacken.
Könnte man für all die Jugendlichen, die sowohl ihre, als auch die Zukunft der Gesellschaft in der sie leben, als „düster“ erleben nicht den Begriff der „Modernisierungsverlierer“ (Offe) anwenden? Handelt es sich doch hier genau um diejenigen, die von ihren Eltern nicht viel mitbekommen, außer materieller Ausstattung – und auch die nur in einem bescheidenen Rahmen. Was fehlt sind die sozialen und die Ich-Kompetenzen um sich den Herausforderungen der Zukunft mit einem gesunden Selbstbewusstsein zu stellen. Daraus entsteht ein Pessimismus für die eigene aber auch für die Zukunft der Gesellschaft, der – und das ist hier entscheidend – „weder Ausdruck ihrer Lage noch davon indirekt abgeleitet (ist), sondern vermutlich aus Einsichten und Lernprozessen (stammt), und somit als eine Art Weltsicht zu verstehen (ist)“ (ebd., 29).

Dieser Lage entgegenzuwirken ist nicht einfach, ist sie doch Ausdruck einer gesamtgesellschaftlichen Entwicklung, der so leicht nicht entgegenzusteuern ist. Psychomotorik allein genügt hier nicht, dennoch wird hier deutlich, dass die zentralen Leitlinien der Psychomotorik hier gute Richtlinien vorzeichnen: anregungsreiche Räume und Materialien, die Lust auf Tun wecken, verbunden mit Räumen die Gelegenheit zum Rückzug bieten um die Energien wieder aufzutanken. Dies alles gestützt von tragfähigen Beziehungen, die den Kindern und Jugendlichen Halt und Unterstützung geben, um ihr Leben mit Zuversicht in die eigenen Hände zu nehmen. Daraus entsteht ein Bild von der Zukunft, das in der nahen, mittleren und weiten Perspektive genügend Motivation für ein selbstbewusstes Handeln entstehen lässt.

4.5.2 Die zeitliche Strukturierung des Alltags

Beim Blick nach vorne darf die Gegenwart nicht aus den Augen verloren werden. Das Recht des Kindes auf Gegenwart muss immer der Maßstab pädagogischer Bemühungen bleiben. Deshalb gilt es zu überlegen, wie die einzelnen Aktivitäten des Alltags in eine sinnvolle Struktur integriert werden können, die den Kindern hilft, ein Gefühl für die „Kontinuität des fortdauernden Seins“ zu entwickeln. Dies ist nicht immer leicht, da wir uns innerhalb gesellschaftlicher Rahmenbedingungen bewegen – also nicht zeitlos sind – und deshalb auch den gesellschaftlichen Anforderungen, wie z.B. der Schulpflicht, unterliegen. Dennoch versuchen wir, den Grundbedürfnissen der Kinder und Jugendlichen nach Ruhe, Sicherheit und Geborgenheit, sowie nach Aktivität und Herausforderung, entgegenzukommen. Der Tag, die Woche, das Jahr werden so gestaltet, dass wir über einen harmonischen Wechsel von Bekanntem und Neuem, von entspannenden und spannenden Momenten dem natürlichen Lebensrhythmus der Kinder und Jugendlichen weitgehend entgegenkommen. Dieser scheinbare Widerspruch zwischen Voranschreiten und Stabilität lässt sich nur aufheben, wenn die Aktivitäten rhythmischen Strukturen folgen, die den biologischen Grundbedürfnissen nach Ruhe und Bewegung, nach Sicherheit und Herausforderung Rechnung tragen. Darüber hinaus wird der oft unterschiedlich ausgeprägte Spannungsverlauf der Kinder in einem rhythmisierten Tages-, Wochen- und Jahresablauf abgefedert, in dem die Kinder das Gleichbleibende wiedererkennen, ohne dabei die innere Dynamik verleugnen zu müssen[28].

Unser Bemühen bei der *Rhythmisierung des Alltags* ging also dahin, die zeitliche Gliederung des Tages durch einen harmonischen Wechsel von Ruhe und Bewegung (äußere Struktur) sowie auch in einem Wechsel von Anspannung und Entspannung (innere Dynamik) zu gewährleisten. Dazu gehört auch ein Wechsel von fremdbestimmter und selbstbestimmter Zeit, die gemeinsam oder individuell gefüllt werden kann. Auch die regelmäßige Wiederkehr von Gruppentagen, an denen gruppendynamische Themen bewegungs- und handlungsorientiert ausagiert werden können oder Gruppenaktivitäten stattfinden, die aus einem gemeinsamen Interesse heraus entwickelt werden, gehören zu den Kennzeichen eines rhythmisierten Alltags, dessen einzelne Phasen im folgenden dargestellt werden (vgl. Projektgruppe Puma 1994). Ein Schwerpunkt unserer Arbeit lag im Aufbau einer funktionierenden Alltagsstruktur, die gekennzeichnet ist von festgelegten Programmpunkten, sowie den oft schwierigen Übergängen[29]. Diese Struktur wird im

---

[28] Capra zeigt, dass wir dieses Prinzip in allen lebenden Systemen wiederfinden, die durch den zyklischen Austausch von Materie und Energie miteinander verbunden sind, denn „geordnete Strukturen entstehen aus rhythmischen Mustern" (Capra 1988, 333).

[29] Bettelheim (1971) zeigt, wie schwierig es ist, gerade diese „Zwischenzeiten" zu gestalten, da die Kinder und Jugendlichen in diesen Momenten aus gesicherten Positionen heraus auf Neues vorbereitet werden müssen, das für sie oft mit Angst und Unsicherheit behaftet ist.

folgenden ausführlicher dargestellt, soweit psychomotorisches Arbeiten in diesen Abschnitten eine zentrale Rolle spielt.

4.5.2.1 Rhythmisierung des Tages

Im folgenden soll der Tag der Kinder in elf aufeinanderfolgende Abschnitte unterteilt werden, um dabei jeweils die unterschiedlichen Schwerpunkte und Probleme zu verdeutlichen, mit denen die Kinder und Jugendlichen während eines Tagesablaufs konfrontiert werden.

Aufstehen
BETTELHEIM (1971) weist darauf hin, wie wichtig es für die Persönlichkeit des werdenden Kindes ist, die Sicherheit über die Funktionsfähigkeit seines Körpers zu besitzen. Deshalb verwenden v.a. Kinder, deren Lebensgefühl eher von Misstrauen gegenüber sich selbst geprägt ist, schon beim Aufwachen viel Zeit, sich dieser Funktionsfähigkeit immer wieder zu versichern. Es prüft, ob sein Körper ihm noch bzw. wieder gehorcht, das „Ich“ also die Kraft aufbringen kann, sich der Welt zu stellen. Diese Phasen zu Beginn des Tages wurden deshalb auch für so wichtig erachtet, dass fast ein ganzes Jahr der Frühdienst doppelt besetzt wurde, allerdings mit getrennten Aufgaben. Eine ErzieherIn kümmerte sich um das Wecken, noch fehlende Kleider und abzuziehende Betten, die andere um das Frühstück und den Weg zur Schule.

Frühstück
Das Verlangen nach Ruhe und eigenbestimmter Zeit führte auch dazu, dass bei dieser Mahlzeit von der sonst geltenden Regel: „Wir fangen an, wenn alle da sind und hören auf, wenn alle fertig sind“ abgegangen wurde. Dem Einzelnen wurden mehr Freiheiten zugestanden und so konnte jeder zwischen 7.15 Uhr und 7.50 Uhr zum Frühstück kommen und gehen – so lange er die Anderen nicht störte. Jedes Kind hatte somit mehr Raum für seinen eigenen Rhythmus.

Schulzeit
Der Vormittag in der Schule ist vermutlich der Zeitabschnitt, der die Kinder am meisten belastet, da hier sehr hohe Anforderungen an die Konzentrationsfähigkeit und Leistungsbereitschaft gestellt werden – einem Bereich, in dem sie ihre größten Schwächen aufzeigen. Um so wichtiger ist es, gerade diese Zeit so zu strukturieren, dass der natürliche Arbeits- und Lebensrhythmus der Kinder zu seinem Recht kommt. Durch die Einbindung in die institutionellen Rahmenbedingungen und somit auch dem regulären Zeittakt des Schulalltags ist es nur in Ansätzen möglich hier auszubrechen und Lernphasen ent-

wicklungs- und kindgemäß zu organisieren.
Dies war möglich in Landschulheimaufenthalten, die über drei bis sechs Tage durchgeführt wurden. Erleben und Lernen verband sich hier harmonischer als in den räumlichen Grenzen der Institution Schule, die Rolle des Lehrers wurde vielfältiger, da die Kinder ihn auch in fürsorglicher und beschützender Weise erlebten.
Vor allem an den „Bautagen“ unserer Sommerprojekte, die auch räumlich außerhalb der institutionellen Rahmenbedingungen stattfanden und sich über einen ganzen Tag hinzogen, fand Lernen als ganzheitlicher Prozess statt, der die gemeinsamen Anstrengungen von Kindern, ErzieherInnen und Lehrer zu einem harmonischeren Ganzen bündelte und nur durch „leibliche“ Bedürfnisse wie Essen und Ausruhen von der physischen oder psychischen Belastung strukturiert wurde.
Neben diesen „Ausbruchsversuchen“ musste der Schulalltag in den durch die Stundentafel vorgeschriebenen Zeittakt eingebunden werden. Wir versuchten deshalb durch einen rhythmischen Wechsel von Spannung und Entspannung den emotionalen Bedürfnissen der Kinder gerecht zu werden um den Lernphasen immer wieder Ruhephasen folgen zu lassen.
Um auch hier die Bindungen zur Wohngruppe nicht abreißen zu lassen und den Kindern zu zeigen, dass sie auf den emotionalen Halt ihrer ErzieherInnen zählen können, wurde ihnen über ein halbes Jahr zur großen Pause Butterbrote und Getränke gebracht, die besonders sorgfältig zubereitet waren. Erst später, als die notwendige Sicherheit vorhanden war, übernahm jeweils ein Kind die Aufgabe, für Essen und Getränke zu sorgen.
Hilfreich für die Stabilisierung der kindlichen Entwicklung ist nicht nur der Wechsel von spannenden und entspannenden Phasen, sondern auch die ständige Wiederkehr des Gleichen, die für Sicherheit sorgt. Sie bietet Halt für das sich entwickelnde oder geschädigte „Ich“, indem klare Verhaltensanforderungen regelmäßig gestellt werden, sich Gegebenheiten immer wieder – möglichst rituell – wiederholen. So gehörte der Wechsel von Gesprächsphasen zur Stillarbeit, vom Essen zum Werken, vom Lernen zum Spielen zu den notwendigen Elementen, die den Kindern Orientierung bei der Gestaltung ihres Schulvormittags gaben.

Mittagessen

Die Atmosphäre beim Mittagessen steht noch stark unter dem Eindruck der Erlebnisse aus der Schule. Der Spannungspegel ist oft hoch und die ungleichen Schulzeiten der externen SchülerInnen erhöhen die Unruhe. Die hohe Spannung kann nur durch einen sehr stark geregelten Ablauf in ruhige Bahnen gelenkt werden: Schulsachen wegräumen, Hausschuhe anziehen, Händewaschen, an den Tisch setzen, Beten (Schweigezeit oder Lieder), Essen austeilen, Essensbeginn. Trotz dieser kleinen Übergangszeit, ist das Essen nur selten gemütlich und fordert von allen Beteiligten viel Geduld und Nervenkraft, ehe sie in die verdiente Mittagspause gehen können.

Mittagspause

In der Mittagspause, so war die Vorstellung beim Team, sollten die Kinder aus der Hektik und psychischen Belastung des Schulvormittags durch Entspannung zur Ruhe kommen. Wir wurden schnell eines Besseren belehrt, denn

- das Vorlesen von Geschichten zum autogenen Training scheiterte, da die in einer Ecke versammelten Kinder nach kurzer Zeit zu raufen begannen,
- Igelballmassagen stießen zwar auf große Begeisterung, aber kein Kind war bereit zu warten, bis es an die Reihe kam,
- auch der Versuch, mit Entspannungsmusik die Kinder zur Ruhe zu bringen, gelang nicht, da sie nach wenigen Takten gegen „echt geile" Kassetten aus der „heavy-metal"-Scene ausgetauscht wurde.

Der Energieaufwand der MitarbeiterInnen stand in keinem Verhältnis zum Ergebnis. Die in der Turnhalle, d.h. im therapeutischen Setting bewährten Inhalte, ließen sich so nicht in den Alltag übertragen. Die Wahrnehmung der als chaotisch erlebten Gesamtsituation, führte zu genauerer Beobachtung der Kinder: Wie gingen sie mit dem, auch von ihnen nicht als befriedigend erlebten Zustand der Unruhe und Hektik um? Die Kinder hatten die mit vielen Versagensängsten und hohen Anforderungen verbundene Schulzeit, sowie das stark strukturierte und eng geführte Mittagessen überstanden. Ihre Ich-Kräfte waren erschöpft, sie drängten aus der Gruppe ins Freie – jedes für sich. Dort raste, wer ein Fahrrad besaß, über das Gelände. Wer einen Ball ergatterte, knallte ihn so oft und so hart er konnte gegen die Wand. Wer nichts hatte, suchte sich im Gebüsch einen Stock und schlug in die Büsche, auf Absätze oder einfach nur in die Luft. Die Ruhigeren besetzten die Schaukel. Hier war eine Form des Spannungsabbaus zu beobachten, der sich zum einen auf muskulärer Ebene abspielte und zum anderen nur sehr geringe Anforderungen an die Strukturierungsfähigkeit des „Ichs" stellte. Es gab nur wenig Auseinandersetzungen mit der Realität bzw. Umgebung.
Aufgrund der positiven Erfahrungen wurde beschlossen, diese Form der Pause zu akzeptieren und den Raum dafür zu vergrößern. Die

Kinder wurden vom Küchendienst befreit. Den übernahmen nun die ErzieherInnen, um diese Zeit für die Kinder frei von Anforderungen jeder Art zu halten. Sie sollten sich so weit ausagieren können, wie sie es für notwendig hielten.
Wie unsere Erfahrung zeigte, machten wir anfänglich nicht nur die falschen Schritte, um die Kinder auf den Weg zur Ruhe zu bringen, auch das Ziel war für diese Tageszeit falsch gewählt. Nicht die Ruhe ermöglicht Lernen, sondern ein angemessener Spannungszustand. Dieser wurde nun eher erreicht, da es den Kindern durch diese Art der Pause möglich war, ihre Übererregung abzubauen.

Hausaufgabenzeit

Hausaufgaben sind für den Gruppenalltag eine anstrengende Zeit – wie in den meisten Familien auch. Die wenigsten Kinder setzen sich freiwillig zur Arbeit oder beschäftigten sich ruhig. Unsere Erfahrung zeigte jedoch, dass es möglich ist, ihnen Lernen als etwas zu vermitteln, das auch interessant sein kann und wofür es sich lohnt, Zeit zu investieren.
Zunächst begann die Strukturierung dieser Zeiteinheit mit einer Anwesenheitspflicht für eine Stunde, unabhängig vom Umfang der Hausaufgaben. Die Zuweisung eines Arbeitsplatzes im Zimmer war oft schwierig, da die Schreibtische nicht groß genug für 2 Kinder waren; so wurden der Essbereich und die Werkecke miteinbezogen. Eine wichtige Voraussetzung war die Zuweisung fester Arbeitsplätze. Dennoch wurden Bücher verloren, verkritzelt oder zerstört, es wurde ständiges „Nichtkönnen“ beteuert, über LehrerInnen, ErzieherInnen und sonstige Verantwortliche geschimpft oder einfach weggelaufen.
Es galt, dieses Verhalten nach und nach in andere Bahnen zu lenken, durch hohe Präsenz und Klarheit, d.h. mindestens 2, oft 3 BetreuerInnen für 9 Kinder, Vermittlung von Erfolgserlebnissen und Verhindern von Ausweichmanövern durch enge Absprache mit den Lehrern sowie regelmäßiges Nacharbeiten von nicht erledigten Aufgaben, direkt nach der Schule unter Aufsicht der Lehrer. Eine positive Arbeitsatmosphäre entwickelte sich erstmals durch die oft gemeinsam zu erledigenden Aufgaben der Projektklasse, die z.B. auch Werkaufgaben umfassten oder durch gezielte Hilfe untereinander.
So gelang der Einstieg in eine Arbeitsphase allen Kindern zunehmend besser – wohl auch, weil die Kinder der Projektklasse weniger Angst vor den Hausaufgaben hatten als früher. Sie durften und sollten sich sogar gegenseitig helfen, konnten sich fragen und gewannen so Abstand von der Abhängigkeit gegenüber den ErzieherInnen. Diese hatten nun mehr Zeit für die Hilfe bei den anderen Kindern.

Freie Zeit am Nachmittag

Diese Zeit ist zunächst vom jeweiligen Wochentag geprägt. Es sind aber auch die Dinge des Alltages, wie Einkaufen und Arztbesuche, zu erledigen, in die immer einige Kinder einbezogen sind. Das erste Bedürfnis der Kinder ist das individuelle Umherstreifen auf dem Gelände oder der näheren Umgebung. Dies dient, wie z.B. in der Mittagspause, der Entspannung, es offenbart aber schnell ihre Unfähigkeit, sich mit sich selbst oder anderen Kindern zu beschäftigen.
Das Angebot zur Teilnahme an Sportgruppen konnte im ersten Projektjahr nur die jüngeren Mädchen nutzen. Diese Situation führte zu dem ständigen Dilemma, ein Gleichgewicht zwischen einer ständigen engen pädagogischen Führung und dem Alleinlassen des Kindes mit oft schmerzhaften Verhaltensschwierigkeiten herzustellen.
In dieser Phase zeigte sich ein widersprüchliches Verhalten der Kinder. Obwohl sie nichts mit sich selbst anfangen konnten, lehnten sie Angebote der ErzieherInnen (Basteln, Spazieren gehen, Ausflüge der Gruppentage) zunächst vehement ab. Sie zu einer gemeinsamen Aktion zu überreden, erforderte deshalb ein erhebliches Maß an Mühe und Geduld. Auch dann noch, wenn sie sich entschlossen hatten, endlich mitzumachen, mussten sie immer wieder zum Durchhalten bis zur Beendigung des gemeinsamen Spiels animiert werden. Erst allmählich zeichnete sich hier eine erfreuliche Entwicklung ab. Ihre Spielprozesse wurden immer intensiver und länger. Sie entwickelten die Fähigkeit, selbständig ihr Spiel zu organisieren und die Regeln so auszuhandeln, dass es ohne größere Streitigkeiten möglich war, dies auch zu Ende zu führen. Sie waren nicht mehr auf einen Erwachsenen angewiesen, der – selbst bei einem offensichtlich so einfachen Spiel wie „Verstecken“ – für einen geregelten Ablauf sorgen musste.
Mit der Zeit gewann das Nachmittagsprogramm der Kinder auch an Vielfältigkeit. Es gelang, für fast jedes Kind Beschäftigungsmöglichkeiten außerhalb der Einrichtung zu finden (Musikunterricht, Sportverein, Mädchengruppe). Dadurch konnten sich die Kinder neue Räume erobern, aber auch „Auszeiten“ aus dem Heimalltag, und damit Zeiten für sich gewinnen. Sie hatten hier die Möglichkeit, ihre sozialen Kompetenzen zu stärken und zu festigen.

Abendessen

Bei dieser Mahlzeit, die im Vergleich zu den anderen als die ruhigste des Tages erlebt wird, findet, nach den vielfältigen Beschäftigungen der Einzelnen am Nachmittag, die Gruppe wieder zusammen. Erzählungen über Erlebnisse des Nachmittags bestimmen die Gespräche, erste Anzeichen von Gruppengefühl werden spürbar. Jeder lässt den

Anderen teilhaben an seinen Erlebnissen und nutzt dabei das Interesse und die Rückmeldungen der Zuhörer, das Erlebte für sich zu verarbeiten und es in seinen Erfahrungsschatz einzuordnen. Nicht selten werden hierbei auch gleich Pläne für morgen geschmiedet. Die Lust auf den nächsten Tag wird dadurch geweckt und das Schlafen und Aufstehen erleichtert.

Abendprogramm
Doch zunächst noch zum Abend, der wieder als eine sehr offene Zeiteinheit gestaltet wurde. Die älteren Bewohner der Gruppe gingen in den „Clubraum", ein hauseigener Aufenthaltsraum für Jugendliche, oder sie trafen sich auf dem Gelände, so dass sich die Aktivitäten im Gruppenrahmen auf die 9- bis 13-jährigen konzentrieren konnten. Je nach Jahreszeit, Witterung oder Aktivitätsniveau wählten die Kinder und Jugendlichen Beschäftigungen aus, die von der Sauna, Schwimmen oder Bewegungsspielen in der Turnhalle und auf dem Luftkissen bis zu ruhigen Brett- oder Gesellschaftsspielen in den Gruppenräumen reichten. Wichtig war es, danach auf jeden Fall zur Ruhe zu kommen und von der Anspannung des Tages ablassen zu können.

Schlafengehen
Ziemlich bald lernten die Kinder und Jugendlichen dafür den Wert der Entspannung zu genießen. Sie legten sich, nachdem sie Zähne geputzt und Dinge für den nächsten Tag vorbereitet hatten, zwischen 20.00 Uhr und 21.00 Uhr ins Bett und warteten auf *ihre* Entspannung. So wurde sichergestellt, dass jedes Kind die Möglichkeit hatte, in Ruhe mit einer ErzieherIn zusammen zu sein, sie „spürbar" für sich zu haben. Allerdings kam auch nur der in diesen Genuss, der selbst auch Ruhe hielt. Sehr klare Verhaltensregeln sorgten hier für die notwendigen Rahmenbedingungen, die jegliche Störung fernhalten mussten. Dafür war auch die Anwesenheit von zwei BetreuerInnen am Abend notwendig.
Diese körperliche Versorgung und der enge Kontakt zeigten den Kindern das Interesse der ErzieherInnen an ihnen, was vielen Kindern erstmals erlaubte, ihren Körper bewusst positiv zu erleben.

Schlafen
Von diesem Körper loszulassen und die Sicherheit der Existenz im Schlaf aufzugeben, scheint für einige Kinder nicht einfach zu sein. Deshalb wehren sie sich und kämpfen mit allen möglichen Tricks dagegen, alleingelassen und in dieser Stunde sich selbst überlassen zu werden: alle Wege, z.B. die der zusätzlichen Fürsorge: Getränke, noch ein Lied, ein Gebet oder noch eine Geschichte, helfen, die ErzieherIn

noch ein wenig bei sich zu behalten und die aufkommenden Ängste zu bekämpfen.
Dies gilt auch noch für die Nacht, in der nicht alle durchschlafen können. Ihre Angstträume, Unruhe und ein hoher Spannungspegel lassen sie immer wieder aufschrecken und die Hilfe der ErzieherIn in Anspruch nehmen.

4.5.2.2 Rhythmisierung der Woche

Neben der harmonischen Gestaltung des Tages, gilt es auch für die Woche einen zeitlichen Rahmen zu finden, der den Interessen und Bedürfnissen der Kinder und Jugendlichen entgegenkommt. Dabei bestimmen die Familienheimfahrten in einem hohen Maß die *Rhythmisierung der Woche*, da dadurch der Sonntagabend oder Montagmorgen durch das Ankommen und der Freitag vom Wegfahren bestimmt wird. Dies wirkt sich auch auf die Kinder und Jugendlichen aus, die am Wochenende im Heim bleiben müssen.
Die Wochenmitte bleibt als Raum, um sich auf das Gruppenleben zu konzentrieren. Dazu gehören die schulischen Anforderungen, Haushaltspflichten (Einkaufen, Kochen) sowie die Gestaltung der Freizeit, die in Abstimmung mit den gruppenergänzenden Angeboten der Institution, wie z.B. des Spielnachmittags in der Turnhalle oder des Clubraums für die Jugendlichen ab 13, organisiert werden muss. Als besondere Ereignisse während der Woche werden im folgenden die Gruppentage geschildert. Ergänzt werden könnte dies durch die regelmäßig wiederkehrenden Gruppengespräche oder Geburtstagsfeiern.

Zur Förderung des Gruppenzusammenhalts wurde der Mittwochnachmittag als *Gruppentag* durchgeführt. An diesem Tag wurden von der Schule keine Hausaufgaben gestellt, so dass immer genügend Zeit war für größere Aktivitäten auf dem heimeigenen Gelände oder in der Umgebung. Die Ziele wurden mit den Kindern abgesprochen, die Teilnahme war für alle verbindlich. Die „Zwischenzeit“ bis zum Beginn der Aktivitäten war ständig von Auseinandersetzungen und Verweigerungen begleitet. Erst wenn die Anfangsphase überwunden war, kam Neugier und Freude auf. Es bewährten sich in der ersten Zeit der Gruppenbildung nur Aktionen, die geringe Anforderungen an die „Ich-Stärke“ der Kinder stellten, d.h. die weiträumige Bewegungen zuließen und gemeinsames Spielen ermöglichten, aber nicht erforderten (vgl. dazu auch REDL/WINEMAN 1984). Es erwies sich als sinnvoll, Ziele auszuwählen, an denen keine ständige Kontrolle notwendig war (große Waldspielplätze mit Feuerstelle, Tiergehege im Wald u.ä.).
Erst mit der Zeit erlaubten die gewachsene Ich-Stärke und die größe-

ren sozialen Fähigkeiten der Kinder und Jugendlichen, zunehmend anspruchsvollere Aktionen durchzuführen, die langfristig geplant und jeweils von einem Erzieher verantwortlich vorbereitet wurden. Wir konnten diesen Tag zum Kennen lernen des Heimes, der näheren und weiteren Umgebung „sinnvoll" nutzen, indem wir ihn in unser Thema „Heimat" (vgl. Kap. 4.7) einordneten. Es zeigte sich, dass gut geplante Gruppentage, die an ein Thema angebunden waren, den Kindern nicht nur viel Spaß machten, sondern auch zu einer Erweiterung ihres „Horizonts" führten.
Darüber hinaus erleichterte dies die Arbeit der Erwachsenen, da diese mit dem sicheren Gefühl dessen, was inhaltlich auf sie zukam, ihre Arbeitszeit beginnen konnten und nicht immer spontane Aktionen organisieren mussten. Die Gruppentage waren von langer Hand geplant und vermittelten deshalb mehr Struktur und Ruhe, die positiv auf das eigene Erleben und auch auf die innere Ruhe der Kinder ausstrahlte.

4.5.2.3 Rhythmisierung des Jahres

Die Struktur der *Jahresplanung* wird durch die Schulferien, die spezifischen Feste und nicht zuletzt durch die Jahreszeiten geprägt. Jeder Schuljahresbeginn ist in einer Heimgruppe ein Neuanfang und fordert von allen Beteiligten ein hohes Maß an sozialen Anstrengungen. Um die Probleme zu verringern, ist es mittlerweile Standard, in den letzten zwei Ferienwochen für alle Kinder und Jugendlichen der Gruppe eine Ferienfreizeit anzubieten, in der sich die Kinder und Erwachsenen wieder zusammenfinden können, ohne direkt mit den Belastungen des schulischen Alltags konfrontiert zu werden. Trotzdem bleibt der Schulanfang schwierig und wird immer wieder zu einer Phase des Machtkampfes, bis die hierarchischen Strukturen innerhalb der Gruppe für alle geklärt sind. Während die „Alten" sich wiederfinden, ihre Bekanntschaften und Freundschaften auffrischen und über das in den Ferien Erlebte erzählen, tasten sich die Neuen heran, erforschen das Gruppenklima und versuchen Einblick zu gewinnen in die Möglichkeiten, die sie in ihrem neuen Lebensfeld haben könnten. Die Neuankömmlinge werden ausgetestet, aber auch sorgsam in die Gruppe eingeführt, wo sie langsam ihren Platz finden.

Diese Phase, die in hohem Maße den Aufbau von „Vertrauen" fordert, stürzt die Kinder in massive emotionale Probleme und wird somit für die ErzieherInnen immer wieder zu einem harten Stück Arbeit. Sie bieten sich als Vertrauenspersonen an, ohne sich anzubiedern. Bei all der personellen Hilfe und Unterstützung, die sie gewähren, werden

nur selten Rückzugsmöglichkeiten verstellt. Beziehungen werden in einem ausgewogenen Verhältnis von Nähe und Distanz aufgebaut.
Die Kinder und Jugendlichen, denen die Alltagsstrukturen schon vertraut sind, werden wieder daran erinnert, die Neuen damit bekannt gemacht. Allerdings in einer Weise, die nicht einengend ist, sondern in einem Klima der Offenheit, das Grundlage sein wird für das gemeinsame Leben, Spielen und Arbeiten. Die persönlichen Interessen der Einzelnen werden in dieser Phase besonders berücksichtigt und erst allmählich in das Gruppengefüge eingebunden. Dabei wird besonders Augenmerk auf die Schwachen und Außenseiter gerichtet, die in dieser schwierigen Phase der Neuorientierung, in der die Plätze verteilt werden, die nötige Sicherheit und den Schutz brauchen, um sich in die Strukturen der Gruppe einfinden zu können. Die Dynamik in der Gruppe wird intensiv beobachtet. Auftretende Konflikte werden in Gruppengesprächen thematisiert und zu lösen versucht.
Die Aufgabe wird erleichtert, wenn in dieser Phase Aktivitäten angeboten werden, die relativ einfach strukturiert sind und schnell zu einem Abschluss kommen. Ebenso sollte an dieser Stelle noch nicht das gemeinsame Spiel oder die Zusammenarbeit in der Gruppe im Vordergrund stehen, sondern Einzelaktivitäten, die dem Einzelnen schnelle Befriedigung seiner Bedürfnisse ermöglichen (vgl. dazu auch REDL/WINEMAN 1984).
Erst allmählich können dann kleinere Projekte angegangen werden, in denen die Kinder und Jugendlichen ihre ersten Schritte in die Gemeinschaft machen und Techniken und Arbeitsweisen – im Hinblick auf die später geplanten Sommerprojekte – kennen lernen.

Als Beispiel mag hierfür der Bau von Drachen dienen, die relativ leicht und schnell herzustellen sind und – bei genügend exakter Arbeit – auch den direkten Erfolg erleben lassen. Sowohl beim Bauen als auch beim Steigen lassen ist die Mithilfe des Anderen nötig. Das Gelingen verlangt also, sich den anderen Kindern und Jugendlichen zu öffnen und sich gegenseitig zu unterstützen.

Nach den Herbstferien orientiert sich das Gruppengeschehen auf Weihnachten hin. Die Gruppe findet sich und kommt zur Ruhe. In einem Klima der gegenseitigen Vertrautheit öffnen sich die Gruppenmitglieder den anderen. Individualität wird gefördert und für den gegenseitigen Beziehungsaufbau genutzt. Die langen und dunklen Abende bieten Gelegenheit für ruhige Spiele, für Saunagänge und ähnliche Aktivitäten. Die Vorbereitung auf das anstehende Weihnachtsfest, das Basteln von Geschenken findet seinen Abschluss in einem gemeinsamen Fest mit den Eltern, die abschließend ihre Kinder mit nach Hause nehmen.

Nach den Weihnachtsferien geht der Blick ins neue Jahr. Jetzt ist Zeit zu planen und sich für ein gemeinsames Ziel zu entscheiden. Der Zusammenhalt innerhalb der Gruppe wird gefördert in der inhaltlichen Einstimmung auf das anstehende Sommerprojekt, das jetzt vorbereitet wird. Erste Schritte in die Praxis werden gemacht, die notwendigen Materialien organisiert.

So wurden, als Vorbereitung für die oben schon dargestellte Hausbauaktion, im Geschichtsunterricht ein Überblick in die Entwicklung des Hausbaus in verschiedenen Kulturen gegeben und ein Modell eines Hauses aus der Zeit der Germanen gebaut. Für die Segelaktion wurden Reisepläne entwickelt. Prospektmaterial, das sich die Kinder selbst besorgen mussten, vermittelte einen ersten Einblick in das vorgesehene Segelrevier. Für den Fahrradbau schließlich wurden aus Sperrmüll, Fundbüros und von Schrottplätzen die Materialien für den Bau der Fahrräder zusammengesucht.

Ausgerüstet mit diesen Grundlagen und Grundkenntnissen ist die dann Gruppe stark genug, um sich nach den Osterferien an das große Projekt heranzuwagen. Jeder Einzelne hat sich so weit in der Gruppe gefunden, um sich mit gegenseitiger Hilfe und Unterstützung an die Herausforderung des Sommerprojekts zu wagen. Der Bau des Häuschens, des Segelbootes oder der Fahrräder findet jeweils seinen krönenden Höhepunkt beim Richtfest oder in den Abschlussfahrten, deren Ergebnisse nach der Rückkehr verarbeitet werden.
In einem Rückblick auf das Jahr und v.a. auf die letzte Aktion wird Bilanz gezogen. Die positiven Erinnerungen an die gemeinsamen Erlebnisse können somit mitgenommen werden in die Sommerferien und Erinnerungsspuren hinterlassen, die – vielleicht – Hoffnung und Lust auf ein Wiederkommen erwecken.

Eine Übersicht (siehe nächste Seite) zeigt, wie die einzelnen Phasen eines Jahres inhaltlich gefüllt werden und welche Bedeutung sie für die Kinder und die Gruppe erhalten (vgl. Projektgruppe Puma 1994).

Hier offenbart sich der idealtypische Ablauf eines Jahres, in dem weder die schulischen Schwerpunkte, noch die immer wieder auftretenden persönlichen Krisen der einzelnen Kinder und auch der Erwachsenen Berücksichtigung finden. Dennoch kann dadurch ein Rahmen gefunden werden, in dem das Erzieherteam gemeinsam mit den Kindern und Jugendlichen planen und handeln kann. Hierzu gehört es,

- die Rhythmen eines Schuljahres aufzugreifen und die Ferien als wichtige und regelmäßig wiederkehrende Erholungsphasen einzuplanen, die besonders viele Freiräume für besondere Aktivitäten bieten,

Jahreszeit	Bedeutung	Inhalte
Von Schuljahresbeginn zu den Herbstferien	Ankommen *Vertrauen finden*	• Eingewöhnung in neue Strukturen • Gestaltung der Gruppe mit Materialien aus den Sommerprojekten und -ferien • individuumszentrierte, vertrauensfördernde Spiele • kurze und einfach strukturierte Angebote • kleinere Projekte
Von den Herbstferien zu den Weihnachtsferien	zur Ruhe kommen *zu sich selbst finden*	• Spannung zwischen Gruppe und Familie ausbalancieren • Gemeinsamkeiten erfahren lassen • Feste vorbereiten • mit den Kindern gemeinsam feiern • das ablaufende Jahr darstellen und verabschieden • ruhige und besinnliche Aktivitäten anbieten
Von den Weihnachtsferien zu den Osterferien	Initiative entwickeln *zur Gemeinschaft finden*	• Phantasie über gemeinsame Interessen ermöglichen • gemeinsame Ziele entwickeln und festlegen • Sommerprojekt planen und vorbereiten • gemeinschaftsfördernde Spiele
Von den Osterferien zu den Sommerferien	ein gemeinsames Werk schaffen *Identität finden*	• Sommerprojekt durchführen und vollenden • herausgehen, im Freien arbeiten, in der Natur leben • sich darstellen
Zu den Sommerferien	Abschied nehmen	• Zurückblicken, • Projekt auswerten und darstellen

- die Fest- und Feiertage in die Jahresplanung mit einzubeziehen und deren Bedeutung für die Kinder deutlich und begreifbar zu machen, indem sie durch handwerkliche oder auch spielerische Tätigkeiten den Sinn dieser Feste handelnd konkret erleben und verstehen lernen,
- die Jahreszeiten für eine „sinnvolle" Bewältigung der Zeit zu nutzen und die unterschiedlichen Möglichkeiten der Freizeitangebote aufzugreifen,
- und schließlich je nach Interesse und Fähigkeit der Kinder, gemeinsam Ziele für das Jahr festzulegen, an denen für längere Zeit geplant und gearbeitet werden kann.

Wird der dadurch strukturierte Alltag schließlich von allen weitgehend akzeptiert, dann kann begonnen werden, die Gruppe als einen Ort zu begreifen, an dem Entwicklung möglich ist.

4.6 Materialien als Medien der Pädagogik

Der Ursprung der Kreativität ist also in einer genetisch determinierten Tendenz des Individuums zu sehen: in der Tendenz, lebendig zu sein und lebendig zu bleiben und sich auf Objekte zu beziehen – auf die Objekte, die gerade vorhanden sind, wenn der Augenblick gekommen ist, sich nach ihnen auszustrecken, und sei es der Mond.

Donald W. Winnicott

Der Umgang mit Materialien und Gegenständen zählt mit zu den wichtigsten Faktoren der kindlichen Entwicklung, da sich in der Auseinandersetzung mit den Dingen der Mensch selbst konstituiert, andererseits aber auch die materiale Umwelt für ihn Bedeutung gewinnt. Das Kind lernt dabei, den Gegenstand zu handhaben – zunächst nach seinem Belieben, später dann so, wie es in der menschlichen Gesellschaft allgemein üblich ist.

Dabei erfährt es aber auch einiges über sich selbst, denn „jeder Gegenstand, den wir wahrnehmen, verändert unseren Zustand. Ja, wir können sogar noch weitergehen und sagen, dass sich im Prozess der Wahrnehmung der Gegenstand selbst als Prozess enthüllt" (Kükelhaus 1979, 41). Dieser Prozess, der für das Kind eine ständige Herausforderung darstellt, da es immer wieder zu neuen Ufern getrieben wird, kann nur dann in einer kreativen Art und Weise ablaufen, wenn die äußeren Rahmenbedingungen, zu denen auch die Gegenstände selbst gehören, den notwendigen Halt und Schutz geben, damit das

Kind auch die Sicherheit hat, sich auf diese Aufgabe einzulassen. Die Dinge müssen aber auch einladend genug sein, damit das Kind bereit ist, sich mit ihnen auseinander zu setzen – wenn die Umgebung es zulässt.

4.6.1 Entwicklung als Auseinandersetzung mit Materialien

Es ist zunächst einmal die Mutter, die dem Kleinkind die Dinge anbietet und, in einem gemeinsamen Handlungsprozess, über Gegenstände ihre Beziehung zum Kind gestaltet. In der Nähe des mütterlichen Schutzes, der ihm die nötige Sicherheit gewährt, gewinnt das Kind das Zutrauen, sich aktiv mit den Gegenständen auseinander zu setzen, ohne vor ihnen und deren Veränderungen Angst zu bekommen und sich in sich selbst zurückzuziehen.
Dieses Gefühl der Sicherheit erhält das Kind aber auch aus der Erfahrung, von einer beständigen Umwelt und stabilen Gegenständen umgeben zu sein. So können die Möbelstücke einer Wohnung durch ihre Zerbrechlichkeit und der zufälligen Zusammenstellung dem Kind vermitteln, dass es in einer Umwelt lebt, wo man sich nicht so sehr um die Sicherheit des Kindes sorgt und sich auch keine Gedanken darüber macht, welche Dinge ein Kind wohl lieben oder für sein Spiel sinnvoll nutzen könnte.

Bettelheim beschreibt, wie wichtig es ist, die Einrichtung der Räume in einem Kinderheim ganz bewusst zu gestalten, da die Auswahl der Möbel – durch ihren symbolischen Gehalt – den Kindern sehr viel aussagt über die Bedeutung, die wir ihnen zumessen. So verweisen alte Gegenstände, wie z.B. ein viktorianisches Puppenhaus, mit dem schon Generationen von Kindern gespielt haben, auf die Beständigkeit der Umwelt an deren Geschichte die Kinder teilhaben. Eine alte Wiege, die groß genug ist, auch ein sechsjähriges Kind zu tragen und zu schaukeln, „verrät stillschweigend, für wie wichtig wir die ersten Erfahrungen des Kleinkindes auch für das weitere Leben halten" (Bettelheim 1978, 136). Die Gegenstände zeigen auch, dass die Kinder ernst genommen werden und dass auf ihre Bedürfnisse eingegangen wird.

Vertrauen in die Stabilität der Umwelt gewinnt das Kind auch, wenn es mit Dingen spielen und hantieren kann, denen man auf den ersten Blick ansieht, dass es sich hierbei nicht um industriell gefertigte Massenprodukte handelt, die nach einmaligem Gebrauch dazu bestimmt sind, auf der Müllhalde zu landen. Ist in den Dingen selbst die Mühe und Sorgfalt der Herstellung wiederzufinden, wie dies noch bei hand-

werklich hergestellten Produkten der Fall ist, so besteht die Chance, dass auch das Kind – entgegen dem Zeitgeist einer Wegwerfgesellschaft – die Liebe zum Objekt entdecken und daraus das Gefühl entwickeln kann, dass es – wie das individuell hergestellte Objekt – als Individuum geschätzt und geachtet wird und nicht beliebig austauschbar und ersetzlich ist.
Kinder und Jugendliche beziehen ihre Sicherheit, die sie für die Gestaltung ihres Lebens brauchen, aus der Stabilität und der Beständigkeit ihrer materialen Umwelt, die ihnen den nötigen Halt gibt, den Herausforderungen, mit denen es konfrontiert wird, stand zu halten. Eine „haltende Umwelt" muss aber nicht nur Halt, sondern auch für die Geborgenheit sorgen, aus der die Kinder die notwendigen emotionalen Kräfte schöpfen können. Dies wird nicht nur von Personen gewährleistet, die sich in besonderem Maße um das Kind kümmern. Geborgenheit wird auch vermittelt über äußere Rahmenbedingungen, die Schutz nach außen und Wärme nach innen geben und durch die Bereitstellung von Materialien, die weich und kuschelig sind und die Möglichkeit bieten, sich zu umhüllen und einzuschließen, um die Wärme des eigenen Körpers zu spüren, der von der äußeren Umwelt abgeschlossen ist.

Dinge dürfen aber nicht nur weich und kuschelig sein. Das Kind braucht auch harte und kantige Gegenstände, an denen es sich reiben und stoßen kann, denn „das Lebendige benötigt zu seiner Entfaltung die Herausforderung" (KÜKELHAUS 1979, 48). Schöpferisches Leben kann sich nur dann entwickeln, wenn das Kind in einer anregungsreichen Umwelt aufwächst, in der es auch die Erlaubnis hat, sich kreativ mit den Gegenständen auseinander zu setzen, d.h. nicht nur auf Reize zu reagieren, die von den Dingen ausgehen[30], sondern aus sich heraus tätig zu werden. WINNICOTT weist bei seiner Beschreibung zu den Ursprüngen der Kreativität darauf hin, „dass bei manchen Menschen zu bestimmten Zeiten Aktivitäten, die andeuten, dass das Individuum am Leben ist, nur Reaktionen auf Reize sind. Ein ganzes Leben kann nach dem Muster von Reiz und Reaktion aufgebaut sein. Entziehen Sie die Reize, und der Betreffende hat kein Leben. Im Extremfall hat das Wort *Sein* dann keine Relevanz mehr. Um zu sein und das Gefühl zu haben, dass man *ist,* muss das Handeln aus eigenem Impuls heraus über das reaktive Handeln dominieren"

[30] Ein großer Teil der didaktischen Materialien, auch wenn sie sich „didaktische Spiele" nennen, gehören zu diesem Typ, da er die Kinder durch seine Gestaltung zwingt, sich den vorgegebenen Denkstrukturen des Materials zu unterwerfen, ohne die Möglichkeit zu haben, eigene Phantasien zu entwickeln.

(z.n. Davis/Wallbridge 1983, 166).
Lässt man den Kindern ausreichend Gelegenheit, sich mit den Objekten ihrer Umwelt auseinander zu setzen, so erfahren sie dadurch nicht nur vieles über die Gestalt, den Aufbau und die Struktur des Materials oder die Möglichkeit des Gebrauchs und der Bedeutung des Gegenstandes, sondern sie entwickeln im Prozess des Hantierens mit den Dingen auch ihre motorischen und geistigen Grundfunktionen (vgl. Piaget/Inhelder 1983), sowie die Kompetenz, mit Gegenständen innerhalb der sozialen Gemeinschaft adäquat umzugehen.

Zu Beginn der kindlichen Entwicklung sind die Dinge, die für das Kind nur in der Nutzung Bedeutung gewinnen und deshalb erst in der Handlung selbst „erzeugt“ werden, noch fest mit dem Individuum verbunden. Eine Milchflasche existiert nicht an sich, sondern ist ein Ding, das dem Säugling Milch gibt – im Moment des Fütterns. Dies gilt zunächst auch für Gegenstände, die das Kind selbst herstellt, im Sandkasten oder als Ergebnis seiner ersten Versuche mit Bauklötzen einen Turm aufzurichten. Erst allmählich „beachtet das Kind das von seinem Handeln erzeugte und nun fortexistierende Ergebnis (...) und legt Wert darauf, dass seine Produkte erhalten bleiben und beachtet werden“ (Oerter 1982, 621).
Etwas Anderes ist es, wenn es Gegenstände nicht selbst erzeugt oder herstellt, sondern vorhandene als Mittel für einen bestimmten Zweck gebraucht. Doch auch dabei fällt kein Meister vom Himmel und es dauert seine Zeit, bis das Kind die Werkzeuge so nutzt, wie es vom Hersteller geplant war. Es geht zunächst auf seine Art und Weise mit dem Werkzeug um wie mit anderen Dingen auch. Es begreift es, probiert es aus und entdeckt dabei häufig die Werkzeugfunktion, wie etwa das Hämmern mit dem Hammer oder das „Schreiben“ mit dem Bleistift. Das äußere Bild des Gegenstandsgebrauchs nähert sich der funktionalen Nutzung an, ohne jedoch schon deren Wirkung zu erzielen. Erst allmählich wird „die eigentliche Funktion des Werkzeugs, die gewissermaßen als ‘Tiefenmerkmal’ im Gegenstand steckt, erfasst. Das Kind nutzt beim Hantieren diese Funktion zumindest einigermaßen sachgerecht“ (ebd., 622).

4.6.2 Entwicklungshemmnisse in einer einschränkenden und mediatisierten Umwelt

Unsere Umwelt ist nicht immer so gestaltet, dass sie diese Erfahrungen mit den Dingen auch immer und überall zulässt. Im Gegenteil: die zunehmende Verbreitung industriell vorgefertigter Spielmaterialien, deren Lebensdauer immer mehr abnimmt, erzeugen bei den Kindern ein Konsumverhalten, in dem sich der auch allgemein zu beklagende Werteverlust der Dinge widerspiegelt – eine Bewusstseinshaltung, die sich auch auf die Gestaltung zwischenmenschlicher Beziehungen auswirkt. „Der Stil des von außen, vom gegenwärtigen Verhaltens- und Konsumstil wehrlos Abhängigen (...) ist ein Stil oberflächlicher Objektbeziehungen, einer flachen Identität. Deshalb hinterlassen Erfahrungen im Umgang mit Menschen und Dingen, rasch auswechselbar wie sie sind, nur flüchtige Spuren. Es entwickelt sich statt der Identität die Momentpersönlichkeit“ (MITSCHERLICH, z.n. ANDRITZKY/WENZ-GAHLER 1987, 112).

Die Spielgegenstände sind darüber hinaus in ihrer Funktion und den Handlungsmöglichkeiten stark eingeschränkt, da sie oft Teil von Geschichten sind, deren Inhalte durch die Medienindustrie schon festgelegt ist. Sie lassen kaum noch Spielräume für eigene Phantasien. Sie fordern also nicht mehr heraus oder laden ein, sich explorierend mit dem Gegenstand auseinander zu setzen und ihn sich in einer kreativen Art und Weise anzueignen. Er wird nur noch genutzt im Sinne des Erfinders und weggeworfen, wenn die Geschichten außer Mode sind und neue Spielfiguren angeboten werden. Es gibt nicht mehr die Suche nach den Gegenständen und auch nicht mehr die handwerkliche Auseinandersetzung mit ihnen, bis sie soweit verändert sind, dass sie sich dazu eignen, entstehende Phantasien darzustellen und auszugestalten. Die Gedanken und die Gegenstände sind bereits vorgefertigt und verlangen nicht mehr die Anstrengungen der Suche und Herstellung, die doch die motorischen, geistigen, aber auch sozialen Fähigkeiten und Fertigkeiten der Kinder fördern könnten, sondern allenfalls ein gutes Reaktionsvermögen und ein feines Fingerspitzengefühl beim Bedienen der Hebel und Knöpfe.

Dieser bedauernswerte Zustand wird noch überhöht durch die zunehmende Mediatisierung kindlicher Lebenswelten, durch die Kinder und Jugendliche völlig von der Wirklichkeit abgeschnitten werden und die Umwelt nur noch aus zweiter Hand, nicht mehr greifbar, spürbar oder riechbar, sondern nur noch seh- oder hörbar wahrnehmen können. Das Begreifen der Umwelt kommt dann nicht mehr aus dem Be-Greifen, sondern sie ist „längst bekannt, *bevor* sie erfahren werden konnte. Das Deutungsmuster ist immer schon da; nicht die Erfahrung wird gedeutet, sondern die vorab angeeignete Deutung ist selbst sekundäre ‘Erfahrung’, die von einer primären Erfahrung kaum mehr erreicht werden kann“ (ZIEHE/STUBENRAUCH 1983, 40).

Die Kinder und Jugendlichen entfernen sich in ihrem Denken immer mehr von der sozialen Wirklichkeit, die sie nur noch vermittelt, über die Filter der Medien wahrnehmen, die immer mehr die Deutung der

Lebenspraxis beeinflussen. Deshalb wird auch ihr Handeln immer wirklichkeitsfremder und eher der Traumwelt der Medien angepasst, als der Realität.
Deutlich wird dies z.B., wenn Kinder ihre Konflikte nach Art ihrer Fernsehhelden zu lösen versuchen. Sie werfen sich Sprachfetzen an den Kopf, die in die Mundblasen der Comics passen und den „Dialogen“ der Gewalt- und Horrorfilme entsprechen. Ihre Körperhaltung erinnert an glorreiche Karatekämpfer. Auch ihre Kontaktaufnahme scheint oft nur noch im Stile des Kung-Fu-Fightings möglich zu sein. *Es fällt ihnen nicht schwer, in eine mediale Traumwelt zu entfliehen, hat sie doch viel mehr zu bieten, als die monotonen und anregungsarmen Wohnsilos, in die ein großer Teil von ihnen gepfercht ist.*
Einen wichtigen Hinweis gibt uns noch SCHÄFER (1989), wenn er die vielfältigen Bemühungen von ErzieherInnen hinterfragt, mit den Kindern Dinge zu basteln, die exakt nach Anleitung hergestellt werden müssen, da sie ansonsten ihre Funktion nicht erfüllen können. Diese Aktivitäten sind – im Hinblick auf zukünftige Heimwerkertätigkeiten – sicherlich sinnvoll und nützlich, weil sie die Handgeschicklichkeit und Konzentrationsfähigkeit fördern und einen Beitrag zur Entwicklung kognitiver Strukturen leisten – also alles Qualifikationen, die bei der geschickten Handhabung von Werkzeugen und der exakten Befolgung von Bauanleitungen dienlich sind. Ob bei diesen „Basteleien“, d.h. also z.B. bei der Herstellung von Laternen, Adventskerzen und Weihnachtssternen nach Bauanleitung, auch die Kreativität der Kinder gefördert wird, muss in Frage gestellt werden. Sie finden hier kaum Raum, ihre innerpsychische Realität im intermediären Bereich mit der Außenwelt zusammenkommen zu lassen, um dort Neues zu schaffen, das teil hat an ihren Phantasien, die in den realen Gegenständen wirklich werden. Anders liegt der Fall bei dem „Bastler“, wie ihn LEVI-STRAUSS in seinem Buch „Das wilde Denken“ beschreibt.: „Die Welt seiner Mittel ist begrenzt und die Regel seines Spiels besteht immer darin, jederzeit mit dem, was ihm zur Hand ist, auszukommen, d.h. mit einer stets begrenzten Auswahl an Werkzeugen und Materialien, die überdies noch heterogen sind, weil ihre Zusammensetzung in keinem Zusammenhang zu dem augenblicklichen Projekt steht, wie überhaupt zu keinem besonderen Projekt, sondern das zufällige Ergebnis aller sich bietenden Gelegenheiten ist, den Vorrat zu erneuern oder zu bereichern oder ihn mit den Überbleibseln von früheren Konstruktionen oder Destruktionen zu versorgen“ (z.n. ebd., 166). Materialien sind also in ihrem Gebrauch nicht festgelegt, sie können zweckentfremdet und in neue Formen verwandelt werden, die mit ihren ursprünglichen nichts mehr zu tun haben, dafür aber einen

hohen Anteil an kindlicher Kreativität und Phantasie beinhalten, der in den (Um-)Gestaltungsprozess mit eingeflossen ist.
Es ist für die kindliche Entwicklung sicher hilfreich und notwendig, sie – gegen die Mediatisierung ihrer Umwelt – mit Materialien zu konfrontieren und sich an diesen erproben zu lassen. Es hilft jedoch wenig, wenn allzu früh angefangen wird, sie dazu zu bringen, alles „richtig" zu machen. Sie sollten Zeit haben, erst ihre Erfahrungen mit den Materialien zu sammeln und in diesem Prozess der Auseinandersetzung mit den Gegenständen ihre Phantasien fließen zu lassen. Erikson weist darauf hin, dass es erst im Schulalter an der Zeit ist, auch etwas Richtiges zu machen, wobei auch hier immer wieder Raum geboten werden sollte, erst eigenen Ideen zu entwickeln, ehe die exakte Arbeit am herzustellenden Produkt beginnt.

4.6.3 Entwicklungsbegleitung durch „Kopf, Herz und Hand"

Für immer mehr Kinder und Jugendliche gilt, dass sie unter den eben geschilderten Umweltbedingungen aufwachsen. Sie leben in beengten Stadträumen, die wenig Abwechslung bieten für ihre spielerischen Aktivitäten. Ihre Spielmaterialien sind aus billigem Wegwerfmaterial hergestellt und verführen eher zu deren Konsum als zu ihrem intensiven Gebrauch. Ihrem Alltag, der darüber hinaus noch häufig von Gewalt geprägt ist, die sich auch auf die Bewegungs- und Handlungsfreiheit einschränkend auswirkt, entfliehen sie auf dem kleinen Bildschirm der Game-Boys und durch einen stundenlangen TV- und Videokonsum, der sie mit ihrer Familie oder ihren Freunden in Untätigkeit vereint. Fehlende Anregung für eine aktive Umweltaneignung gleichen sie aus durch Flucht in Traumwelten, in denen ihre Stellvertreter die Situationen meistern. Die Schutzlosigkeit und das Fehlen von Hilfe und Geborgenheit, die sich ihnen in der Einsamkeit bei der Verarbeitung der medialen Erlebnisse offenbart, führt letztlich zu stumpfer und brutaler Gewalt, deren Ausübung von aufgenommenen Videophantasien „gesteuert" wird. Selbständige und selbstverantwortliche Bewältigung von Problemen wurde ja nie gelernt.

Dies kann dazu führen, dass sich Kinder oder Jugendliche selbst vergessen und in der Rolle des Fernsehhelden voll aufgehen. So war Herbert, ein 18-jähriger Jugendlicher, nur noch mit großem körperlichen Einsatz zu „bändigen", als er sich in die Rolle des Catchers Hulk hineinsteigerte. Er verlor völlig den Kontakt zur Realität, so dass er als Herbert nicht mehr ansprechbar war und durch seine Aktion eine Gefahr für die anwesenden Kinder und Jugendlichen darstellte.

Betrachten wir diese scheinbar unvermeidbare Situation, in der die Kinder und Jugendlichen aufwachsen müssen, so gilt es um so mehr, für sie Lebensbedingungen zu gestalten, die Versäumtes nachholen lassen und weitere Entwicklungsmöglichkeiten eröffnen. Dazu ist ein Schonraum bereitzustellen, in dem die Kinder und Jugendlichen Geborgenheit und Sicherheit verspüren. Dadurch wird ihnen Kraft geben, voll Vertrauen in ihre eigenen Stärken und die Unterstützung der Erwachsenen auf die Umwelt zuzugehen und sie sich aktiv tätig anzueignen. Feste und stabile Räume und Materialien sind dazu ebenso notwendig wie feste Beziehungen. Ist Erholung notwendig, dann müssen Rückzugsmöglichkeiten vorhanden sein, ausgestattet mit den entsprechenden Materialien, die umhüllen und einschließen und Wärme und Geborgenheit vermitteln.
Die zunehmende Beherrschung von Dingen, die eine hohe Plastizität aufweisen, also leicht manipulierbar sind und sich durch ein hohes Maß an Komplexität und Variabilität auszeichnen, macht Räume frei für eigene Phantasien, weckt Neugierde auf eine Auseinandersetzung mit der Umwelt aus erster Hand und lässt das Gefühl eines autonomen Seins in einer freundlichen und entgegenkommenden Umwelt entstehen. Jetzt kann das Kind Initiative entfalten und mit anderen gemeinsam etwas Richtiges machen, ohne dass die Angst vor der Überforderung oder des Scheiterns den Willen zum Tun unterdrückt und destruktive „Ersatzhandlungen“ herhalten müssen für autonomes Handeln.

An diesen Grundvoraussetzungen in der Lebenswelt der Kinder und Jugendlichen knüpften wir an, als wir uns für jeweils ein Schuljahr größere Bauvorhaben vornahmen und auch erfolgreich durchführten.

Bau eines Segelbootes

Wir zehrten dabei von den Lernerfahrungen, die unsere Kinder und Jugendlichen im vorhergehenden Jahr beim Bau des Häuschens (vgl. Kap. 4.4.2) gemacht hatten. Der Umgang mit dem Material Holz und den Werkzeugen war bereits vertraut und erleichterte den Einstieg in die neue Aufgabe.
Erste Phantasien über dieses Boot wurden in Zeichnungen von den Kindern dargestellt und beim Bau eines Modells aus Abfallmaterialien so weit realisiert, dass seine Schwimmfähigkeit auf dem Wasser erprobt werden konnte. Über Größe und Stabilität des „richtigen“ Bootes gab es zunächst nur ungenaue Vorstellungen. In Frage gestellt wurde grundsätzlich, ob wir überhaupt in der Lage sein könnten, ein Boot herzustellen, das fünf bis sechs von uns tragen, also mit uns richtig auf dem Wasser schwimmen würde. Einige glaubten das vermutlich erst, als wir damit die Jungfernfahrt überstanden hatten.

Es zeigte sich also, dass wir noch einen langen Weg vor uns hatten, um den Prozess des Bauens so zu organisieren, dass die Kinder bis zum Schluss bei der Sache blieben und dass schließlich wirklich ein Boot fertiggestellt wurde, mit dem wir in See stechen können. Die Motivation der Kinder aufrechtzuerhalten und sie immer adäquat am Prozess zu beteiligen, war sicher nicht einfach, da – wegen der alters- und leistungsheterogenen Zusammensetzung der Gruppe – das Anspruchsniveau nicht klar festgelegt werden konnte. Deshalb war schon die Perspektive, ca. 3 bis 4 Monate an der Fertigstellung eines Bootes zu arbeiten, für einige zu lange. Es galt also, kurzfristige Zielperspektiven einzuschieben, wie es durch den Bau eines Modells oder durch die Durchführung von Segelunterricht gelang. Auch die ständig erlebbaren Erfolgserlebnisse im Prozess des Bauens, der nach jedem Arbeitstag die Gestalt des Bootes mehr und mehr entstehen ließ, halfen, die Motivation der Kinder aufrechtzuerhalten.

Jeweils ein Tag in der Woche war Bautag: das bedeutete, dass morgens früh die Kinder und Jugendlichen mit Lehrer und Erzieher in unser Ferienhaus fuhren, um am Boot weiterzubauen. Die dortigen Garagen wurden uns als Bauplatz zur Verfügung gestellt und so konnten wir Werkzeug, Halbfertiges und Materialien ohne viel Aufwand sicher verschließen. Der Platz bot zudem genug Raum für Kinder, die sich zurückziehen wollten.
In zwei dreitägigen Bauphasen, in denen alle im Ferienhaus lebten und arbeiteten, wurden die grundlegenden Arbeiten erledigt. In der ersten wurde der Rohbau fertiggestellt, in der zweiten das Boot geölt, lackiert und aufgerüstet.

Betrachtet man den Ablauf dieses Bauprojektes unter dem Gesichtspunkt des Lernens mit „Kopf, Herz und Hand“, so wurden besonders folgende Aspekte bedeutsam:

- In der aktiven Auseinandersetzung mit der Umwelt, im direkten Kontakt mit Werkzeug und Material eigneten sich die Kinder und Jugendlichen die Wirklichkeit an und hatten dabei auch die Möglichkeit, ihre eigenen Fähigkeiten zu vergegenständlichen.

  Es zeigte sich immer wieder, wie sachbezogen die Kinder und Jugendlichen mit Werkzeug und Material umgehen konnten. Vermutlich angesteckt vom Verhalten der Erwachsenen bezüglich des Bausatzes, der ja ohne Fehler bearbeitet werden musste, entwickelten die Kinder eine wahre Hochachtung vor dem Material. Sie wussten sehr wohl zu unterscheiden zwischen Bauholz und Abfallholz, mit dem sie immer wieder ihre Materialerfahrungen machen konnten. Sie haben gelernt, mit Metall, Holz, Klebstoff und Farben umzugehen, zu sägen, zu schneiden, zu bohren, zu schrauben und zu messen und dabei so konzentriert und genau zu arbeiten, dass auch später noch der Lehrer im Werkunterricht mit ruhigem Gefühl die Kinder an den Maschinen arbeiten lassen konnte.

- In diesem Prozess, der auf der Grundlage gemachter Erfahrungen neue Bereiche der Auseinandersetzung mit der Umwelt eröffnete und neues Interesse erzeugte, wurde auch dem Aufbau kognitiver Strukturen Rechnung getragen (vgl. PIAGET/INHELDER 1983): Lernen findet statt in der Einheit von Kopf, Herz und Hand. Dabei geht die hierarchische Strukturierung des Lernprozesses von den sensomotorischen Tätigkeiten aus, um sich dann zu komplexeren Lernstrukturen hin zu verändern.

  Die Herstellung eines Steuerruders, beginnend vom Ansägen der Einzelteile aus einem Holzblatt, deren Bearbeitung bis schließlich zum Zusammenfügen zu einem Werkstück, ermöglichte den „Hand-Werkern", sich die Struktur des Steuerruders „be-greiflich" zu machen und dadurch auch eine Vorstellung über seine Funktionsweise zu gewinnen.

- Erziehung als Vorgang des Lebens und nicht als Vorbereitung auf zukünftiges Leben (DEWEY) meint die Erfüllung des Augenblicks im Hier und Jetzt. Im direkten und unmittelbaren Kontakt mit dem Material und dem Werkzeug vollzieht sich der Prozess von Entwicklung und Lernen. Der Blick in die Zukunft, d.h. die Erwartung auf die gemeinsame Nutzung des gemeinsam erstellten Produktes – hier das Boot – verleiht dem hergestellten Gegenstand, vor allem auch der eigenen Handlung, Bedeutung.

  Der Vorgang des Messens, der im Rechenunterricht an der Wandtafel und im Schreibheft stundenlang geübt worden ist, ohne dass die Rechner der Sache einen tieferen Sinn entnehmen konnten, da es ihnen letztlich egal gewesen ist, ob ihr Schreibheft 14,8cm oder 15cm breit ist, gewann plötzlich an Bedeutung für jeden Einzelnen, als er wusste, dass das richtige Messen eine wesentliche Voraussetzung dafür ist, ob das Bauen und später dann auch das Fahren mit dem Boot gelingen soll. Man sah es in den Gesichtern der Kinder, die nicht Gleichgültig-

keit, sondern konzentriertes Bemühen um das Werkstück ausdrückten.

- Durch die Herstellung eines Produktes, mit dessen Hilfe körperbezogen Raum angeeignet werden kann, wird in doppelter Hinsicht zur Entwicklung der Persönlichkeit beigetragen. Zum einen wird in einem kleinen Stück umgeschaffener Realität handgreiflich gemacht, dass von der eigenen Person Kräfte ausgehen, zum anderen werden durch die ausdauernden Anstrengungen Kapazitäten frei gesetzt, die in einem erheblichen Maß zur Stärkung des Selbstbewusstseins beitragen.

  Deutlich zu beobachten war diese Erfahrung bei zwei Jugendlichen, die – anknüpfend an den früher erworbenen Kompetenzen im Umgang mit Werkzeug und Material – durch den sichtbaren Erfolg ausreichend stabiles Selbstwertgefühl entwickelten, um dieses auch noch in einer fremden Umgebung, mit fremden Menschen als Grundlage für selbstbewusstes und selbständiges Handeln nutzen zu können. Als wir bei unserer Ankunft im Bootshafen die angemieteten Boote für den Segeltörn übernehmen wollten, war eines davon noch nicht vollständig aufgetakelt. Es waren dann diese beiden Jugendlichen, die durch ihren hartnäkkigen und kompetenten Einsatz bei der Vorbereitung den säumigen Bootseigner „zwangen", doch noch rechtzeitig alle unsere Boote fertig zu stellen.

Diese Lernerfahrungen waren möglich, da der Bausatz mit vielen leichten und mittelschweren Aufgaben allen Kindern immer wieder die Gelegenheit bot, sich am Arbeitsprozess zu beteiligen, so dass die zum Schluss getroffenen Aussage „Wir haben dieses Boot gebaut" kein Selbstbetrug war, sondern der Realität entsprach. Es gab nur wenige Bauphasen, in denen es um die absolute Exaktheit von Zuschnitten und Bohrungen ging, an denen Kinder nicht direkt beteiligt waren. Beim Sägen, Schleifen, Streichen konnte sich jeder nach seinen Fähigkeiten und Fertigkeiten einbringen und als Handwerker oder Handlanger am Gelingen des Ganzen beitragen. Die Kinder erlebten sich so im Erfolg, mit ihren eigenen Händen etwas geschaffen zu haben, das hält und trägt, das – wie sich später zeigte – auch dem stärksten Sturm trotzt und dabei heil bleibt und nicht zerbricht.

Darüber, was man mit dem selbst gebauten Boot *erleben* kann gibt es einen spannenden Einblick im Kapitel zum *Erleben.*

Hier soll es zunächst weiter um das Thema: Auseinandersetzung mit

Materialien gehen. Denken und Machen, Bauen in sozialer Gemeinschaft ist das Thema und zwar am Beispiel

Bauen von Fahrrädern

Fahrräder sind aus mehreren Gründen für die Kinder der Gruppe ein hochaktuelles Thema: für alle Kinder stellt das erste eigene Fahrrad und das Radfahren lernen einen wichtigen Entwicklungsschritt dar. Ähnlich wie das „Schwimmen können" Merkmal einer „normalen Entwicklung" ist, gilt dies auch für das Radfahren. Diese Fähigkeiten müssen viele Kinder erst lernen. Ein spannendes Thema also für die Freizeitgestaltung.

Radfahren ist nicht nur Freizeitgestaltung. Es hat darüber hinaus auch eine wichtige psychologische Bedeutung, auf die Kandinsky (1983, 15) verweist: „Mit dem Fahrrad bekommt das Kind eine größere Unabhängigkeit vom Zuhause, es kann neue Gegenden erforschen, sich weiter vom Elternhaus entfernen – Ausflüge spielen in diesem Alter in den kindlichen Phantasien vom Fahrrad eine große Rolle. Denn das Fahrrad bedeutet ein wesentliches Stück Selbständigkeit, Unabhängigkeit und Erwachsensein. Mit dem Fahrrad gerät das Kind in eine neue, höhere Altersklasse, gewinnt an Ansehen und damit auch an Selbstbewusstsein. Aber das Radfahren verlangt auch vieles vom Kind: es muss auf sich selbst achten, verantwortlich sein, Gleichgewicht wahren, sich vorsehen, Übersicht haben, sich zurechtfinden, sich nicht verträumen usw., das heißt, es verlangt ein entwickeltes Bewusstsein".

Zu diesen Bedeutungen auf Personenebene kommt durch den großen Fahrradboom die hohe gesellschaftliche Attraktivität. Aus diesem Grund wurde der Bau von Fahrrädern auch zentraler Schwerpunkt eines gesamten Sommerhalbjahres. Die Planung und Durchführung sowie auch die Reflexion dieses Projektes profitierte stark von den bereits erfolgreich absolvierten Sommerprojekten: Hausbau und Bau eines Segelbootes.

Die Lebendigkeit und Dynamik, die auch dieses Sommerprojekt wieder ausstrahlte, wurde erzeugt und getragen durch die fahrradbegeisterten Lehrer und ErzieherInnen, die damit die Kinder und Jugendlichen anstecken konnten. So entstand auch diesmal wieder eine Atmosphäre des gemeinsamen Lebens und Arbeitens, die nur bei emotionaler Beteiligung aller wächst.

Auch bei dem Fahrradprojekt ging es uns darum, ganzheitlich mit den Schülern zu arbeiten. Die Schüler sollten an Ernstsituationen mit entsprechenden Problemlösungsansätzen und sozialen Aufforderungscharakter herangeführt werden.

Nach unserer Einschätzung stellt ein Fahrradprojekt – so wie von uns durchgeführt – hohe Anforderungen, vor allem an die beteiligten Kinder und Jugendliche. Beim Hausbau und Bootsbau stand die Gruppenarbeit im Vordergrund. Es gab zwar immer wieder Kleingruppenarbeit, doch weitestgehend bauten alle an einem Gegenstand. Fähigkeiten, aber auch Schwächen, besonderer Einsatz, aber auch Faulheit, alles nivellierte sich, wurde nur durch die Erwachsenen gelegentlich hervorgehoben bzw. übersehen.
Nun war plötzlich jedes Kind für sich und seinen Gegenstand verantwortlich, jeder konnte Gelingen und Misslingen sehen – und der Druck, evtl. bei Versagen sogar ohne Rad dazustehen, war für manche nur schwer zu ertragen.
Dazu kamen die Schwierigkeiten eines neuen Werkstoffs: Der Übergang von der Holzbearbeitung zum Metall mit seinen neuen Qualitäten und neuen Werkzeugen war ebenso schwierig, wie die nun komplizierteren technischen Vorgänge (Übersetzungen, Bremsen Licht) (s. a. Koch 1989). Deshalb sei an dieser Stelle nochmals betont, dass es überaus wertvoll ist, in anderen Projekten Voraussetzungen zu schaffen, wie den ordentlichen Umgang mit Werkzeug und Material, aber auch Fähigkeiten wie, zu warten bis Hilfe kommt, erst nach Hilfe zu fragen, wenn es wirklich nicht weitergeht, Hilfe annehmen zu können, ohne die Verantwortung ganz abzugeben.
Als sehr wesentlich stellte sich heraus, dass es gelang, die Jugendlichen als wirkliche Helfer für die Jüngeren zu gewinnen. Dazu gehörte das weitgehend sachliche Erklären und kurze Zeigen von Arbeitsabläufen, aber auch ein Aufmuntern und Loben, das zu einem sehr entspannten Verhältnis von „Groß und Klein“ führte. Die Altersspanne war mit 7 – 18 Jahren sehr groß, erlaubte so aber auch viele neue Erfahrungen.

Das Fahrradprojekt wurde nach Gesprächen mit den Schülern auf drei Teilprojekte festgelegt:

1. Spaßrad: ein fahrtaugliches aber nicht verkehrssicheres Rad, das nur im heimeigenen Gelände benutzt werden durfte
2. Tourenrad/Radwanderfahrt: ein verkehrssicheres Rad, das unter Verschluss gehalten und nur für Touren herausgegeben wurde
3. Fantasierad: zwei Prototypen, die als Unikate allen Kindern der Gruppe zur Verfügung standen.

Als größter Wunsch der Kinder entpuppte es sich, möglichst rasch ein eigenes fahrbereites Rad zu haben. Nach und nach wurden immer mehr Fahrradteile vom Sperrmüll und von Fundbüros herantransportiert.

Die Fahrten über den Sperrmüll mit Bus und Anhänger waren schon ein erster Höhepunkt für die Kinder! Wir hatten schnell Berge von Material ohne Kosten. Die Arbeit fand jeweils für einen ganzen Tag pro Woche statt. Dieser Bautag wurde ergänzt durch Ganztagesfahrten oder Wochenenden, die der Beschäftigung mit dem Rad oder Touren gewidmet wurde.
Dem Bedürfnis der Schüler nach vielfältigen Aktionen und Handlungen entsprechend, galt es während der Bauzeit möglichst viele parallele Baustellen anzubieten. Nur auf diese Art konnte relativ schnell ein fertiges Produkt hergestellt, ein damit verbundenes schnelles Erfolgserlebnis ermöglicht werden.

Dafür war es wichtig möglichst genügend Fahrradteile und ein gutes Werkzeug bereitzustellen. Ersteres war kein Problem, es konnten Fahrradteile im Überfluss organisiert werden. Das Werkzeug kauften wir im Baumarkt in preiswerter Qualität, um einen gewissen finanziellen Rahmen einzuhalten. Es verschwand wenig Werkzeug, vieles hielt der Beanspruchung durch die Schüler aber nicht stand. Besseres Werkzeug und mehr Vertrauen in die Kinder hätten manchen Wiederbeschaffungskauf vermieden.

Für Kinder ist es oft schwierig, in größeren Gruppen diszipliniert in einer Werkstatt mit begrenztem Raum konzentriert über Stunden hinweg zu arbeiten. Deshalb war für das Gelingen des Fahrradprojekts die Wahl eines großen Raumes von entscheidender Bedeutung gewesen. So ein weiträumiger Bauplatz gab den Schülern die Möglichkeit, ihre Teil-Baustelle (Spaßrad) auf der Baustelle zu verlassen und evtl. nur zwei Meter entfernt zeitweilig eine Nebenbaustelle, ja sogar einen Spiel- oder Ruheplatz zu finden. Solche Freiräume in unmittelbarer Nähe der Gruppe zuzulassen, bedeutet für die Erwachsenen einen wichtigen Lernschritt. Diese Lernschritte beziehen sich zum einen auf den Umgang mit Struktur und Offenheit. Es war ein deutlicher Unterschied im Verhalten der Kinder im Vergleich zu den anderen Projekten zu sehen. Die Attraktivität des Zieles und die Sicherheit der Kinder in den Arbeitsstrukturen (ordentliches Verhalten an der Baustelle, adäquater Umgang mit Material) ermöglichten sehr hohe Anforderungen an Leistungsfähigkeit und Frustrationstoleranz. Ebenso waren die Fähigkeiten der Erwachsenen gewachsen, wirkliche Materialerfahrungen im psychomotorischen Sinn ebenso zuzulassen, wie eben diese Arbeitspausen, die von den Kindern als entspannende Spielpausen genutzt wurden. So nahmen sich z.B. einige Kinder ihre Auszeit, indem sie eine Zeitlang eine Fahrradfelge hin- und herrollten. Sie kehren ausgeruht und mit neuer Motivation an ihre Baustelle zurück. Was wäre gewesen, wenn wir sie gezwungen hätten da zu bleiben und ihre Arbeit fortzusetzen – entgegen ihrem Rhythmus?

Vom Schrott zum ersten fahrbereiten „Spaßrad".
Nach einer kurzen Vorbesprechung, in der u.a. Verhaltensregeln und die zeitliche Planung geklärt wurden, suchten sich die Schüler aus dem großen Materialberg geeignete Fahrräderteile für den Bau eines Spaßrades. Fieberhaft wurde gebastelt und geschraubt und erste Erfahrungen mit so leicht erscheinenden Tätigkeiten wie Schlauchaufpumpen, Kettenauflegen, Handbremseeinstellen, Satteleinstellen u.a. gemacht. Sicherheitskriterium für die erste Probefahrt war das Funktionieren von mindestens einer Bremse.
Obwohl fast alle Schüler nach kurzer Zeit einen ersten „fahrbaren Untersatz" hatten, vergingen die restlichen Bautage mit ständigen technischen und optischen Verbesserungen oder auch Reparaturen an den Rädern. Viele Schutzbleche und Gepäckträger wurden abgebaut, flache Lenker durch hohe Lenker ersetzt, gemalt und gesprüht.
Einige Kinder fuhren mit ihrem Rad einfach nur immer wieder auf dem Gelände herum und strahlten. Der Jüngste (7 Jahre) lernte nun auch richtig Radfahren, ebenso wie ein 12-jähriger

Auffällig waren die vielfältigen „Nebenbauplätze", die entstanden, um Räder völlig auseinander zu bauen, natürlich auch reine Zerstörungsversuche – ein sich Messen am Material. Die Kontrolle der Gruppe verhinderte jedoch größere Zerstörungen. Ein Junge, der noch vor einem Jahr ein als Geschenk erhaltenes, neues Fahrrad an einem Tag bis zur Unbrauchbarkeit zerstörte, erhielt sein „Damensperrmüllspaßrad" ohne Gangschaltung immerhin eine Woche lang fahrtüchtig, obwohl er es hart forderte.
Im Laufe des Sommers nutzten die Schüler ihr Spaßrad immer wieder als Spielzeug in ihrer Freizeit. Viele gemeinsame Aktionen der Gruppe standen nun ebenfalls unter dem Fahrradthema: Es wurden Fahrradgeschicklichkeitsprüfungen organisiert, eine Verkehrsschule besucht, eine Fahrradreparaturprüfung abgelegt und, als die Tourenräder fertig waren, kleine Ausflüge in die Umgebung unternommen. Heimat wurde neu erlebt.

Doch diese verkehrssicheren Fahrräder mussten erst hergestellt werden. Fahrtüchtig ist nicht gleich verkehrstauglich. Auch dies lernten die Kinder und Jugendlichen – als Vorraussetzung, sich in den Straßenverkehr zu wagen. In einem Schullandheim traf sich die Gruppe drei Tage mit ErzieherInnen und LehrerInnen um sich ein Tourenrad zu bauen.

Für drei Tage transportierten die Erwachsenen mit den Kindern im VW-Bus mit Anhänger in mehrmaliger Fahrt ausgesuchte Fahrräder und Teile ins Landheim.
Jeweils zwei bis drei Schüler bildeten mit einem Erwachsenen ein Team, welches sich die Aufgabe, verkehrssichere tourentaugliche Räder herzustellen, vornahm.
Folgende Tätigkeiten standen im Vordergrund:

- Mantelwechseln (neue Bereifung)
- Schaltung überprüfen oder reparieren
- Bremsen einstellen
- Beleuchtung kontrollieren
- Gepäckträger zum Teil ersetzen
- Sättel und Lenker anpassen
- Reflektoren montieren.

Sehr erfreulich war, dass inzwischen Zimmerbelegungen und die Küchenbetreuung sowie das Aufräumen am Ende des Tages viel stressfreier abliefen. Zwei mehrstündige Ausflüge mit den Rädern, bei denen auch die neuen Fahrradhelme ausprobiert wurden, rundeten die Schullandheimtage ab, und sorgten für Gesprächsstoff: So soll nicht unterschlagen werden, dass zwei kleinere Unfälle und ein Materialschaden zum Glück alles ohne große Verletzungen, die Gefahren des Radfahren deutlich werden ließen.

Es ist hier wichtig, nochmals auf das Zulassen von Auszeiten (Zwischenräumen) hingewiesen. Spiele auf dem Hof des Landheimes, sich für begrenzte Zeit in den Wald verdrücken, kurze Probefahrten mit dem Tourenrad auf dem Hof, Geschicklichkeitsaufgaben ausprobieren, Zielwerfen mit alten Reifen, ließen wir helfenden Erwachsenen in einem bestimmten Rahmen bewusst zu, wurde von uns sogar evoziert durch das Aufzeichnen einer Stadtstruktur auf den Hof des Landschulheimes. Diese lud ein zum Spielen, zu ersten Schritten beim Erlernen des Verhaltens im Straßenverkehr.
Da die Verpflegung im Landschulheim selbständig von Kindern und Jugendlichen organisiert werden musste, kam hier das Tourenrad schon zum richtigen Einsatz. Es konnten Besorgungen im Dorf erledigt werden um die Gruppe mit dem Essentiellen zu versorgen. Dass damit auch gekocht wurde diente bereits zur Vorbereitung auf die anstehende Radtour nach Frankreich – mit den Tourenrädern. Dazu mehr im Kapitel zum *Erleben*.

Eine besondere Herausforderung – praktisch die Kür zur vorangegangenen Pflicht – stellte der Bau von zwei Phantasierädern dar. Dies

galt sowohl hinsichtlich der Herstellung aber auch der Nutzung der Räder.
Klar war für uns von Anfang an, dass Phantasieräder, die geschweißt werden mussten, für unsere Planung nicht in Frage kamen. Schweißarbeiten können Kinder und Jugendliche ohne die entsprechenden Spezialkenntnisse nicht selbst durchführen. Auch die meisten Erwachsenen sind hierbei überfordert. Deshalb entschieden wir uns für Rahmenbauten durch geschraubte Steckverbindungen.

Wir wollten ein funktionierendes, bewährtes Fantasierad nachbauen. Ganz wilden Ideen waren dadurch schon Grenzen gesetzt. Entsprechende, aus der Literatur gefundene Vorschläge wurden von den Schülern mit Begeisterung angenommen, diskutiert und schließlich auch realisiert.
Nach folgenden Bauplänen entstanden ein Fahrradchopper „Raserati“ und ein Tandemchopper (s.Abb.).

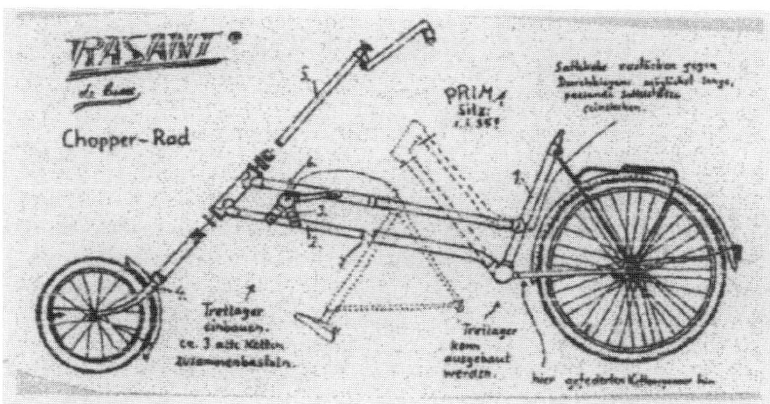

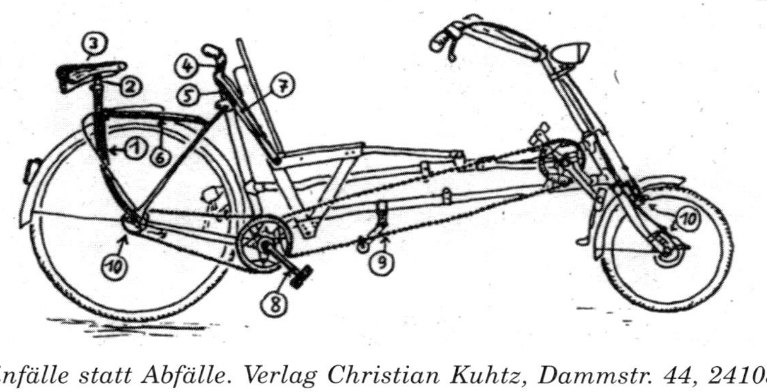

Aus: Einfälle statt Abfälle. Verlag Christian Kuhtz, Dammstr. 44, 24103 Kiel

Am ersten Abend war ein „Raserati“ als Rollrad (ohne Tretlager) bereits in Gebrauch. Alle Teilnehmer schwärmten von einem völlig neuen Sitz- und Fahrgefühl, und bekamen Mut und Arbeitseifer für den Tandemchopper. Deshalb wurde sofort losgelegt. Zunächst wurden alle für den Chopperbau benötigten Einzelteile aus Fahrradschrott ausgebaut und in Kisten sortiert. Dann wurde mit dem Rahmenbau begonnen:
Selbst das einzige Mädchen der Klasse (15 Jahre alt) bestand darauf, z.B. die Lötlampe zu halten, um die Rahmenteile so besser biegen zu können. Ebenso gab es fast Ärger darüber, weil jeder mit der Eisensäge Rahmenteile zurechtsägen wollte. Die einzelnen Rahmenteile wurden mit Rohrstücken zusammengesteckt. Eine als Werkzeug ebenfalls heiß begehrte Bohrmaschine ermöglichte das feste Zusammenschrauben zu einem Chopperrahmen. Parallel hatten bereits andere Helfer Tretlager, Felgen, Gabeln, Sattelhalterungen u.a. für die Montage vorbereitet.

Als am 2. Tag der erste Chopper fertig war, gab es zunächst noch große Probleme mit der wackeligen Lenkung. Gabel und Lenkersäule müssen wohl durch zwei Schrauben verbunden werden, da bei einer Schraube die Bohrung zu sehr belastet und geweitet wird.
Ein besonders sorgfältiges Arbeiten und Hilfe durch die Erwachsenen erforderte die Befestigung des Tretlagers, musste dies doch genau mit dem Ritzel am Hinterrad fluchten. Ein weiteres Problem entstand beim Anbringen einer wirksamen Vorderradbremse. Eine mit dünnen Bohrungen (4mm) an der Gabel befestigtes Winkelblech brachte den notwendigen tiefergelegten Befestigungspunkt für die Felgenbremse.

Nebenaktionen und Freiräume füllten diesmal die Kinder und Jugendlichen mit durchaus sinnvollen Tätigkeiten. Sie zeigten, dass sie einen Bezug zu dem neuen Material gewonnen hatten: Ein Mädchen (15 Jahre) entwickelte große Ausdauer beim Ausbauen und vor allem Reinigen von Kugellagern aller Art. Fast wie Schmuckstücke wurden die mit Kugeln bestückten Ringe schließlich in die Sonne zum Trocknen gelegt.
Ein 16-jähriger Jugendlicher suchte sich am Rande des Bauplatzes eine Aufgabe: Er baute bei nahezu allen Fahrradrahmen die Vorderradrahmen aus, wobei ihn vor allen die Gabeln mit einer „neuen“ Farbe zuerst reizten. Wie in einem Ersatzteillager stellte er die verschiedenfarbigen Gabeln, nach der Größe geordnet, an eine Wand. Die Fähigkeit, eigene Strukturen zu schaffen, eigene Ordnungsformen entwickeln, zeugen von gelungener Materialaneignung.

Die in diesem Projekt gemachten Erfahrungen zielten nicht nur darauf ab, sich in der Freizeit „sinnvoll“ zu beschäftigen. Das Fahrradprojekt wurde auch Bestandteil des schulischen Unterrichts und wurde deshalb ein wesentlicher Bestandteil schulischen Lernens. Umfangreiches Wissen konnte dadurch konkret, sinnlich handelnd erworben werden und als Wissen in den Erfahrungsschatz integriert werden – mit der Aussicht konkreteres und praktikableres Wissen zu sein als Buchwissen, das nur über den Kopf erworben wurde. Die Kinder und Jugendlichen hatten hier die Möglichkeit Dinge erst zu be-greifen, ehe sie es als Begriff formulieren mussten.
Dazu verbrachten Schüler und Lehrer viele reguläre Unterrichtsstunden mit dem Fahrradprojekt. Zu beobachten war hier durchgängig eine hohe Motivation und Leistungsbereitschaft, die sich in den unterschiedlichsten Fächern entfalten konnte, wie folgende Übersicht deutlich macht:

Fahrradprojekt im Unterricht

Werken

Die Schüler lernten vielerlei Tätigkeiten kennen und erlerntenverschiedene Handwerkstechniken:

- Gängigmachen verrosteter Schrauben, Ersetzen derselben,
- Reparieren eines Schlauches, Wechseln eines Reifens und andere einfache Reparaturen (Beleuchtung, Bremsen, Tretlager u.a.),
- Einstellungsarbeiten an Bremse, Gangschaltung und Kette,
- Anbringen von Reflektoren
- Aus- und Einbau von Gabeln,
- Zersägen von Rahmenteilen
- Zurechtbiegen von Metallteilen unter Hitzeeinwirkungen
- Bohren von Blechen, Flacheisen und Rohren
- Herstellen von Metallverbindungen

Sport

- Fahren lernen
- Geschicklichkeitsaufgaben lösen
- Ausdauerleistungen erbringen
- an Ausflügen einer Gruppe teilnehmen können

Verkehrserziehung
- die Verkehrssicherheit eines Fahrrades einschätzen und erstellen können
- die Verkehrsregeln beherrschen und einhalten
- Sicherheitsregeln bei Gruppenfahrten einhalten
- Risiken einschätzen lernen

Mathematik
- Entfernungen berechnen (Bruchteile von...)
- Fahrradersatzteile kaufen
- Prozentrechnen (Steigungen, Gefälle)
- Kreisumfang, die Zahl Pi verstehen
- Erweiterung der schriftlichen Subtraktion, Multiplikation, Addition und Division in Sachaufgaben über Tourenplanung und Etappeneinteilung

Deutsch
- Rechtschreibübungen
- Fachbegriffe
- Reparaturbeschreibungen
- Wegbeschreibungen
- Aufsatzerziehung mit konkreten Schreibanlässen
- Baubeschreibung

Geographie
- Landeskunde Frankreich
- Karten lesen und Ortsnamen finden
- Kanäle als Transportwege (Vor- und Nachteile)

Biologie
- links und rechts des Leinpfades
- Ökologie der lothringischen Seenplatte
- Fahrradurlaub als mögliches Beispiel eines naturschonenden Tourismus

Physik
- Funktionsweise von: Bremsen, Kugellager, Klingeln, Dynamo Gangschaltung, Reflektoren, Luftpumpe

Politik und Gesellschaft
- „Ich“ als Ausländer in Frankreich
- Verständigung
- lokale Besonderheiten
- auffällige Bauwerke
- Soldatenfriedhöfe

4.7 Themen als Medien der Pädagogik

Die Krähen schrein und ziehen schwirren Flugs zur Stadt.
Bald wird es schneien.
– Wohl dem, der jetzt noch – Heimat hat!

Friedrich Nietzsche

Betrachtet man die bisher beschriebenen Elemente, die für die Gestaltung pädagogischer Situationen von Bedeutung sind, als formale Rahmenbedingungen, innerhalb denen sich Personen bewegen, so ist natürlich noch zu fragen, wie sie in diesen umschriebenen Kontexten handeln und worüber sie kommunizieren. Die Situationen, in denen Kinder und Jugendliche mit den Erwachsenen gemeinsam leben und arbeiten, werden mit Inhalten gefüllt, wobei diese nicht beliebig sind, sondern, wie auch die äußeren Rahmenbedingungen, sorgfältiger Überlegungen bedürfen. Dabei lassen sich die Inhalte nicht wie die Elemente von Raum, Zeit und Gegenstände als unterschiedliche Aspekte der Situationsgestaltung aufreihen. Sie spielen in jeder Hinsicht eine Rolle und sind deshalb auch eng mit den anderen Elementen verknüpft, umspannen gleichsam wie ein Band die Situation und geben ihr einen tieferen Sinn.

So lässt sich die *Beziehungsgestaltung* nicht lösen von den Inhalten, die oft die Beziehung erst herstellen. Personen finden sich zusammen, weil sie etwas Gemeinsames vorhaben oder an der gleichen Aufgabe arbeiten. Ruth Cohn platziert in ihrem Modell der Gruppenin-

teraktion das „Thema“ als Mittelglied zwischen dem Ich und dem Wir. Dabei zeigt sie, wie wichtig es für gruppendynamische Prozesse ist, diese drei Elemente in ihrer Bedeutung immer auszubalancieren, d.h. jedes in ausgewogener Form zur Geltung kommen zu lassen (vgl. COHN 1976).
Auch WATZLAWICK und seine Mitarbeiter stellen in einem Axiom ihrer Kommunikationstheorie heraus, dass in zwischenmenschlichen Beziehungen nicht nur der „Beziehungsaspekt“ eine Rolle spielt, sondern dass als weiterer konstituierender Bestandteil von Kommunikationsprozessen der „Inhaltsaspekt“ zum Gelingen von Kommunikation beiträgt. Werden beide Aspekte vermischt, was in ungeklärten Beziehungen häufig der Fall ist, kann es zu massiven Konflikten kommen, in denen auf der Inhaltsebene Streit entfacht wird, der eigentlich zunächst auf der Beziehungsebene ausgetragen werden müsste um zu konstruktivem Arbeiten zu kommen (vgl. WATZLAWICK/BEAVIN/JACKSON 1990).

Auch *Räume* gewinnen ihre Bedeutung erst als Möglichkeitsräume von Tätigkeiten und sind nicht als „Schachteln“ (BOLLNOW) zu betrachten, die als geometrische Gebilde aufgespannt werden. LEWIN beschreibt den Lebensraum als dynamisches Gebilde, in dem Kräfte wirken und durch ihre Attraktion oder Abstoßung ihren Einfluss auf das inhaltliche Geschehen in den Räumen ausüben. Daraus entstehen Kraftfelder – „Valenzen“ wie sie LEWIN nennt – die das Verhalten des Menschen prägen (vgl. MILLER 1986).

Auch die *Zeit* – erfüllt mit Augenblicken – darf nicht als formale Struktur (KANT) verstanden werden, sondern sie gewinnt für das menschliche Leben nur dann Bedeutung, wenn sie als erlebte Zeit verstanden wird, die mit Inhalten gefüllt ist. Sind es doch diese Inhalte, die das Zeiterleben im wesentlichen beeinflussen[31].

---

[31] Die Gestaltung des Zeiterlebens geschieht allerdings in einer paradoxen Art und Weise, denn wenn wir in einer Situation stehen, dann vergeht die Zeit wie im Fluge. Wenn viel geschieht, wir also eine Vielzahl an Informationen verarbeiten müssen, spüren wir überhaupt nicht, dass die Zeit vergeht. Passiert wenig, scheint die Zeit dahinzukriechen. Wir empfinden das Geschehen als langweilig. Anders ist dies beim Rückblick auf die erlebte Zeit. Jetzt erscheinen die kurzweiligen Momente als lang und die langweiligen Situationen als kurz. „Dieses Erlebnis erklärt sich aus der Tatsache, dass beim Erleben selbst die Aufmerksamkeit einmal auf das Geschehen (Kurzweil), im anderen Fall auf den Ablauf der Zeit (Langeweile) gerichtet wird“ (PÖPPEL 1993, 16).

Gleiches gilt für *Gegenstände,* die nicht einfach da sind, sondern uns einladen zu Aktivitäten, die wir mit ihnen ausführen können. Sie richten ihren Appell an uns und verführen uns zu einem Handeln, das uns nicht immer im Sinne liegt. Das Wissen um den inhaltlichen Gehalt des Appells kann helfen, pädagogische und therapeutische Situationen zu gestalten, kann es doch dadurch gelingen, Handlungen zu provozieren, die im Repertoire der Kinder und Jugendlichen nur latent vorhanden sind und dadurch manifest werden, wie es Kliphuis (1977) mit seinem entwicklungsorientierten Appellinventar gezeigt hat.

4.7.1 Themen als integrierendes Element der Entwicklungsbegleitung

Die Auseinandersetzung mit Inhalten war also in den oben behandelten Kategorien schon immer mit eingeschlossen, wird aber hier nochmals aufgegriffen um ihrer Bedeutung gerecht zu werden. Die Inhalte verlieren damit ihre Beliebigkeit, mit der sie auch in der Heimerziehung behandelt werden. Oft wird der Alltag gefüllt mit Inhalten, die sich gerade anbieten, je nach Jahreszeit, aktuellen Ereignissen oder einfach nach Wetterlage. Selten werden sie in den Zusammenhang der Persönlichkeitsentwicklung der Kinder gestellt oder in Beziehung zu ihrer persönlichen Biographie gesetzt. Den Alltagsbeschäftigungen fehlt meist der ordnende Sinn und sie lassen zudem ihre Bedeutung für die Kinder und Jugendlichen vermissen. Zur Verinselung der Räume und der Zerstückelung der Zeit kommt die Zerrissenheit der Lebenslinie, die sich in der planlosen Zusammenstellung der Alltagsgestaltung offenbart. Kinder und Jugendliche werden durch ihre Welt geführt, ohne die Kontinuität einer Lebenslinie zu verspüren, die ihrem Dasein den notwendigen Halt geben könnte.
Um den Unterschied zwischen den willkürlich ausgewählten Beschäftigungen mit bewusst initiierten Aktivitäten zu verdeutlichen, werden hier zwei Begriffe aufgegriffen, die Klafki in seinen „Neuen Studien zur Bildungstheorie und Didaktik“ (1985) herausgearbeitet hat. Er versteht unter „Inhalten“ Sachverhalte, die noch nicht im Sinne pädagogischer Zielvorstellungen ausgewählt und präzisiert worden sind, deren pädagogische Bedeutung also noch unklar ist. Werden sie unter einer bestimmten Fragestellung zu den Kindern und Jugendlichen in Beziehung gesetzt, also unter einer relevanten pädagogischen Fragestellung für die Gestaltung pädagogischer Prozesse ausgewählt, so werden sie zum „Thema“, in dem nicht nur der Gegenstand der pädagogischen Bemühungen, sondern auch seine Absicht verankert ist. Deshalb sind Themen auch nicht beliebig und austauschbar. Sie

müssen sich der Frage stellen: „Welcher Orientierungen, Erkenntnisse, Fähigkeiten bedarf der Aufwachsende, um angesichts seiner gegenwärtigen und vermutlich zukünftigen geschichtlichen Wirklichkeit Selbstbestimmungs-, Mitbestimmungs- und Solidaritätsfähigkeit entwickeln zu können?“ (ebd., 69). Themen müssen also anknüpfen an die Biographie der Kinder und Jugendlichen, müssen Vergangenes, Gegenwärtiges und Zukünftiges in die Gestaltung des Alltags mit einbeziehen, da nur dadurch seine Inhalte für die Kinder und Jugendlichen Bedeutung gewinnen – also zu Themen werden. Sie gewinnen an Bedeutung, weil sie die eigene Lebensgeschichte strukturieren und verstehen helfen, indem sie an der erlebten Vergangenheit anknüpfen und lebendige Bezüge zu ihr herstellen.

Es bietet sich hier die bewusste und intensive Auseinandersetzung mit der Biographie der Kinder an, indem diese ihre Lebensgeschichte mit der Betrachtung von Bildern, von Erzählungen aus erinnerten Kindheitserlebnissen den Anderen mitteilen und somit als etwas Gemeinsames in die gruppendynamischen Prozesse einführen. Auch Besuche in den Elternhäusern der Kinder oder in den Wohnungen der ErzieherInnen haben in unserer Gruppe vieles an Erinnerungen und gemeinsamen Gefühlen ausgelöst und damit mehr Verständnis für die Lebenssituation der MitbewohnerInnen erzeugt.

Die Themen haben aber auch Bedeutung für die Gegenwart. Die Gestaltung pädagogischer Situationen muss ausgehen von den Kindern und Jugendlichen „in ihrer Gegenwärtigkeit, ihren Fragen und Nöten, ihren Interessen und Möglichkeiten“ (Klafki 1974, 102). Rousseau’s Forderung, dem jungen Menschen seinen Anspruch auf eine „erfüllte Gegenwart“ zu genügen, hat nachhaltig das neuzeitliche Denken in der Pädagogik geprägt. Sie hilft, die Interessen der Kinder und Jugendlichen zu wahren, indem sie ihnen die Möglichkeit gewährt, die Erfüllung des gelebten Augenblicks zu erfahren – ohne jedoch die Zukunft aus den Augen zu verlieren.
Erfüllung meint nicht „Ausleben und bloßes Wachsenlassen, sondern schließt Aufgaben und fordernde Begegnungen mit ein“ (ebd.). Kinder und Jugendliche sind in ihrer Gegenwärtigkeit immer auch potentielle Erwachsene von morgen. Deshalb müssen die Themen des Alltags immer auch auf die Zukunft der Kinder und Jugendlichen verweisen und Entwicklungschancen eröffnen, die „den zukünftigen Erwachsenen befähigen, sich in den verschiedenen Wirklichkeitsbereichen zurechtzufinden, auf ihn zukommenden Anforderungen und Belastungen menschlich zu bestehen, ihm auferlegte Verantwortungen zu bewältigen, ihm sich öffnende freie Möglichkeiten wahrzunehmen, und

dies alles so, dass die Wachheit und Offenheit und die Bereitschaft gewonnen werden, sich auch unvorhersehbar und unplanbar Neuem und Fremden zu stellen, es produktiv zu verarbeiten und zu beantworten“ (ebd.).

Die den Kindern und Jugendlichen angebotenen Inhalte des pädagogischen Alltags werden also für sie zu Themen, indem sie an deren Vergangenheit und Gegenwart anknüpfen. Für die Zukunft gewinnen sie Bedeutung, da sie in ihnen Qualifikationen für ihre zukünftige Lebensbewältigung erwerben können. Hierbei unterscheidet KLAFKI zwischen *potentiell emanzipatorischen Themen* und *instrumentellen Themen*. Erstere beziehen sich auf kritisch-emanzipatorische Zielsetzungen. Sie leisten einen wesentlichen Beitrag zur Entwicklung einer selbstbestimmten und einer, in solidarischer Gemeinschaft, selbstverantwortlich handelnden Persönlichkeit. Bei letzteren geht es um den Erwerb von „Erkenntnissen, Kenntnissen, Fähigkeiten und Fertigkeiten, die für die Entwicklung der Selbstbestimmungs-, Mitbestimmungs- und Solidaritätsfähigkeit zwar unverzichtbar sind, die als solche aber sozusagen ziel- und wertambivalent sind, also sowohl in einem emanzipatorisch-kritischen Sinn wie im Sinne unkritischer Anpassung verwendet werden können“ (KLAFKI 1985, 71).

4.7.2 Themen im pädagogischen Alltag

Ein ähnliches Verständnis für die Bedeutung instrumenteller und emanzipatorischer Themen für den pädagogischen Alltag dürften REDL/WINEMAN (1984) haben, wenn sie aufzeigen, dass die Stärkung der Ich-Funktionen nicht ausreicht, um zu einem akzeptierten Mitglied unserer Gesellschaft zu werden. Instrumentelle Fertigkeiten können auch unter der Vorherrschaft eines „delinquenten Ich“ angewandt werden und trotz erstaunlich kompetenter Ich-Leistungen zu Verhaltensmuster führen, die ein Leben innerhalb der Gesellschaft erschweren.

Eine Vorstellung davon erhielten wir, als in unserer Turnhalle eine neue Kletterwand eingeführt wurde. Die Kinder und Jugendlichen stürzten sich mit Feuereifer auf die noch unbekannten Herausforderungen und setzten all ihr motorisches Können ein, um den Aufgaben gewachsen zu sein. Inhaltlich war dies sicher ein gutes Angebot, da es die psychomotorischen Fähigkeiten und Fertigkeiten fördern half und für die Freizeitaktivität der Kinder und Jugendlichen eine reizvolle Alternative darstellte. Nachdenklich wurden wir, als uns von einem Jugendlichen vermittelt wurde, was hier sein Thema war: er erwarb sich hierbei Qualifikationen um gegebenenfalls erfolgreich vor den „Bullen“

fliehen zu können. „Wenn ich hier oben bin, können mich die Bullen nie erwischen“ meinte er und stellte damit klar, was er in dieser Situation gelernt hatte.

Beide Arten von Themen haben also ihren eigenen Wert. Es zeigt sich jedoch, dass instrumentelle Themen immer unter der übergreifenden Fragestellung und im Zusammenhang mit potentiell-emanzipatorischen Themen stehen müssen, um ihre persönlichkeitsfördernde Wirkung entfalten zu können. Leider liegt in der Heimerziehung (wie auch in der Schule) der Schwerpunkt viel zu oft auf der instrumentellen Seite der Erziehung. Das daraus entstehende, aktuelle Problem besteht darin, dass die Kinder und Jugendlichen nur schwer zu motivieren sind, da diese Themen eben keine besondere Bedeutung für ihre Gegenwart zu haben scheinen. Sie haben auch keine Bedeutung für ihre Zukunft, da sie aus dem selben Grund auch nicht in ihr Könnens- und Wertesystem integriert werden können. Es sind Kenntnisse und Fertigkeiten, die mit ihrem Leben oft nichts zu tun haben und die sie darüber hinaus noch in einer fremdbestimmten Art und Weise nutzen müssen.

Zwei Beispiele aus dem pädagogischen Alltag mögen dies verdeutlichen: Hygiene und Sauberkeit stehen häufig im Vordergrund der erzieherischen Bemühungen. Das täglich verordnete Duschen und das regelmäßige Aufräumen des Zimmers sind sicher Anforderungen, die in der Entwicklung der Kinder und Jugendlichen eine wichtige Rolle spielen. An deren Lebensgeschichte finden sie jedoch keine Anknüpfungspunkte, solange die Kinder und Jugendlichen keine positive Beziehung zu ihrem eigenen Körper entwickelt haben und ihr Leben von der inneren Zerrissenheit einer Liebe zu den meist chaotischen Bedingungen ihres Elternhauses und der Ablehnung der, von einer normativen Ordnung durchsetzten Heimwohngruppe, geprägt ist. Solange sie ihren Körper nicht pflegen, weil sie ihn für wertvoll erachten, werden sie in der Aufforderung zu duschen einen Hinweis darin sehen, dass die ErzieherInnen sie nicht mehr riechen können – auch im übertragenen Sinn. Auch den Zwang, regelmäßig ihr Zimmer in Ordnung zu bringen, können sie nicht mit ihrer Biographie vereinbaren, solange nicht ihre Welt geordnet, und Ordnung damit ein positiv besetztes Lebensthema geworden ist.

Das Reden über Werte und Normen unserer Gesellschaft ist meist losgelöst von diesen instrumentellen Inhalten, die ihren Lebensalltag bestimmen und findet deshalb zu wenig Widerhall bei den Kindern und Jugendlichen, um in ihr Persönlichkeitsinventar integriert zu werden. Ist es der Einfachheit halber, dass der Vermittlung von Kulturtechniken eine so große Bedeutung beigemessen wird, oder steckt mehr dahinter? Könnte es auch sein, dass sich innerhalb dieser persönlichkeitsfördernden Themen Beziehungsthemen einschleichen – WATZLAWICK u.a. würden hier von einer Vermischung von Inhalts- und Beziehungsaspekt sprechen –, dass es also nicht unbedingt darum geht, den Kindern und Jugendlichen das rechte Essen oder das Lesen und Schreiben beizubringen, sondern immer wieder deutlich zu machen, wer hier der Herr im Hause ist? Es gibt also neben den *Entwicklungsthemen*, die zur Herausbildung der Persönlichkeit beitragen, auch *Beziehungsthemen* im pädagogischen Alltag, die für die Gestaltung pädagogischer Situationen bedeutungsvoll sind. Geht es auf der einen Seite um Themen wie Vertrauen, Autonomie, die Entwicklung von Initiative und Identität, so stehen auf der anderen Seite Themen wie z.B. das harmonische Wechselspiel von Nähe und Distanz oder die Herausbildung von gegenseitigem Vertrauen im Mittelpunkt.

Wie sich hier schon gezeigt hat, lassen sich die verschiedenen Bedeutungsebenen der Themen nicht trennen. Es bietet sich dennoch an, im Sinne einer Schwerpunktsetzung, neben den Entwicklungs- und Beziehungsthemen noch den Bereich der *Bildungsthemen* einzuführen. Hier wird nicht die Persönlichkeit des Einzelnen und auch nicht die Gestaltung zwischenmenschlicher Beziehungen betont, sondern die Auseinandersetzung mit unserer Umwelt, sei es die materiale oder auch die kulturelle. Dazu gehört alles was uns von der Natur gegeben oder vom Menschen gemacht wurde und unserer Aneignung als wesentliches Bildungsgut offen steht. Viel zu selten werden diese Themen in der Heimerziehung angeschnitten und müssten doch gerade in einer Zeit, die nur noch an der Oberfläche lebt, in den Mittelpunkt gerückt werden. Dadurch könnte den Kindern und Jugendlichen, die ihre Umwelt vermehrt nur noch konsumieren als sich mit ihr auseinander zu setzen und sie als Entwicklungspotential wahrzunehmen, wieder Vertrauen in eine Welt gegeben werden, die doch ihre Heimat sein könnte.

Aus all dem lässt sich die Aufgabe ableiten, pädagogische Situationen so zu gestalten, dass sie für die Kinder und Jugendlichen eine persönliche Bedeutung haben, sei es, dass sie Vergangenes neu erleben, Gegenwärtiges ausleben oder Zukünftiges für sie lebenswert wird. Kinder und Jugendliche haben das Recht auf eine „erfüllte Gegenwart“ (ROUSSEAU), sie müssen aber auch vorbereitet werden auf eine Zukunft, die für sie nur Sinn gibt, wenn sie anknüpft an ihre Vergangenheit. Nur wenn sie die Kontinuität ihrer Lebenslinie verspüren, gewinnen

sie Lust am Leben und die Bereitschaft, sich dafür auch einzusetzen. Nehmen wir diese Aufgabe nicht bewusst wahr, so werden sich diese Themen als „heimlicher Erziehungsplan“ einschleichen und sich so oder so innerhalb des Alltags breit machen. Die Kinder und Jugendlichen kämpfen um Autonomie, sie machen sich stark für die Entwicklung ihrer Identität und sie lösen sich von den Erwachsenen, um sich frei zu machen für ihre eigene Zukunft. Sie setzen sich auch mit ihrer Umwelt auseinander, sie machen sich ihr Bild und integrieren diese Bilder in ihr Weltbild. Wenn wir darauf beharren, vorrangig instrumentelle Inhalte in den pädagogischen Alltag einzubringen, die nur mit Mühen zu Themen für Kinder und Jugendliche gemacht werden können und alles andere dem Zufall überlassen, so werden sich die anderen Themen hinter unserem Rücken entfalten.
Gelingt es uns jedoch, die pädagogischen Situationen so zu gestalten, dass ihre Inhalte für die Kinder und Jugendlichen zu Lebensthemen werden, d.h. für ihr Leben Bedeutung gewinnen, so sind wir mit beteiligt an ihrer Entwicklung. Wie wichtig es ist, dass kindliches Handeln für sie bedeutungsvoll sein sollte, ist nicht nur ein Anspruch moderner Pädagogik. Neueste Erkenntnisse der kognitiven Neurobiologie „belegen“ dies: der Bewusstseinsprozess entsteht nicht aus dem Zusammenspiel von Molekülen, Nervenzellen und NMDA-Rezeptoren, sondern wird gesteuert „durch die *Bedeutung* der Hirnaktivität“ (ROTH 1999[3], 247 Hervorh. im Original). Es ist die Bedeutung von Handlungsprozessen, von vermitteltem Wissen, „die Wachstums- und Vernetzungsprozesse im Zentralnervensystem organisiert.: auf der molekularen Ebene, auf der Ebene der Synapsen und letztlich auf der von Zellstrukturen“ (V.LÜPKE im Druck).

Dass dies nicht nur für die kindliche Entwicklung gilt mach seit Jahrzehnten THOMAE in seinen Forschungen zur Persönlichkeitsentwicklung von erwachsenen und alten Menschen deutlich (1988[2]). Sie wird dargestellt als Auseinandersetzung mit Entwicklungsthemen, die als Orientierungsmarker für die Annäherung an individuelle Biographien betrachtet werden können. HAAS (1999, 2000) zeichnet die Bedeutung dieser Lebensthemen für die Entwicklung der Erwachsenen nach und nutzt sie für die Planung psychomotorischer Entwicklungsbegleitung mit diesen Menschen.
In unserer Arbeit mit Kindern und Jugendlichen vergessen wir oft, dass auch wir uns dabei entwickeln. Auch unsere Persönlichkeit, auch unsere Beziehungen verändern sich im gemeinsamen Prozess mit den Kindern und Jugendlichen.
Dass sich auch unser Weltbild verändert, wenn wir mit den Kindern

und Jugendlichen die gemeinsame Heimat erkunden oder auf Segeltörn in fremden Gewässern unterwegs sind, muss wohl nicht näher erläutert werden. Hier werden auch die Phantasien und Träume der Erwachsenen belebt und hier bestätigt sich auch wieder die Aussage von WINNICOTT, dass Beziehungsgestaltung die Überschneidung zweier intermediärer Bereiche ist, dass also Kinder und Jugendliche *und* die Erwachsenen das Recht haben müssen ihre innere Realität in die Gestaltung der äußeren Welt mit einzubringen, um das pädagogische Geschehen als partnerschaftliches erleben zu können.

4.7.3 Heimat – ein bedeutendes Thema für Kinder und Jugendliche

Ein bedeutender inhaltlicher Schwerpunkt in der Erziehung von Kindern und Jugendlichen – vor allem wenn sie außerhalb ihrer Familie leben – ist das Thema *Heimat*. Die Auseinandersetzung damit ist sicher eine Aufgabe, der wir uns nicht entziehen können, solange wir geplantes Erziehen nicht nur als Vermittlung lebenspraktischer Kompetenzen, sondern auch als Hilfe verstehen, die eigene Persönlichkeit zu entwickeln und in der Lebenswelt zu verorten. Lässt man sich selbst auf das Thema Heimat intensiver ein, so entdeckt man, dass Heimat etwas sehr Persönliches ist. Sie ist nicht austauschbar, ist einmalig, unwiederholbar. Verlust von Heimat – wie auch immer der Einzelne sie für sich definiert – wird immer mit Angst und Trauer verbunden. Sie bindet zurück an die eigene Vergangenheit und kann eine solide Basis für das aktuelle Lebensgefühl abgeben, allerdings auch verbunden mit der Gefahr, durch borniert-lokale Beschränktheit den Blick für globale gesellschaftliche Strukturen zu blockieren. Ein überzogenes Heimatgefühl wird dadurch nicht zum Halt, der Grundlage ist für Persönlichkeitsentwicklung, sondern hält fest, beschränkt Entwicklungsmöglichkeiten und kann damit auch nicht mehr offen werden für Heimat als etwas zu Erreichendes, als etwas Erreichenswertes, das heute nur geahnt wird und als etwas in der Welt entstehen kann, „das allen in die Kindheit scheint und worin noch niemand war“ (BLOCH 1973, 1628).

Heimat ist ein Erfahrungsraum, der in der Kindheit entsteht – entstehen muss – um das für den weiteren Lebensweg notwendige Rüstzeug zu haben. Nach dem Erwerb von „Urvertrauen“ (ERIKSON) in der frühen Mutter-Kind-Beziehung „bezeichnet Heimat im Grunde nichts anderes, als die allmähliche Ausweitung über die eigene Person hinaus auf das Lebensgefüge, das dem Kinde mit seinen Bewegungs- und

Sinnesmöglichkeiten Schritt um Schritt zuwächst“ (KROCKOW 1992, 140). Heimat entsteht aus dem Erleben zwischenmenschlicher Beziehungen, die an bestimmte Orte geknüpft sind. Sie bildet die Grunderfahrung, sich in einer vertrauten Umgebung aufgehoben zu fühlen, um daraus die Fähigkeit zu entwickeln, Freude am Leben zu haben und Freundschaften eingehen zu können.

Die eigene Wohnung könnte hierbei den Hort der Geborgenheit und Vertrautheit bilden, in dem Mitmenschlichkeit und heimatliche Atmosphäre entsteht, die sich an Orten und Gegenständen festmachen lassen. Gegen die Oberflächlichkeit von „Momentpersönlichkeiten“ (MITSCHERLICH), die ihre Identität aus flüchtigen Kontakten mit rasch auswechselbaren Dingen und Menschen gewinnen, könnte sich ein Typus Mensch entwickeln, „dem genau das fehlt, was wir psychologisch als ein Reifungsmerkmal ansehen, nämlich die konstanten Objektbeziehungen, die dauerhaften Beziehungen zu Menschen und Dingen. Diese geben seiner Umwelt erst Konstanz und rückläufig auch dem Menschen selbst“ (MITSCHERLICH 1969, 128)

Der Gedanke liegt nahe, dass Entwicklungsschäden nicht nur aus einer defizitären Beziehungsstruktur in der frühen Kindheit entstehen, sondern auch aus Mangel an Heimat, „weil zum modernen Dasein ein unaufhörlicher Kulissenwechsel gehört, der es schwer, wenn nicht aussichtslos macht, die Vertrautheit überhaupt herzustellen. Hängt nicht das Fahrige, Zappelige, Unstetige vieler Kinder und Jugendlicher, ihre geringe Belastbarkeit, ihr Hin und Her zwischen Überbegeisterung und Verzagen, zwischen Angst und Aggression hiermit zusammen?“ (KROCKOW 1992, 140).

Heimkindern ist aufgrund ihrer Entwicklungsbedingungen in der Regel nur selten die Entwicklung von Urvertrauen oder die Aneignung von Heimat befriedigend gelungen. Sie haben noch nicht einmal sich selbst gefunden, wie sollten sie die Heimat finden? Noch dazu, wo sie ständig hin- und hergerissen sind zwischen ihrem Elternhaus und ihrer Heimgruppe. Wo ist ihre Heimat? Überfordern wir sie nicht, wenn wir Ihnen das Heim als Heimat anbieten? Können wir das Heim als Heimat anbieten, wenn wir ständig die Beziehungen zu den Kindern unterbrechen, uns selbst und damit die Kinder entwurzeln? Wo ist im Heim Kontinuität, Stabilität, ein sicherer Ort?

Das Heim ist doch für die Kinder und Jugendlichen zunächst einmal ein Ort der Ausgrenzung von ihrer bisherigen Lebenswelt, ein radikaler Schritt in das Neue, Fremde, Andersartige, in ein neues Regelsystem, das mit einer massiven Einschränkung von Freiheiten verbunden ist.

Es gibt auch Kinder, die ein rudimentäres Gefühl von Heimat entwikkelt haben und dies bei der Heimeinweisung zu einem Wunschbild aufblasen, das sie mit allen Mitteln verteidigen. Wenn sie ins Heim kommen, werden sie zunächst einmal von dem getrennt, was für sie Heimat war: die Mutter, der Vater, die Geschwister, ihre Wohnung, ihr Zimmer, die vertraute Umgebung in der sie mit ihren Freunden und Kameraden spielten und lernten. Deswegen müssen sie jedoch nicht heimatlos werden. Sie bringen Heimat mit, persönliche Erinnerungen, welche die Kinder sehr hoch halten und gegen Zweifel und Angriffe von Anderen vehement verteidigen. Diese gilt es zu schonen und zu pflegen, was durch das Aufhängen von Bildern oder das Aufstellen von Dingen unterstützt werden kann, die hohen Symbolgehalt haben und dem Kind das eigene Zuhause immer wieder präsent und erinnerbar halten. Nur wenn diese Verbindung an die eigene Heimat aufrechterhalten bleibt, nur wenn die Kinder wissen, dass sie über diese Verbindung Teil ihrer Heimat bleiben und zuhause wieder willkommen sein werden, können sie sich darauf einlassen, vorübergehend im Heim eine Heimat zu finden, die – und darin liegt die Aufgabe der Heimerziehung – nicht nur als Sehnsucht existiert, sondern als sichere Basis, wieder Boden unter den Füßen zu bekommen und auf dieser Grundlage eine neue Heimat aufzubauen oder seine alte Heimat neu zu finden.

Die Auseinandersetzung mit dem Thema zeigt, wie schwierig es ist, gerade in einem solch sensiblen Bereich wie der Heimerziehung, von Heimat zu sprechen und den Versuch zu machen, den Begriff didaktisch so aufzuarbeiten, dass er für die Erziehung handhabbar wird. Dieses Thema ist jedoch nicht nur für Heimkinder ein Kernproblem. Es ist ein Lebensthema, seine Heimat zu finden, den Ort auf dem man wächst, auf den man baut, zu dem man zurückkehren kann. Heimat bedeutet Rückbindung an das, was einem in der Kindheit war. Die Aneignung von Heimat geht aus von der Entwicklung der individuellen Persönlichkeit, die sich in „Ko-evolution“ (MATURANA/VARELA) mit anderen Menschen in einer gemeinsamen, aber für jeden Einzelnen je individuellen Lebenswelt vollzieht.
Für den pädagogischen Alltag heißt dies:

1. Kindern Hilfestellung bei der Entwicklung und Stabilisierung ihrer Persönlichkeit zu geben. Da wir davon ausgehen, dass der Körper die Grundlage menschlicher Existenz darstellt, wird dies gewährleistet durch die Vermittlung von Körpererfahrung und Körperwissen (Massage, Elemente aus der sensory awareness) oder durch das Aufgreifen des Themas Sexualität und Gestaltung von

Beziehungen, wobei die Bedeutung des körperlichen Dialogs bewusst gemacht wird.

2. Hilfestellung zu geben, beim Aufbau der Stabilisierung von Beziehungen. Hierfür eignet sich im besonderen „pädagogische Gruppen“ wie Kindergarten, Schulklassen aber auch Heimwohngruppen, da sie innerhalb eines überschaubaren Rahmens bewusst gestaltet wird und für die Kinder und Jugendlichen als Welt sozialen Lernens dienen kann.
3. Hilfestellung zu geben, bei der Aneignung der Lebenswelt, die, wenn sie zu einer persönlichen und nicht zu einer entfremdeten werden soll, mit dem Begriff Heimat beschrieben werden kann.

Man kann über Heimat reden und schreiben, eine persönliche Beziehung zu seiner Heimat kann man jedoch nur über die sinnliche Erfahrung herstellen. Nur indem man sie riecht, ertastet, begreift mit seinen Händen, wird sie zu einer Heimat für uns. „Ja, Heimat riecht (...). Der Geruchssinn bindet, wie das Begreifen mit der Hand, an Kreatur und Natur, und getreulich bewahrt er, was einmal war. Ein Anhauch genügt, um sofort uns zurückzuversetzen; mit den Gerüchen steigen frisch wie am ersten Tag die Bilder herauf, die sonst in ihrer Überfülle sich verwischen und verdrängen“ (Krockow 1992, 9f).

Nicht nur Gerüche und Geschmäcker werden gespeichert und wecken Erinnerungen, die längst verloren geglaubt sind. Auch kinästhetisch erfahrene, zu organischen Gewohnheiten gewordene Erinnerungen bleiben auch nach langer Zeit in unserem Körper gespeichert. „Aus einem Abstand von 20 Jahren (...) würden wir noch die Reflexe jener „frühesten Treppe“ wiedererkennen, über eine bestimmte, etwas zu hohe Stufe würden wir nicht stolpern“ (Bachelard 1992, 40).

Den Kindern Heimat – hier verstanden als Lebenswelt – nahe zu bringen heißt also, sie sinnlich erfahrbar, erlebbar zu machen, ihnen Gelegenheiten zu bieten, die Orte zu riechen, zu schmecken, zu begreifen, zu begehen, die ihnen Markierungspunkte bieten können, wo sie sich in ihrer individuellen Entwicklung verorten können und wo sie Räume finden, um sich in ihrer Auseinandersetzung mit der Umwelt zurückzuziehen und emotional aufzutanken.

Ausgangspunkt ist also die Erfahrung des eigenen Körpers als Basis des individuellen Seins mit dem wir Beziehungen zu unserer Umwelt aufnehmen, in sie eintreten und zu dem wir uns auch wieder zurückziehen können nach aufregenden und anstrengenden Auseinandersetzungen mit der Umwelt. Der Körper ist unsere Heimat.

Aufgrund der beobachteten Verhaltensmuster unserer Heimkinder drängt sich die Hypothese auf, dass nicht alle, aber viele Auffälligkeiten als Folge ihrer fehlenden Beheimatung erklärt werden können. Negative Körpererfahrungen in ihrer frühen Kindheit verhinderten das Entstehen von Urvertrauen, das an das angenehme Gefühl des physischen Gehaltenwerdens gebunden ist. Ihnen fehlte dieser Halt, den die Umwelt gibt. Die Entwicklung von Selbstvertrauen wird dadurch verhindert. Das Kind – alleingelassen – zieht sich in sich zurück. Ihm fehlen die Anregungen, sich mit der Umwelt auseinander zu setzen und damit – über diese Erfahrungen – zu einer differenzierten Vorstellung von sich selbst und dieser Umwelt zu kommen. Das Kind entwickelt keine Beziehung zu seinem Körper – er bleibt ihm fremd, ebenso wie die Umwelt. Die Entfremdung vom Körper zeigt sich in dessen Missachtung, die sich in seiner Vernachlässigung (Hygiene), noch schlimmer in seiner Vernichtung äußern kann (Drogenkonsum). Die Missachtung der Umwelt spiegelt sich einerseits wider im Konsumverhalten, das für unsere Wegwerfgesellschaft heute kennzeichnend ist und andererseits in der Unfähigkeit, Beziehungen zu anderen Menschen aufzunehmen, die von gegenseitiger Akzeptanz und Partnerschaftlichkeit getragen werden. Diese Entfremdung vom eigenen Körper aufzuheben, ist also für unsere Arbeit mit den Kindern von zentraler Bedeutung.

Ausgehend von der Erfahrung des Körpers als Basis des individuellen Seins kann der Prozess der Umweltaneignung gefördert werden. Hier steht im Heimalltag zunächst einmal das eigene Zimmer, die eigene Wohnung im Mittelpunkt. Von dieser Heimatbasis aus wird die nähere Umgebung erkundet, die sich dann über Streifräume auf das gesamte Stadtgebiet ausweiten kann. Die Fahrt in die Ferne ermöglicht die Auseinandersetzung mit fremden Kulturen, lassen den Wert der eigenen Heimat bewusst werden. Sie öffnet jedoch auch den Blick und das Verständnis für das Andere.
Heimat kann Verhaltenssicherheit und Vertrauen stiften. Aus diesem Verständnis heraus ist es wichtig, Ferienaktionen zu nutzen, um den Kindern Distanzerfahrungen zu bieten und ihnen die Möglichkeit zu geben, Menschen aus fremden Kulturen kennen zu lernen. Dieses kann sich bei einer Skifreizeit im Bayerischen Allgäu oder bei einem Segeltörn in den Niederlanden ergeben, aber auch vor Ort, im Kontakt mit Aussiedlern aus Russland, die – trotz Sprachprobleme – bei einem Besuch für unsere Kinder viel Verständnis und Gefühl für das Fremde entstehen lassen (vgl. PROJEKTGRUPPE PUMA 1993).

Aus dieser Abgrenzung vom Fremden, die nicht als Ausgrenzung verstanden werden darf, kann sich das Bewusstsein einer eigenen, personalen Identität entwickeln, ebenso wie aus der körperlichen Abgrenzung das Gefühl für die eigene körperliche Identität entstehen kann. Die Beheimatung im eigenen Körper wird zur Basis, um sich mit dem Anderen auseinandersetzen zu können. Sie hilft den Kindern, die Zerrissenheit zwischen Elternhaus und Heim nicht aufzulösen, aber sie zumindest zu ertragen. Die Eroberung des Nah- und Fernraums, als nächster Schritt, trägt zur Verortung der Kinder in ihrer Lebenswelt bei und unterstützt sie bei ihren Bemühungen, ihr Leben selbst-ständig und selbst-bewusst zu gestalten.

4.8 Pädagogik des Erlebens

Aber lasst uns doch jetzt mal
die Möglichkeit ergreifen,
alles ganz anders zu versuchen,
wie einer,
der kurz vor seinem Tod noch das Leben
erleben und durchleben möchte,
ohne das Gequassel der Zyniker und Drübersteher.
Lasst uns doch jetzt mal alles das versuchen,
was wir uns noch nie so richtig zugetraut
haben.

Lasst uns freundlich sein,
wo wir feindlich sein sollten.
Lasst uns kindlich sein,
wo wir erwachsen sein sollten.
Lasst uns herzlich sein,
wo wir logisch sein sollten.
Lasst uns fraulich sein,
wo wir männlich sein sollten.

Dass diese Welt nie ende -
nur dafür lasst uns leben!

Konstantin Wecker

In den vorangegangenen Kapiteln wurde gezeigt, wie der pädagogische Alltag um das zentrale Element des bewegten Körpers im intermediären Bereich (WINNICOTT) entfaltet werden könnte. Raum, Zeit, Materialien und Themen wurden dabei als wesentliche Bestandteile dargestellt, die dem Alltag Form und Inhalt geben.
Abschließend wird nun die „Pädagogik des Erlebens" als integrative Methode dargestellt, die eine lange Tradition innerhalb der Pädagogik hat (NEUBERT 1930/1990), und neuerdings v.a. im Bereich der Jugendhilfe als „Erlebnispädagogik" wieder große Beachtung findet, wenngleich ihre Sinnhaftigkeit und Wirksamkeit nicht immer unbestritten ist (vgl. STAHLMANN 1994).

4.8.1 „Erleben" und „Erfahren"

Für eine Annäherung an das Wesen und den potenziellen Wert dieser Pädagogik mag es zunächst einmal hilfreich sein, sich Klarheit über die, in diesem Zusammenhang verwendeten Begriffe zu verschaffen.

So bezeichnet BOLLNOW (1968) das *Erlebnis* als ein singuläres Ereignis, das zwar für den Einzelnen bedeutsam ist oder war, das jedoch „ganz in sich selber ruht und nicht über sich selber hinausweist, so dass am Schluss nur die Erinnerung an das Erlebnis zurückbleibt" (ebd. 228) und keine Veränderung beim Menschen bewirkt. Dem Erlebnis haftet etwas Folgenloses und Subjektives an, da der Erlebende dabei im Mittelpunkt steht, mit dem Erlebten geradezu verschmilzt und ganz von ihm ausgefüllt wird.

Ertragreicher für unsere Zwecke ist der Begriff des *Erlebens*, wie wir ihn bei seiner ersten Erwähnung im Enzyklopädischen Lexikon (1838) wiederfinden. Hier wird unter Erlebnis all das verstanden, „was man selbst erlebt (empfunden, geschaut, gedacht, gewollt, getan oder gelassen) hat. Solche Erlebnisse sind also die Grundlage der eigenen Erfahrung, wenn man dadurch richtige Ergebnisse zu ziehen versteht" (z.n. FRIEDRICH 1991, 7).

Eine sehr weite Definition, die aber schon auf eine wichtige Bedingung verweist, die uns im folgenden immer wieder begegnen wird: Erlebnisse müssen in Erfahrungen hinübergeführt werden, um ihren vollen Wert entfalten zu können.

Eine wesentliche Einengung erfährt der Erlebnisbegriff durch die Einschränkung auf den Inhalt des Erlebten, d.h. nicht alles, was einem begegnet, wird zum Erlebnis, sondern nur das, was für einen bedeutsam ist. Das „nachdrückliche" gegenüber dem „bloßen Erleben" wird hier betont (NEUBERT 1990, 18), d.h. es umfasst „Bewusstseinsvorgänge, in denen der Mensch tiefinnerlich und ganzheitlich von der Sinn- und Wertfülle eines Gegenstandes ergriffen wird" (DÖRR, 1952, 982). Ein wichtiges Kriterium dabei ist es, dass das „Erlebnisobjekt" über das Alltägliche hinausgehen, sich also von den Ereignissen des „normalen" Lebens durch seine Besonderheit abheben muss – ein wesentlicher Punkt, der die Hypostasierung des Erlebnisses in der Pädagogik in massive Kritik bringen lässt.

Ein Aspekt, den DILTHEY hervorhebt, weitet den Begriff auf Erlebnisse aus, die rein geistig „erlebt" werden, d.h. ohne die Gegenwart des „Erlebnisobjekts". Entscheidendes Kriterium ist die „Unmittelbarkeit des seelischen Vollzugs", die ungehemmt von Reflexion und kritischer Zergliederung erlebt werden muss (vgl. ebd.). Im Mittelpunkt des Erlebnisses stand bei DILTHEY also nicht die sinnliche Erfahrung, wie sie heute in erster Linie propagiert wird, sondern das seelische Erleben, das in einem zweiten Schritt ergänzt wird durch die reflektive Tätigkeit. An der lebendigen Sinneserschließung beteiligt sich auch der Verstand. Das Erleben wird mit dem Verstand verbunden, denn „klare Begriffe sind die feste Stütze um die sich starke Gefühle emporranken können.(...) Beherrschend sind freilich die Gefühle, aber nicht seichte 'Gefühlchen', sondern die tiefen 'wertenden Gefühle'" (ebd.). Erlebnisse sind also Voraussetzung und Basis für Verstehensprozesse (Dilthey z.n. Bauer 1991, 61), sie setzen durch ihre Subjektivierung der Erkenntnis jedoch starke Grenzen. Demgegenüber ist das „Erfahren" viel sachbezogener und objektivierender, d.h. hier steht nicht der Mensch, der die Erfahrung macht, im Mittelpunkt, sondern die Sache, die er dabei erfährt.

Dies soll jedoch nicht heißen, dass Erfahrung ausschließlich als kognitive Erkenntnis verstanden werden soll, bei der das menschliche Subjekt nur noch die Strukturen des Objekts abbildet, d.h. Erkenntnisse nur durch seine Verstandesleistungen gewinnt.

Er-fahren ist und bleibt ein Tätigkeitsbegriff, der die Aktivität des Individuums beim Wort nimmt. Er-fahren kommt ja von „fahren" und meint damit das Sich-fort-bewegen im Raum, ursprünglich nicht nur mit dem Fahrzeug, sondern auch zu Fuß, wie uns der Begriff des „fahrenden Schülers" deutlich macht. Die Vorsilbe „er-" verstärkt den Vorgang und zeigt, dass es gilt, bei diesem Vorgang bis zum Ende durchzuhalten, um schließlich ans Ziel zu gelangen. Im übertragenen Sinn ergibt sich daraus, „etwas dadurch kennen lernen, dass man im 'Fahren', auf der 'Fahrt', damit in Berührung kommt, wobei dann die Erinnerung an die ausgestanden Mühen und Gefahren und an die Unfälle, die einem auf dem Weg zugestoßen sind, mitschwingt und dem Wort einen ganz bestimmten Bedeutungshintergrund mitgibt, den es auch später nicht ganz ablegt, wenn es sich in einer abgeblassten Bedeutung zum bloßen Kennen-lernen bis hin zum einfachen Zur-Kenntnis-nehmen einer Nachricht weiterentwickelt hat" (Bollnow 1986, 225).

Zur Erfahrung gehört also, dass man diese „am eigenen Leibe" gemacht hat. Sie ist nicht auf andere übertragbar, man kann nur über sie berichten, wobei dieses Wissen um die Erfahrung des anderen nie zur eigenen Erfahrung wird. Jeder muss seine eigenen Erfahrungen machen, muss sich selbst „den Mühen der Fahrt unterziehen" (ebd., 226).

Weiter gilt, dass man Erfahrungen immer neu und auch immer wieder neue machen muss. Ein erfahrener Mensch zu sein heißt nicht, sich über gemachte Erfahrungen ein möglichst großes Wissen angeeignet zu haben, sondern beinhaltet die Verpflichtung, in einem ständigen Prozess aus der Bewältigung von Lebenssituationen Erfahrungen zu sammeln und sie in seinen Erfahrungsschatz zu integrieren. Sie sind kein Besitz, sondern müssen ständig neu erworben werden. Dabei sind sie nicht planbar. Niemand kann sie herbeizwingen, sondern nur bereit dafür sein und sich wagend Situationen aussetzen, aus denen Erfahrungen entstehen können. „Erfahrungen gibt es nur, wenn man offen ist für das, was einem an Unerwartetem entgegentritt. Dazu aber gehört Mut und Einsatzbereitschaft; denn der Erwerb von Erfahrungen ist schmerzhaft und gefährlich. Die Ängstlichen machen keine Erfahrungen.(...) Ihr Leben ist zum Stillstand gekommen“ (ebd., 234). Aber auch der „Abenteurer“ nicht, der sich ständig neuen und höchsten Gefahren aussetzt und deren Bewältigung wie eine Sucht anstrebt. Er erlebt viel in diesen Situationen, diese Erlebnisse bleiben ihm jedoch äußerlich, ohne in seinen Erfahrungsschatz integriert zu werden. „Aus seinen Erlebnissen entspringen darum keine Erfahrungen. Erfahrungen erwachsen vielmehr erst in der Art, wie der Mensch das ihm von außen her Begegnende sich auch innerlich anzueignen weiß, mit ihnen sich selber verwandelt und so zur Überlegenheit des an seinen Erfahrungen gereiften Menschen gelangt“ (ebd., 235). Diese Aneignung geschieht nicht von selbst und nicht im leeren Raum. Wir lernen aus der Vergangenheit für die Zukunft, aus dem Faktischen für das Mögliche. Dies ist allerdings nur möglich, „wenn Gesetze das Mögliche mit dem Faktischen verknüpfen“ (WEIZSÄCKER, 1992). Erlebnisse müssen also an eine innere Struktur angebunden werden, die wiederum aus der Erfahrung erwachsen muss – abhängig von äußeren Strukturen. Sind diese nicht vorhanden führt dies zu Orientierungslosigkeit. Erlebnisse vermitteln dann den Kick, aber keine Erfahrungen.

Der Mensch lernt nur dann aus seinen Erfahrungen, wenn er das, was er in Situationen, die ihn innerlich angerührt, betroffen machten, erlebt hat, sich deutend aneignet und für sein künftiges Leben eine Lehre daraus zieht. Aus der Summe der einzelnen Erfahrungen entsteht im Laufe der Zeit die Lebenserfahrung, die wie die Einzelerfahrung nicht in einem planbaren Prozess erworben werden kann, denn „wie der Mensch isst und trinkt und verdaut, ohne zu denken, dass er einen Magen hat, also sieht er, vernimmt er, handelt und verbindet seine Erfahrungen, ohne sich dessen eigentlich bewusst zu sein“ (GOETHE, z.n. BOLLNOW 1986, 240).

Da Erfahrungen also nicht planbar, für Persönlichkeitsentwicklung aber unabdingbar sind, kann dies nur heißen, dass Kinder und Jugendliche, aber auch Erwachsene, immer wieder mit Situationen konfrontiert werden müssen, in denen sie etwas erleben und daraus, in einem reflektiven Prozess, ihre Erfahrungen ableiten können

Die Reflexion des Erlebten muss sich am Entwicklungsniveau und an der Art des Erlebnisses orientieren. Nicht immer ist das Gespräch die geeignete Form. Oft bieten sich nicht-verbale Methoden an, wo

die Kinder und Jugendlichen über darstellendes Spiel oder im künstlerischen Ausdruck des Malens oder der Gestaltung von Skulpturen, Collagen u.ä. einen Weg finden, das Erlebte darzustellen und es alleine oder im gemeinsamen Prozess mit anderen zu verarbeiten (vgl. BALD 1999).

Die Auswahl und die Gestaltung der Situationen sind nicht willkürlich. Es müssen solche sein, in denen die Kinder und Jugendlichen innerlich angerührt und angesprochen werden. Diese Ereignisse müssen für sie Bedeutung haben und an die Biographie nach hinten, nach vorne und im Jetzt angebunden werden. Die angebotenen Inhalte müssen also zum Thema gemacht werden (vgl. KLAFKI 1985). Nur dann besteht die Bereitschaft, sich dafür zu öffnen und die Möglichkeit, das Erlebte auch in den Erfahrungsschatz einzubauen um es zu einem Teil der eigenen Lebensgeschichte zu machen.

Nachvollziehbar wird dies am Beispiel eines Segeltörns, als eine (exotische) Möglichkeit, den Kindern und Jugendlichen die Gelegenheit zu bieten, etwas zu erleben und dabei ihre Erfahrungen zu machen.

Mit dem Segelboot unterwegs
Sonntag:
Am Sonntag starten wir gegen 9.00 Uhr mit den KollegInnen und Kindern. Die überlegte Zusammensetzung der Kinder in den Autos erlaubt eine ruhige Fahrt bis Balk (Niederlande), und dies obwohl wir die gesamte Marschverpflegung im Kühlschrank vergessen und es sehr heiß wird. Wir erreichen gegen 17.00 Uhr Balk und melden uns beim Bootsverleiher. Bevor diese Übergangssituation zu Eskalationen führt, gibt es Pommes am Strand und ein erstes Bad. Wir bekommen einen Platz für die erste Übernachtung, dicht am Strand, bauen die Zelte auf und versuchen, ein Mindestmaß an Ordnung und Struktur aufrechtzuerhalten. Sehr schnell finden die Kinder Räume, die sie interessieren, in denen sie sich konzentriert beschäftigen: Bootsbau, Angeln, Strandleben, um das Zelt herum kruschteln. Auseinandersetzungen zwischen den Kindern und Jugendlichen, die die Arbeit im Heim oft unerträglich erschweren, finden kaum mehr statt. Dies wird die Woche über so bleiben. Im Team herrscht noch ein großes Bedürfnis an Kontrolle, aber bis auf zwei kleinere Kinder sind alle vom ersten Ausgang pünktlich zurück. Dem Bootsverleiher ist es nicht gelungen, die bestellten 4 BM-Jollen übergabefertig zu machen. Diese an sich ärgerliche Situation ermöglicht es, dass einige Jugendliche sich an den anstehenden Arbeiten beteiligen. Nur ihnen ist es zu verdanken, dass wir am Montag starten können. Hier zeigten sich die

positiven Erfahrungen aus der vorangegangenen Bauphase an unserem eigenen Boot. Die Jugendlichen hatten hier erfahren, dass sie etwas können: mit Werkzeug umgehen und Holz bearbeiten. Diese Erfahrung gab ihnen die Sicherheit und das Selbstbewusstsein, dem Bootsverleiher zu helfen und mit Nachdruck die Fertigstellung des angemieteten Bootes zu betreiben. Die Problemsituation führte also nicht zu resignativem Rückzug, auch nicht zu sonst üblichen Ausrastern. Sie gingen das Problem aktiv an und „zwangen" den Bootsverleiher dazu, das Boot bis in die späten Abendstunden zu bearbeiten und segeltauglich zu machen. Dass sie ihm hierbei aktiv und kompetent zur Seite standen versteht sich. Dass sie hierfür von der gesamten Gruppe auch entsprechend gelobt wurden versteht sich natürlich auch.

Montag:
In jedem der 5 Boote sitzen 1 bzw. 2 Erwachsene und 2 bis 3 Kinder. Die Zusammenstellung erweist sich als gut. Die 2 Erzieherinnen und 2 Mädchen fahren gemeinsam in einem „Frauenboot". Die 3 älteren Jugendlichen sitzen mit einem erfahrenen Segler in einem Boot, das eigene Boot wird vom Klassenlehrer und 3 Kindern gefahren. Die zwei weiteren Boote werden von jeweils 2 Erwachsenen und 2 bis 3 Kindern gesegelt. Jedes „Boot" ist für sich verantwortlich, d.h. die Versorgung und auch die Strukturen an Bord und an Land werden vom jeweiligen Kapitän geregelt. Die Segelroute wird gemeinsam ausgehandelt und unterwegs bleiben wir immer in Sichtweite. Die Intensität in der Kleingruppe, 4-5 Stunden tägliche Segelzeit und die gemeinsamen Essens- und Aufräumzeiten ist sehr hoch. Wann ist ein Erzieher im Alltag schon einmal so lange Zeit für das Kind verfügbar? An Land kann jede Kleingruppe ihre besonderen Erlebnisse berichten, und die Einzelnen können sich auch in die große Gruppe zurückziehen. Der Aufbruch in Balk geht in Ruhe vor sich: Die fertigen Boote werden eingeräumt und starten mit einigem Abstand. Das nächste Ziel ist Sloten. Auf dem See herrscht Flaute – und damit Gelegenheit für die Kinder, ihr neues „Zuhause" in Ruhe kennen zu lernen und auch weit weg vom Ufer schwimmen zu gehen.

Interessante Erfahrungen waren für die Kinder und Jugendlichen, aber auch für uns Erwachsene hinsichtlich des Raumes auf einem Boot zu machen. In dieser Situation ist der „Wohnraum" sehr begrenzt, jeder muss auf seinem Platz bleiben. Ein „persönlicher Raum" (Hall) steht eigentlich keinem zur Verfügung. Die eigene Habe ist so gering, dass sie in einer Sporttasche Platz findet, und dies einschließlich Besteck und Geschirr des einzelnen. Der Bezug zum eigenen Besitz wird in

den nächsten Tagen sehr eng, es wird kaum noch etwas „verschludert“, denn alles was dabei ist, ist existentiell wichtig. Wer seinen einzigen warmen Pullover leichtfertig ins Wasser wirft, dem bleibt am Abend nur der Weg in den Schlafsack, wenn er nicht frieren will. Wer seinen Teller nicht findet, wird nicht essen können.
Den Kindern fällt es leichter, Ordnung zu halten, da ihre Gegenstände begrenzt sind. Die Anzahl der zu beachtenden Regeln ist gering, das Verhalten wird weitgehend von den sachlichen Erfordernissen der Natur und des Bootes geformt.
Diese Sachzwänge bestimmen auch den Platz, auf dem man in dem Boot sitzen darf. Es sei denn, man hat „frei“, dann kann man ihn sich selbst aussuchen. Erstaunlicherweise hat sich in den Tagen auf dem Boot kein Lieblingsplatz herauskristallisiert. Vielleicht lag es daran, dass die Aufgaben uns zwangen, immer mobil zu sein und neue Positionen zu besetzen. Eng wurde es vor allem dann, wenn starker Wind aufkam. Dann mussten sich alle auf den Boden setzen. Wir rückten eng zusammen, hatten Kontakt zum Anderen, der Wärme, aber auch Sicherheit vermittelte.
Das Selbstbewusstsein steigt mit der Aufgabe. Dies war deutlich zu sehen und zu spüren, als die Kinder und Jugendlichen – auch die Erwachsenen – ihr Plätze einnahmen um neue Aufgaben zu übernehmen.
An der Pinne sitzt der Kapitän des Segelbootes. Von dort wird das Boot kontrolliert, auch die Besatzung. Er hat das Boot in der Hand, bestimmt den Kurs, kurz er ist Chef – und kann auf einer Bank sitzen.
An der Vorschot oder am Großsegel sitzt man schon schlechter. Die Sicht ist eingeschränkt, da man auf dem Boden sitzt oder am Bootsrand. Aber da bekommt man einen nassen Hintern vom hochspritzenden Wasser. Aber man hat noch ein Amt, allerdings kein „selbständiges“. Der Vorschoter ist ausführendes Organ.
In der „Freizeit“ liegen – bei schönem Wetter – die meisten auf dem Bug: die Sonne genießen, sich den Wind um die Nase wehen lassen oder die Füße im Wasser baumeln lassen. Der Blick ist gut von hier. Der Horizont über dem Wasser mit den vielen anderen Booten und Schiffen bietet immer wieder etwas Abwechslung.
Eine neue Dimension erhält die Platzverteilung beim Ab- oder Anlegen. Hier sind plötzlich, schnell, geschickt und zuverlässig wichtige Aufgaben zu erledigen. Wer darf auf den Bug um als erster an Land zu gehen? Wer belebt draußen um als letzter auf das Boot zu springen.

Welch ein Gefühl die Leine, das Boot und seine Besatzung in der Hand zu halten: Kontrolle, Verantwortung ...

Bei der Ankunft im Hafen von Sloten zeigt sich, dass die Zeit im Boot für die Kinder anstrengend ist. Es gibt wenig Bewegungsmöglichkeiten, keine Rückzugsmöglichkeiten. Aufgrund der räumlichen Enge drang praktisch immer jeder in den „persönlichen Raum" des anderen ein. Verständlich, dass sie – kaum an Land – umherspringen, Fangen oder Ball spielen, sehr laut sind.
Beim Dorfbummel bemerken sie die autofreien Straßen, die kleinen Häuser und die vielen Kanäle in der Stadt. Am Abend zeigt sich, dass viele Angst haben, im Boot zu schlafen („Wenn ich schlafwandle und ins Wasser falle, ersaufe ich!"). Wir stellen Zelte für die Kinder auf und schlafen selbst in den Booten.

Dienstag:
Alles steht bereit zum gemeinsamen Frühstück am Ufer. Das Kaffeewasser kocht, die Brote liegen zum Schmieren bereit. Doch urplötzlich überrascht uns ein heftiges Gewitter, das uns zwingt schnellstens mit unseren Utensilien ins Trockene zu kommen. Wir sind gezwungen, 1 1/2 Stunden unter der Persenning im Boot auszuharren.
Da sitzen wir nun. Vier Mann in einem Boot, auf engstem Raum, kaum Platz zum Sitzen. Wohin sollen die Teller und Tassen, Wie kann so viel Ellbogenfreiheit erkämpft werden um die Butter auf das Brot zu bringen? Die Beine schlafen ein, verlangen einen Stellungswechsel – die Milch, der Zucker, der Kaffee muss gereicht werden. Keine Bewegung verläuft mehr automatisiert. Wegen der erforderlichen Zielgenauigkeit müssen Bewegungen der Arme und Beine mit den Augen verfolgt und kontrolliert werden. Nichts geht mehr selbstverständlich.
Diese hohen Anforderungen bringen Kinder, die als konzentrationsschwach und hyperaktiv gelten natürlich an den Rand ihrer Belastbarkeit. Vor allem Andy leidet darunter – fällt auf. Es zeigt sich hier ganz deutlich, wie viel Platz er braucht. Seine unkontrollierten, oft überschießenden Bewegungen stoßen ständig an irgendwelche Grenzen. In diesen eineinhalb Stunden stößt er zweimal eine Kaffeetasse um, versenkt seinen Fuß im Margarinetopf, überschüttet uns mit dem Zucker. Kurz: er ist völlig mit der Situation überfordert, die ein Höchstmaß an motorischer Kontrolle verlangt – die er nicht hat. Er wird immer unruhiger, ist unglücklich, leidet sichtlich unter seinem Unvermögen, bis er sich sein Regenzeug anzieht und an das rettende Ufer springt. Für Andy war dies einechtes Grenzerlebnis: sein Körper stieß ständig an etwas, wird eingeschränkt. Das Gefühl von Freiheit

geht schmerzlich verloren.
Anderen fällt es leichter. Sie nutzen die Selbsttätigkeit als Mittel gegen Langeweile und Angst. Es wird gesungen, Rätsel, Witze und Geschichten erzählt. Die Zeit bleibt in guter Erinnerung. Es war ein echtes „Höhlenerlebnis“.
Wir brechen auf und segeln mit gerefften Segeln (3-4 bft) Richtung Woudsend, unser nächstes Ziel. Der Himmel ist dunkel, der Wellengang hoch. Es herrscht eine bedrohliche Stimmung – die Mädchen singen, vielleicht auch gegen die Angst. Wir erreichen Woudsend, finden aber keinen Platz. In den Kanälen, bzw. im Stadtbereich fahren wir im Schleppverband, d.h. die zwei Boote mit Motor ziehen jeweils 1 bzw. 2 andere Schiffe. Wir einigen uns auf ein neues Ziel, eine Insel im Heeger Meer. Andere Boote signalisieren uns, dass Wind und Wellengang auf dem See zu stark für unsere Boote sind. Wir drehen kurz vor dem See ab und versuchen, in Luv an Land zu kommen. Die Kinder werden jetzt das erste Mal ernsthaft gebraucht, sie müssen gegen starken Wind (5 bft) an Land springen und die 3 Boote des Schlepperverbandes halten. Sie erweisen sich als sehr zuverlässig. Unsere Anlegestelle liegt inmitten von Wiesen, das nächste Haus einige 100 m entfernt, das nächste Dorf eine 1/2 Stunde Fußweg.
Der starke Wind begeistert die Kinder, sie gehen an das nahe Seeufer und bewundern die wenigen „Meister des Surfbretts“, die sich noch auf das Wasser trauen. Alle „spielen“ mit dem Wind (vgl. dazu auch Denzer 1997).
So begrenzt der Bewegungsraum im Boot während des Tages ist, so unbegrenzt erscheint der Wahrnehmungsraum: Der Blick geht immer bis zum Horizont, die Welt ist gleichbleibend: Wasser, Himmel, Wiesen, Boote; ab und zu ein Dorf. Die Differenzen sind sanft, alles wiederholt sich. Die Geräusche sind gleichförmig, entstehen in der Situation. Der Wind bestimmt das Leben der Menschen: Der Sturm bringt Lärm, Hektik und wildes Wasser, die Flaute Ruhe, Zeit und Plätschern. Er bestimmt unseren Tagesablauf, unsere Ziele. Alles gelingt nur durch geschickte Anpassung an den Wind.
Die Fernsinne, Augen und Ohren, erleben eine tiefe Erholung durch die andere Reizintensität in der Natur, ohne Radio, ohne Verkehr. Die Nahsinne, taktil-kinästhetisches Empfinden und die Gleichgewichtsfunktion werden intensiv gefordert: Immer fordert das Boot Ausgleichsbewegungen, der Wechsel vom Wasser auf das Land fällt allen schwer, das Schlafen auf dem Wasser bedarf ebenfalls der Gewöhnung. Das saubere Wasser (- und das warme Wetter) ermöglichen ein ständiges Schwimmen und Trocknen in der Sonne, bzw. Liegen im Sand. Viel körperliche Spannung wird hier abgebaut. Vergleicht man

die „primitive“ Lebenswelt auf dieser Grundlage mit der Unsrigen, so lässt sich feststellen, dass die Außenorientierung stark verringert ist, zugunsten einer erhöhten Selbstwahrnehmung.
Am Abend möchten 3 Jungen außerhalb des Zeltes, ganz im Freien schlafen. Trotz einiger Bedenken wird es ihnen gestattet. Sie bleiben die Nacht über draußen – und die nächsten Nächte verbringen fast alle unter freiem Sternenhimmel.

Mittwoch:
Wir erleben einen wunderschönen Morgen mit Sonne und einer sanften Brise. Nach dem Schwimmen und Frühstück verlassen wir unseren Platz wieder. Die Bootsbesatzungen sind gut eingespielt, alle haben ihre speziellen Aufgaben an Bord und beherrschen sie. Wir müssen zu unserem nächsten Ziel, der Insel der schwarzen Galeere, gut zwei Stunden kreuzen. Es gelingt allen! Die Kinder übernehmen immer mehr wichtige Aufgaben: Sie lernen das Steuern und die Bedienung des Großsegels. Die Insel begeistert alle! Um bleiben zu können, benötigen wir Proviant. Es wird ein „Versorgungsschiff“ losgeschickt, um Wasser, Brot und Würstchen zu besorgen. Die anderen schwimmen, erobern die kleine Insel, segeln um die Insel und nehmen Kontakt zu unseren Bootsnachbarn auf. Niemand sucht heute das Weite als wir anlegen. Die Kinder können alle mit ihrer Zeit etwas anfangen: obwohl – oder weil es keinerlei Angebote gibt. Ein Jugendlicher, sonst sehr verschlossen und schwer zu verstehen, nutzt jede Minute zum Angeln: Mit ihm nicht zugetrauter Sachkenntnis und Geduld fängt er Fische, erklärt den anderen was sie wissen wollen, ist offen und geduldig. In kleinen Gruppen sitzen alle am Ufer und beobachten den Sonnenuntergang. Es herrscht große Ruhe. Unser schönster Tag!
Die Umgangsformen haben sich der neuen Umgebung angepasst. Alle haben sich von den institutionellen Zwängen gelöst, Kinder und Erwachsene können sich auf Aufgaben konzentrieren, die zur Erreichung der gemeinsamen Ziele notwendig sind. Die Kinder können ruhiger werden, die Erwachsenen entspannter. Die Befürchtungen vor Beginn der Fahrt haben sich als unbegründet erwiesen. Soziale Spannungen, Verweigerungen u.ä. sind gering.
Diese Freiräume spiegeln sich auch in der lockeren Atmosphäre beim Essen wieder. Alles ist vor uns ausgebreitet, die einen sitzen, die anderen stehen. Jeder macht es sich so gemütlich wie möglich – wie das halt geht ohne Tische und Stühle, an die wir uns in unserer Zivilisation doch so gewöhnt haben.
Durch das Auslegen der Isomatten ist eine Fläche gebildet, der für

unser Erleben so etwas wie eine „Sitzgruppe um einen Tisch“ andeuten könnte. In der Mitte stehen Teller und Gläser, Margarine, Erdnussbutter, Wurst, Käse – alles was das Herz begehrt.
Will man etwas haben, das nicht in Reichweite liegt oder steht, bittet man um Hilfe oder geht außen um „den Tisch“ herum um sich das Gewünschte zu holen.
Andy, als Einziger, nimmt dieses Geschehen anders wahr. Für ihn existiert kein „Tisch mit Sitzgruppe“, sondern einzelne Teile. Er hat nicht die „Gestalt“ gebildet, er definiert die Situation anders. Deshalb geht er mitten durch, nicht außen herum.
Allerdings, er bewegt sich „über dem Tisch“ wie eine Katze. Ohne sichtbar auf die verteilten Esswaren und auf das Geschirr zu achten, tanzt er um uns herum und wirft nichts um. Die scheinbar visuelle Unkonzentriertheit scheint er kinästhetisch (vielleicht sogar coinästhetisch?) auszugleichen. Ganz anders als bei seinem Erlebnis im Boot, wo ihm der Freiraum fehlte.

Donnerstag:
Wir beschließen nach Sneek, der größten Stadt in dieser Gegend, zu segeln. Die Entscheidung erweist sich als nicht glücklich. Bei abflauendem Wind müssen wir lange Strecken unter Motor fahren und viele Brücken passieren. Für die Kinder gibt es wenig zu tun. Der große Hafen mit anliegendem Campingplatz bringt Lärm und wieder zivilisatorische Anforderungen. Ein Kind hat sich zudem einen Sonnenstich zugezogen. Die nahe Stadt ermöglicht das Einkaufen und „Rumhängen“, plötzlich herrscht am Abend wieder „Langeweile“. Die Diskussionen drehen sich darum, möglichst schnell nach Balk zu kommen.

Freitag:
Der Aufbruch wird durch die Ablenkungen verzögert. Als wir endlich unterwegs sind, beginnt die Brücke in Sneek die Mittagspause. Erstmals haben wir für den Abend ein klares Ziel: Wir wollen zurück nach Balk. Aber es herrscht Flaute und so kommen wir nicht voran. Der Wind bestimmt das Tempo – habe ich Zeit, kann ich mich anpassen, Ruhe bewahren. Nun haben wir uns unter Druck gesetzt und sind angenervt. Gegen späten Nachmittag erreichen wir doch noch das Slotener Meer. Wir werden unser Ziel erreichen, denn der Wind beginnt stärker zu werden. Kurz vor dem Ziel erreicht uns eine Gewitterfront, die, innerhalb kürzester Zeit, Sturm, Hagel, Blitz und Donner bringt. Sie verstreut unsere kleine Gruppe „in alle Winde“. So kämpft zunächst jedes Boot für sich alleine: Die Eika, unser selbst gebautes Boot schafft es, sich selbständig dem Ufer zu nähern; die

Masten biegen sich stark, sie nimmt Wasser auf, aber es reißt nur eine Bodenklampe. Das Boot bleibt auch in dieser Ausnahmesituation gut steuerbar. Während die Kinder Wasser ausschöpfen, bzw. sich am Motorboot festhalten, kann der Kapitän mit 2 Handgriffen (Schot lösen und Mast ausheben) die Segelfläche halbieren. Er kann so in den Kanal kreuzen, wo die Camper ihn und die Kinder mit „standing ovations" begrüßen. Das Versorgungsschiff birgt die Segel und fährt unter Motor neben der Eika in den Hafen, um im Notfall Kinder aufnehmen zu können. Eine BM-Jolle birgt das Großsegel, wendet und kann unter Fock nicht mehr Richtung Hafen kreuzen. Sie wird an das andere Seeufer getrieben. Ein Jugendlicher übernimmt die Aufgabe, die Fock zu halten und immer wieder die Knoten zu lösen, die sich in den heftigen Böen bilden. Er ist dieser Situation besser gewachsen als den „normalen" Schulsituationen. Er erweist sich als ruhig und zuverlässig. Die Besatzung sichert das Boot am Ufer und wird von einem Bauern zum Campingplatz nach Balk gefahren, das Boot wird abends geholt. Das Frauenboot versucht unter Segeln den Hafen zu erreichen, was sich als sehr schwierig herausstellt. Als sie sehen, dass das fünfte Boot gekentert ist, wird das Großsegel von den Jugendlichen geborgen, während die Erwachsenen mit Kurs halten und Motor anwerfen beschäftigt sind. Das 10-jährige Mädchen hat sich in der Ecke verzogen und ist nicht ansprechbar. Tief verkrochen in einer Regenjacke, eingebunden in eine Schwimmweste, baut sie sich ihre Höhle, die ihr ein Gefühl von Geborgenheit vermittelt. Dass sie sich auch noch die Mütze tief über die Augen zieht und den Kopf zwischen die Beine versenkt erinnert da schon ein bisschen an Vogel Strauß – vor der Gefahr die Augen verschließen und so die Angst besiegen..

Dies können die „Männer" auf dem gekenterten Boot nicht. Sie werden vom „Frauenboot" aus dem Wasser gezogen. Ihre BM-Jolle läuft voll Wasser und lässt sich nicht mehr manövrieren. Der Versuch, das Boot abzuschleppen, misslingt; der Motor ist überfordert. Wir kappen die Abschleppleinen. Das Versorgungsschiff wird es später abschleppen. Mit 8 Personen gelingt es nicht gegen Wind und Wellengang anzufahren, so dass wir mit halbem Wind Richtung Land fahren. Alle sind nass bis auf die Haut. Das Wasser ist zwar sehr warm, der Wind lässt es aber auf der haut kalt trocknen. Mit dem Wind im Rücken erreichen wir unter Motor das rettende Ufer. Wir sichern das Boot im Schilf und legen uns, solange das Gewitter anhält, unter die Persenning an Land. Wir alle sind sehr aufgewühlt und kämpfen mit der Angst. Als das Gewitter nachlässt, werden alle Vorräte an Schokolade und Bonbons aus dem Boot geholt und verteilt. Es wird warm, wenn

sich 8 Menschen auf engstem Raum zusammendrängen. Körperkontakt, Wärme, ein Gefühl von Sicherheit und Geborgenheit entsteht. Dazu die Versorgung mit Essen, Süßigkeiten und die Ausgabe der letzten trockenen Kleider auf dem Boot. Sie wurden aufgeteilt, egal wem sie gehörten. Wir waren eins.
Die überstandene Gefahr, die Angst vor dem Sturm wird durch Lieder verdrängt: „Wir lieben die Stürme"...
Immer wieder riskiert jemand einen Blick nach draußen. Die Persenning wird jedoch schnell zugezogen. ein kalter Wind weht in unser warmes Nest. Schließlich wagten wir dann doch den Schritt nach draußen. Der Wind hat nachgelassen, nach ca. einer 3/4 Stunde hat es aufgehört zu gewittern und zu regnen. Wir sehen unser Versorgungsschiff auf dem See und fahren hinaus. Sie suchen uns und die andere Jolle. Gemeinsam fahren wir – mit Motor – in den nahegelegenen Hafen, der vor einer Stunde für uns unerreichbar war. Inzwischen ist auch die andere Besatzung eingetroffen. Wir sind sehr glücklich, dass es zu keinem Unglück kam. Unsere „Verluste" beschränken sich auf etwas Kleidung, ein Diktiergerät, Fotoapparat und einige Unterlagen. Das Durcheinander ist unbeschreiblich groß. Wir besitzen an trockenen Kleidern nur noch, was als Notausrüstung im Auto deponiert ist. Wir ziehen uns um, inzwischen ist es dunkel und die Männer beginnen mit den Jugendlichen (die sich im Sturm in ihre Kajüte verzogen haben) mit der Schubkarre die nassen Kleider in eine Scheune zu transportieren und aufzuhängen sowie die Boote aufzuklaren. Seit dem (späten) Frühstück hat niemand etwas gegessen, die Frauen „besetzen" mit den Kindern eine Snackbar und kaufen auf, was es an Fritten, Pizza, Cola und Eis gibt. Auf dem Rückweg begegnen sie den Kollegen, die 2 Stunden Kleider aufgehängt haben. Die Kinder fallen in die Schlafsäcke und bevor sie ausgesprochen haben, dass sie Angst haben, schlafen sie auch schon. Wir setzen uns an den Strand und versuchen, unsere Anspannung absinken zu lassen.

Samstag:
Am nächsten Morgen scheint wieder die Sonne. Alle schauen ganz erstaunt, dass die Welt ist wie immer und sehen alles mit anderen Augen. Der Umgang miteinander ist sehr vertraut. Die Kinder halten sich eng aneinander. Wir installieren die „längste Wäscheleine der Welt" und hängen alle Kleider in die Sonne. Die Kinder haben „frei": Manche gehen in Kleingruppen ins Dorf und schlendern ganz ruhig, ganz bei sich durch den Ort. Andere verbringen viele Stunden im Wasser und am Strand: Sie schmieren sich mit Sand und Schlamm ein und springen wieder ins Wasser, immer wieder, immer wieder. Nur

wenige Kinder setzen sich ins Boot und segeln das Ufer nach „Schätzen“ ab. Unsere „Handwerker“ reparieren die Schäden an den gemieteten Booten. Wir bereiten das Abschlussfest für den Abend vor: Es ist gleichzeitig das Entlassungsfest für 2 Kinder, für sie werden 2 Kompasse und Holzschuhe zur Erinnerung besorgt. Wir bauen ein kaltes Büffet auf, aber einige Kinder nehmen zunächst Kontakt zu einer anderen deutschen Gruppe auf. Sie beginnen Fußball zu spielen und holen – zur Verstärkung – nach und nach alle Kinder der Gruppe und einige Erzieher. Es ist das erste Mal, dass wirklich alle freiwillig, gemeinsam etwas tun. Wir beobachten Verhalten, das für uns unvorstellbar war: Niemand beschwerte sich bei Stürzen, jeder setzt sich voll ein, ohne jemand zu verletzen. Unser „Angler“, sonst höchstens Zuschauer bei sportlichen Aktivitäten, wirft sich mehrfach in den Sand, um den Ball zu bekommen. Wir bieten unser kaltes Büffet als Pausennahrung an. Mit Einbruch der Dunkelheit kommen die Kinder an unseren Tisch. Wir singen die Lieder, die uns die Woche über begleiteten, aber diesmal wissen alle, was es bedeutet: „Wir lieben die Stürme“! Entsprechend laut und mit viel Gefühl wird gesungen. Die Abschiedsreden für die zwei Kinder werden gehalten, alle sind sehr aufgewühlt und wollen weiter singen. Gegen 24.00 Uhr gehen sie alleine und ohne weitere Aufforderung in den Schlafsack. Die Erwachsenen sitzen noch lange zusammen und diskutieren die Ursachen, die uns in diese Ausnahmesituation führten.

Sonntag:
Wir packen die Sachen und verteilen uns in Busse und PKW’s. Der Abschied fällt allen sehr schwer. Die Kinder singen die ganze Fahrt ihre Lieder: „Wir lieben die Stürme“. Ist es verständlich, dass das Kentern das Erlebnis war, das den tiefsten Eindruck vermittelte und am meisten berichtet wurde?

Einige Zeit nach Schulbeginn findet das erste Nachtreffen der Segelgruppe statt. Wir schauen – in Anwesenheit des Direktors – unsere Dias und den Videofilm an. Über 4 Stunden sitzen wir zusammen – die Kinder erinnern wörtliche Dialoge und Szenen zu jedem Dia, zu jeder Szene. Sie kennen immer noch genau den Fahrtverlauf, können sich an viele Situationen erinnern. Das Zusammengehörigkeitsgefühl, im Durcheinander des Schulanfangs scheinbar untergegangen, ist wieder da, ebenso die erfreulichen Umgangsformen, die außergewöhnliche Konzentration. Die Verbindung der BootsfahrerInnen untereinander ist bis heute präsent und hilft oft in schwierigen Situationen, gemeinsam eine Lösung zu finden. An einem Gruppenabend besteht die Gelegenheit, den Eltern noch einmal Dias und Video zu zeigen.

Sie sind sichtlich beeindruckt, dass die Realität diesmal die Erzählungen eher übertrifft.

4.8.2 Pädagogik des Erlebens im Alltag

Das Erlebnis als „Geschenk“, das dem Kind, dem Jugendlichen „widerfährt“, muss etwas Besonderes sein, ein Ereignis, das sich vom Alltag abhebt und die emotionale Schicht der Betroffenen in besonderem Maße anspricht.
Trifft dies nur für die Glanz- und Höhepunkte eines Jahres zu oder können auch Erlebnisse im sogenannten grauen Alltag ähnliche Wirksamkeit entfalten, wenn es gelingt, sie den Kindern und Jugendlichen mit einem hohen Maß an Bedeutsamkeit zu vermitteln?
Dies würde bedeuten, dass das Erleben nicht mehr nur innerhalb von besonders initiierten und strukturierten Ereignissen, sondern während des gesamten pädagogischen Alltags von hoher Bedeutung wäre – als Prinzip der Erziehung. Dies stände im Widerspruch zur Einmaligkeit und Besonderheit des Erlebnisses im Vergleich zum Heimalltag, wo nicht Experiment, sondern Routine, nicht flexible, sondern feste Zeiten, nicht Intensität, sondern eher Langeweile, nicht exotische Exkursionen, sondern eben der Alltag dominieren (vgl. SCHULZ/ RICHTER, 1991, 98).
Betrachtet man die, in diesem Zusammenhang weiter angeführten Elemente, denen die Kraft zugeschrieben wird, Erlebnisse zu vermitteln, so muss konstatiert werden, dass – so verstanden – im pädagogischen Alltag Erlebnisse nicht vermittelbar wären, da dessen Strukturen, durch Sach- und sonstige Zwänge auferlegt, den wesentlichen Kriterien für die „Schaffung eines Erlebnisses“ widersprechen: „Neuartige Erfahrungen, Überspringen von Grenzen, tiefes Gefühl, Spannung, gemeinsames Handeln, eingegangenes Risiko, Angst, Spaß, neue Fähigkeiten entwickeln, Stolz, sich anstrengen, totale Erschöpfung, Sinnlichkeit, Stille, Geschwindigkeit, Rausch, Zufriedenheit“ (ebd.), dies sind alles Elemente, die im grauen Alltag der Heimerziehung nur schwer zu finden sind. Zusätzlich wird auch noch der Anspruch erhoben, dass „erlebnispädagogische Projekte jenseits der sonst so belastenden und belasteten Umwelt der Jugendlichen stattfinden“, wo vor allem die Unausweichbarkeit und das Aufeinander-angewiesen-Sein die „außergewöhnliche Atmosphäre (schafft), welche Erlebnispädagogik prägen kann“ (ebd., 99).
Wird dieser Totalitätsanspruch für Erlebnispädagogik aufrechterhalten, so würde sie letztlich nur als „finales Rettungskonzept“ herhalten können, d.h. als Maßnahme, die darauf basiert, dass für eine zeit-

lich umgrenzte Phase Jugendliche aus ihrem Lebenskontext herausgenommen werden, um – gegen das Alltägliche – Besonderes zu erleben und daraus Erfahrungen zu gewinnen. Sie wäre herausgelöst aus dem Alltäglichen und müsste letztlich immer als kompensatorische Maßnahmen gegen die Monotonie des Alltags und dessen Folgen initiiert werden. Hier wird anscheinend davon ausgegangen, dass der Alltag monoton und langweilig sein muss und dass es nicht möglich ist, den Kindern und Jugendlichen auch in ihrem alltäglichen Leben die Anreize zu bieten, die sie für ihre Entwicklung benötigen. Sollte nicht vielmehr, wie BAUER vorschlägt, der Blick auf die Lebenswelt der Kinder und Jugendlichen gelenkt, und die positiven Erfahrungen mit erlebnispädagogischen Maßnahmen genutzt werden, „Eingeengtes zu öffnen und Beschädigtes wieder aufzubauen“ (1990, 60)?

Im Rückgriff auf die Aussagen zu den Transfermöglichkeiten psychomotorischer Maßnahmen scheint sich diese Forderung als notwendig herauszustellen, um überhaupt eine Effektivität erlebnispädagogischer Angebote zu gewährleisten. Nachhaltige Folgen können vermutlich nur dann erreicht werden, wenn die Lebensbedingungen den Strukturen dieser Sondermaßnahmen nicht total widersprechen und den Beteiligten dort die Möglichkeit geboten wird, die erworbenen Erfahrungen auch zu verarbeiten und sie in ihre Biographie zu integrieren.
In erlebnispädagogischen Fallberichten werden immer wieder die Schwierigkeiten beklagt, die bei der Rückgliederung der Jugendlichen bestehen – eigene Erfahrungen bestätigen dies, wie oben gezeigt wurde. Muss deshalb für die Erlebnispädagogik nicht der gleiche Anspruch gelten, wie er – als Ausgangspunkt unseres Projektes – auch für die psychomotorische Entwicklungsbegleitung formuliert wurde: diese Form der Maßnahme kann nur dann seine Wirksamkeit entfalten, wenn sie eingebettet ist in Strukturen, die nicht im Widerspruch stehen zu denen, wie sie für die erlebnispädagogischen Maßnahmen gelten.

Eine Zusammenstellung wesentlicher Elemente aus der Erlebnispädagogik soll zeigen, ob es möglich ist, grundlegende Faktoren erlebnispädagogischer Maßnahmen herauszuarbeiten und ihre Übertragbarkeit in den pädagogischen Alltag zu überprüfen.

Die Erlebnispädagogik entstand aus der Kritik an den Lebensbedingungen vor allem der Kinder und Jugendlichen, die in einer zunehmend monotonen und gefühlsarmen Gesellschaft aufwachsen mussten. Ziel ist es deshalb, diese mit *Situationen* zu konfrontieren, die sie herausfordern und einen hohen Anreiz bergen, die eigenen Fähigkeiten zu mobilisieren. Sie müssen in ihnen Freiräume finden, um ihre Kräfte einsetzen zu können und dabei in selbständigem und selbstverantwortlichem Handeln Probleme bewältigen. Erfolg oder Misserfolg ihres Handelns geben ihnen unmittelbar Rückmeldung über ihre Handlungen. Es handelt sich also um Situationen, die durch ihren offenen und unfertigen Charakter ein hohes Maß an Gestaltungsmöglichkeiten für die Kinder und Jugendlichen bergen, die kreative und eigenwillige Lösungen mit einer großen Bandbreite an Handlungsalternativen verlangen. Sie zeigen jedoch auch die Grenzen der eigenen Fähigkeiten auf und können dadurch die Zusammenarbeit mit anderen fördern. Die Jugendlichen lernen ihre eigene Grenzen kennen, sie akzeptieren, sie aber auch zu überschreiten oder gemeinsam mit anderen in sozialer Gemeinschaft auszuhandeln.

Als besonders „lehrreich“ wird in diesem Zusammenhang immer wieder hervorgehoben, dass Situationen durch ihre Sachzwänge die Jugendlichen zu Handlungen herausfordern und sie von der Sache her „zwingen“, aktiv zu werden, ohne dass es der Aufforderung durch Erwachsene bedarf. Dabei müssen sie oft gegen eigene Ängste angehen und sie überwältigen, wobei in der Überwindung der Angst und der zunehmenden Kontrolle über die Situation neue Kräfte und Kompetenzen entstehen, die Teil eines gesteigerten Selbstbewusstseins und Selbstwertgefühls geworden sind.

Obwohl hier immer wieder betont wird, dass die Kinder und Jugendlichen diesen Situationen ausgesetzt werden, um deren Ernsthaftigkeit zu spüren, darf sicher nicht vernachlässigt werden, dass die beteiligten Erwachsenen – trotz „partnerschaftlicher“ Beziehung – die Verantwortung dafür tragen, dass das Wagnis, sich auf diese Situation einzulassen, überschaubar ist und die dabei eingegangenen Risiken abschätzbar sind.

Nur auf der Grundlage von „gestalteter Sicherheit“ können die Jugendlichen dem Wagnis begegnen und sich dem Neuen aussetzen. Wohl wissend um den vorhandenen Schutz sind sie in der Lage, sich vorübergehend der Unsicherheit und Offenheit neuer Situationen auszusetzen, um dann, aus sich selbst heraus, ein Gefühl der Sicherheit und Sorglosigkeit zu schaffen. „In der Bemeisterung der Situation und dem effektiven Handeln – „Sein ist Handeln“ – könne sich menschliche Existenz darstellen, das eigene Dasein wird als „authentisch“ erfahren, wenn es gelingt, die existentielle Angst durch gewagtes Handeln in „freudige Spannung“ – joyful tension – zu verwandeln“ (SCHLESKE 1977, 40).

Fehlt in diesen Situationen die sichere Rückbindung, die Vertrauen in die eigenen Fähigkeiten schafft, oder sind die Anforderungen zu hoch, um sie aus eigener Kraft meistern zu können, bleibt ein Gefühl der Unzulänglichkeit zurück, die Angst erzeugt und – um es mit den Worten von Erikson auszudrücken – nicht Autonomie, sondern Angst und Zweifel erzeugen.

In diesen Situationen ist also Hilfestellung durch den Erwachsenen gefordert, der jedoch nicht belehrt und doziert, sondern sich gemeinsam mit den Kindern und Jugendlichen der Situation aussetzt und mit ihnen darin gemeinsam die anstehenden Probleme löst. „*Beziehung* statt Erziehung" (Hinte 1992, 28) ist hier gefragt, wo nicht geredet, sondern gehandelt werden muss. Der pädagogische Bezug lebt hier nicht vom erzieherischen Verhältnis, sondern von der Begegnung. „Gute Erlebnispädagogik muss Begegnungspädagogik sein" (ebd.), in der sich der Verzicht auf Erziehung aus der Gefordertheit der Situation ergibt.

Der Erwachsene gibt also die Verantwortung für die Entwicklung des Kindes und der Jugendlichen auf, gibt sie an sie zurück, indem er nicht selbst „Erziehungsziele" erfindet und sich immer wieder fragt, was der Jugendliche braucht, sondern: „Was will der Jugendliche?" Dann wird schnell deutlich, wo für den Erwachsenen seine Aufgaben zu finden sind: „Meine Gestaltung, mein Veränderungswille, bezieht sich auf *Räume* und Kontexte, nicht auf Menschen. Wir gestalten und verändern eventuell Räume, aber nicht Menschen. Menschen verändern sich, wenn sie es – auf der Grundlage von Erfahrungen – wollen" (ebd., 33).

Das Besondere der Erlebnispädagogik besteht in diesem Zusammenhang darin, dass sie die Kinder und Jugendlichen herausführt aus dem üblichen Raumverständnis, indem sie die Naturräume nahe bringt und dadurch vielleicht die krankmachende Wirkung der Kulturräume deutlich machen kann. Nicht die vermeintlich lebensfeindlichen Räume, „wie Berge, Felsen, Höhlen, Schluchten, wildes Wasser" (Michl 1994, 322) sind für die Menschen bedrohlich, sondern die von den Menschen geschaffenen. Das Aufsuchen naturnaher Räume macht die Gefahren deutlich, denen sich der Mensch durch seine „Zivilisierung der Erde" selbst aussetzt. Der Schutz der Natur ist deshalb mit Bestandteil erlebnispädagogischer Maßnahmen, denn „nur wer den Wert der Natur am eigenen Leibe erfährt, nur wer sie schätzt, schützt sie auch" (ebd.). Eroberung von Räumen führt dann nicht mehr zu deren Zerstörung, sondern zu ihrem Erhalt.

Auch ein anderes *Zeit*verständnis soll durch die Erlebnispädagogik geweckt werden. Sie soll „unseren schnelllebigen Alltag entschleunigen, die Langsamkeit wiederentdecken, die Vergänglichkeit vermitteln, die Ewigkeit spüren lassen“ (ebd.). Die Hast, der menschenfeindliche Zeittakt, der unsere Lebensbedingungen bestimmt, führt den Menschen weg von sich selbst, entfremdet ihn von seinem natürlichen Lebensrhythmus. „Daher muss die Erlebnispädagogik großen Wert darauf legen, dass der Leistung die Langsamkeit folgt, dass die Aktion in die schöpferische Pause mündet, dass Anstrengung und Müßiggang sich abwechseln, dass nach der Erschöpfung eine Phase der produktiven Passivität folgen kann“ (ebd.). Erlebnispädagogik könnte dadurch einen Beitrag leisten gegen die Konsumorientierung einer Wegwerfgesellschaft, die nur für den Augenblick lebt, nur dann allerdings, wenn sie es vermeidet, den spektakulären „thrill“ als Kernpunkt ihrer Maßnahmen zu verstehen, der letztlich auch wieder nur den Hang zum „konsumptiven Abenteuer“ (KOCH) verstärken würde. Eingebunden in ganzheitliche Handlungsfelder könnten diese „Spitzenerlebnisse“ jedoch beitragen zu einem Gefühl der Kontinuität des Seins, da sie die Bedeutung des Augenblicks spüren lassen, der aber nicht losgelöst ist von der eigenen Lebensgeschichte. „Die Bewältigung von abenteuerlichen Situationen ermöglicht es „jenseits von Angst und Langeweile im Tun aufgehen“ (CSIKSZENTMIHALY) zu können“ (KOCH 1994, 30), einem Zustand, den CSIKSZENTMIHALY „Flow“ nennt, in dem das Handeln nicht mehr bewusst gesteuert werden muss, sondern in ein einheitliches Fließen von einem Augenblick zum nächsten aufgeht. Das daraus entstehende Gefühl, die zu lösenden Probleme in den Griff zu bekommen hilft, Ängste abzubauen und eine vertrauensvolle Zuversicht für die Auseinandersetzung mit der Umwelt herzustellen.

Ausgestattet mit diesen Grundlagen kann dann diese Umwelt mit „Kopf, Herz und Hand“ angeeignet werden, wobei sich dieser Prozess als ein ganzheitlicher darstellen muss, in dem der Mensch, mit all seinen Sinnen, in Einklang mit der Natur kommt und zu den *Materialien* ein Beziehung herstellt, die nicht mehr konsumptiv ist, sondern von der „Liebe zum Objekt“ geprägt ist. In Situationen, in denen das „Denken“ mit dem „Machen“ über das „Erleben“ verschränkt wird, lernen die Kinder und Jugendlichen die materiale Umwelt zu verändern, gleichzeitig aber auch den Wert ihrer Erhaltung schätzen, wenn sie – in intensiver Auseinandersetzung mit den Objekten – diese neu gestalten, indem sie sie umgestalten und dadurch zu Objekten für sich werden lassen.

Die damit verbundene Veränderung der eigenen Persönlichkeit setzt an ihrer Basis, dem *Körper* an, wenn diese Prozesse ganzheitlich angelegt sind und dabei die Umwelt sinnlich begreifen und erfahren lassen. Durch den unmittelbaren Kontakt, der über den Körper zum

Gegenstand hergestellt wird, können Gefühlsqualitäten wiedererweckt werden, die einem konsumptiven Gebrauch der Gegenstände entgegenstehen. „Wenn wir im Umgang mit unserer natürlichen Umwelt dann wieder Staunen lernen, Freude spüren, Dank ausdrücken, Angst und Bedrohung an uns heranlassen, so begegnen wir der affektiven Dimension. Dazu gehört die kreative Dimension, der schöpferische Umgang mit kritischen Situationen, mit der Natur und unseren Mitmenschen, die praktische Schulung unserer Phantasie" (Michl 1994, 324). Erfahrungen werden mit allen Sinnen gemacht, in Situationen, die der Person über die Bewegung, über den Körper unmittelbare Rückmeldung ihrer Handlungsfolgen geben, dadurch auch die Nähe zur Handlung selbst und zum Gegenstand herstellen.
Dies gilt nicht nur für die Prozesse des „Denkens und Machens", in denen Umwelt gestaltet und verändert wird. Viele erlebnispädagogische Situationen stellen eine Herausforderung an die körperlichen Kräfte und Fähigkeiten des Einzelnen und der Gruppe dar und führen die Kinder und Jugendlichen wieder zurück auf ihre körperliche Basis, der sie schon oft entfremdet sind. Die erfolgreiche Meisterung dieser „widerständigen (Bewegungs-) Situationen" (Koch) vermittelt – über den Körper – unmittelbare Rückmeldung an die Person selbst und trägt somit zum Aufbau zunehmender Kompetenzen und in einem nicht unerheblichen Maße zur Steigerung des Selbstwertgefühls bei. Jedoch nur dann, wenn die ganze Persönlichkeit gefordert ist und nicht nur ihr körperlicher Teil. Nicht die sportive Bewältigung schwierigster Action- und Thrill-Situationen darf deshalb Ziel einer falsch verstandenen „Abenteuerpädagogik" sein, „sondern die Eröffnung einer interessanten Bewegungssituation, zu deren optimalen Bewältigung bestimmte Kompetenzen notwendig sind, die nach und nach in der Auseinandersetzung aufgebaut werden können" (Koch 1994, 30).

Es zeigt sich, dass die zentralen Elemente erlebnispädagogischer Maßnahmen mit den oben herausgearbeiteten grundlegenden Faktoren der psychomotorischen Entwicklungsbegleitung in Einklang stehen und deshalb auch für eine „Pädagogik des Erlebens" im Heimalltag fruchtbar gemacht werden können. Auch hier geht es darum, Situationen so zu gestalten, dass die Konfrontation mit ihnen und ihre Bewältigung zum Erlebnis werden und die dabei gewonnenen Erfahrungen in den Erfahrungsschatz der werdenden Persönlichkeit integriert werden können. Dies ist aber nur möglich, wenn Kinder und Jugendliche innerlich angerührt, betroffen gemacht werden, d.h. wenn ihre innere psychische Realität mit der äußeren zusammentrifft – im *intermediären Bereich*.

Ansatzpunkt ist dabei der *Körper*, da nur der erleben kann, der sich selber spürt. Wer seinen Körper nicht erleben kann, dem wird auch die Umwelt fern bleiben von seiner inneren Erlebniswelt, die ebenso wenig Zugang nach außen findet, wie diese in die innerpsychische Realität hineinreichen kann. Die Herstellung der Erlebnisfähigkeit ebnet den Weg dazu, der Natur und damit auch dem Menschsein wieder näher zu kommen.

Dies soll nicht heißen, dass die „natürlichen Zustände" früherer Jahrhunderte verherrlicht werden. Nicht zurück zur Natur, aber ran an die Natur. Es müssen Zugangsmöglichkeiten zu Natur*räumen* geschaffen, die Natur muss in die verbaute Umwelt hereingeholt werden.

Das Wachsen und Gedeihen, auch das Sterben von Pflanzen und Tieren vermittelt das Gefühl für natürliche Lebensrhythmen und kann dadurch einen Kontrapunkt zum industriellen *Zeit*takt bilden, dem die Kinder und Jugendlichen in ihrem Alltag ausgesetzt sind. Die Möglichkeit der Selbstversorgung mit selbst gepflanzten und selbst geernteten Lebensmitteln stellt Beziehungen her zur Natur und zum eigenen Tun, das als lebensnotwendig erlebt wird. Wind und Wetter, das Klima sind nicht mehr nur Elemente des Wetterberichts, sondern werden zu günstigen oder widrigen Umständen, welche die Veränderungen im Laufe der Jahreszeiten spüren lassen.
Umwelt wird dadurch nicht mehr aus zweiter Hand, in mediatisierter Form erlebt, sondern unmittelbar, direkt und sinnlich fassbar. Kinder und Jugendliche lernen zwischen belebten und unbelebten *Dingen* zu unterscheiden. Sie nehmen Tiere nicht mehr als Spielzeuge wahr, sondern als lebende Wesen, die zu schützen und zu achten sind. Und sie betrachten Gegenstände nicht mehr als Wegwerfartikel, die nach einmaligem Konsum Abfall sind. Spiel- und Gebrauchsgegenstände, auch die Einrichtung der Wohnung, die den Prozess ihrer Entstehung noch widerspiegelt, vermitteln das Gefühl von Sein und Werden und lassen die Mühen, sie zu erhalten als sinnvoll erscheinen.
Dies gilt auch für *Beziehungen,* die nicht formalisiert auf der Grundlage einer institutionellen Autorität aufgebaut werden, sondern als lebendige Begegnung von Kindern, Jugendlichen und Erwachsenen verstanden werden. Sie sind geprägt von persönlicher Zuneigung und dem Gefühl des gemeinsamen Wachsens und nicht vom Auftrag, Kinder und Jugendliche zu „wertvollen" Mitgliedern der menschlichen Gesellschaft erziehen zu müssen. Es bleibt die Aufgabe, Situationen zu gestalten, die partnerschaftlich bewältigt werden und somit für alle darin Beteiligten Sicherheit und Herausforderung für ein gemein-

sames Leben und Erleben bieten.
Gelingt dies, dann können auch die grundlegenden und zentralen *Themen* im gemeinsamen Entwicklungsprozess aufgegriffen und damit die erlebte Gegenwart angebunden werden an die eigene Vergangenheit und als angeeignete Erfahrung den Schritt in die Zukunft erleichtern und fördern. Kinder und Jugendliche werden, wie die Erwachsenen, zu sich selbst finden und in sozialer Gemeinschaft zusammen leben können. „So entsteht in der Welt etwas, das allen in die Kindheit scheint und worin noch niemand war: Heimat" (BLOCH 1973, 1628).

Literatur

ADL (Hrsg.): Sozialisation im Sport. Schorndorf, Hofmann 1974

Andritzky, M./Wenz-Gahler, I.: Wohnbedürfnisse. In: Andritzky, M./Selle, G. (Hrsg.): Lernbereich Wohnen. Reinbek, Rowohlt 1987, 104-141

Argyle, M.: Soziale Interaktion. Köln, Kiepenheuer und Witsch 1972

Argyle, M.: Körpersprache und Kommunikation. Paderborn, Junfermann 1989

Aucouturier, B./Lappiere, A: La symbolique du mouvement. Paris, Epi 1984; dt.: Die Symolik der Bewegung, München, Reinhardt 1998

Bachelard, G.: Poetik des Raumes. Frankfurt, Fischer 1992

Bald, K.: Kunsttherapeutische Aspekte in der Bewegungstherapie-Bewegungsarbeit mit Masken bei Verhaltensauffälligen Kindern und Jugendlichen. unveröffentl. Examensarbeit, Univ. Dortmund 1999

Balgo, R.: Bewegung und Wahrnehmung als System. Systemisch-konstruktivistische Positionen in der Psychomotorik. Schorndorf, Hofmann 1997

Balgo, R.: Systemisch-konstruktivistische Positionen in der Psychomotorik. In: Motorik 1998, 1, 2-12

Bauer, H.-G.: Zum historischen Hintergrund und Fundus der Erlebnispädagogik. In: AFET-Mitgliederrundbrief 1991 2/3, S.52-62

Baur, H.-G./Kluge, J./Stegie, E.: Elementar- und Sozialtraining für verhaltensauffällige Schüler. In: Z.f.Heilpädagogik 1977, 1, 22-33

Becker, P.: Jugendbezogene Sozialarbeit mit Körper und Bewegung in der modernen Gesellschaft. Marburg 1990

Becker, P.: Aspekte der Marburger Sozialarbeit mit Körper und Bewegung. In: Z.f.Erlebnispädagogik 1992, 9/10, 3-8

Becker, P./Schirp, J.: Bewegungs- und sportorientierte Sozialarbeit mit Jugendlichen (Projektantrag). Marburg 1986

Becker, P./Koch,J./Schirp, J.: Sport- und bewegungsorientierte Sozialarbeit mit Jugendlichen aus sozialen Brennpunkten. In: Freizeit- und Breitensport. Ahrensburg, Czwalina 1989, 182-204

Bernett, H.: Die pädagogische Neugestaltung der bürgerlichen Leibesübungen durch die Philanthropen. Schorndorf, Hofmann 1960

Bernett, H.: Nationalsozialistische Leibeserziehung. Schorndorf, Hofmann 1966

Bernett, H.: Zur Zeitgeschichte der Leibeserziehung. In: Grupe,O.(Hrsg.): Einführung in die Theorie der Leibeserziehung. Schorndorf, Hofmann 1970, 79-103

Bernett, H.: Im Brennpunkt. In: sportunterricht, 1973, 1, 1

Bernett, H.: Stichwort: Leibeserziehung. In: Röthig, Pestalozzi. (Red.): Sportwissenschaftliches Lexikon. Schorndorf, Hofmann 1973, 153

Bernett, H.: Zum Problem der Fremdbestimmung und Instrumentalisierung des Sports. In: Sportwissenschaft, 1977, 3, 139-150

Bettelheim, B.: Liebe allein genügt nicht. Stuttgart, Klett 1971

Bettelheim, B.: Der Weg aus dem Labyrinth. Frankfurt, Ullstein 1978

Bielefeld, J.: Zur curricularen Situation des Sportunterrichts an Sonderschulen für Lernbehinderte. In: Motorik, 1980, 3, 108-115

Bielefeld, J.: Bewegungserziehung mit Lernbehinderten. Schorndorf, Hofmann 1983

Bittner, G.: Die >heilenden Kräfte< im kindlichen Spiel. In: Halbfas/Maurer/ Popp (Hrsg.): Spielen, Handeln, Lernen. Stuttgart 1976

Bittner, G.: Problemkinder. Göttingen, Vandenhoeck und Ruprecht 1994

Bloch, E.: Das Prinzip Hoffnung. Frankfurt, Suhrkamp 1973

Böhnisch, L./Münchmeier, R.: Pädagogik des Jugendraums. München, Juventa 1990

Bollnow, O.F.: Der Erfahrungsbegriff in der Pädagogik. In: Z.f.Pädagogik, 14, 1968, 3, 221-252

Bollnow, O.F.: Mensch und Raum. Stuttgart, Kohlhammer 1990

Bowlby, J.: Bindung. München, Kindler 1975

Brecht, B.: Schriften zur Politik und Gesellschaft 1919-1956. Frankfurt, Suhrkamp 1973

Brocher, T.: Über averbale Kommunikation. In: Psyche 1967, 9, 633-653

Brodtmann, D.: Grenzen der Sportdidaktik. In: Sportwissenschaft 1975, 3-4, 286-297

Bullens, H.: Zur Entwicklung des begrifflichen Denkens. In: Oerter, R./Montada, L.: Entwicklungspsychologie. München, Urban &Schwarzenberg 1982, 425-474

Capra, F.: Wendezeit. München, Knaur 1988

Cohn, R. : Von der Psychoanalyse zur themenzentrierten Aktion. Stuttgart, Klett 1976

Csikszentmihalyi, M.: Flow. Stuttgart, Klett-Cotta 1992

Datler, W.: Psychoanalytische Repräsentanzenlehre und pädagogisches Handeln. In: Bittner/Ertle (Hrsg.): Pädagogik und Psychoanalyse. Würzburg 1985, 67-80

Davis, M./Wallbridge, D.: Eine Einführung in das Werk von D.W.Winnicott. Stuttgart, Klett-Cotta 1983

Denzer, M.: Mein Auto, das bin ich. Auf der Suche nach der>Persönlichkeit< in einer psychomotorischen Entwicklungsförderung. In: Motorik, 1992, 4, 222

Denzer, M.: Die mit dem Wind tanzen. In: Motorik, 1997, 4, 148-157

Descartes, R.: Meditationen über die Erste Philosophie. Stuttgart, Reclam 1976

Deutsche Shell (Hrsg.): Jugend 2000. 13. Shellstudie. Opladen, leske +budrich 2000

Diem,C.: Geschichte des Sports und der Olympischen Spiele.Hamburg, Deutscher Bücherbund 1971

Dietrich, K./Landau, G.: Sportpädagogik. Reinbek, Rowohlt 1990

Dörr, F.: Erlebnis. In: Lexikon der Pädagogik. Freiburg, Herder 1952, 982-987

Doll-Tepper, G.: Der Sportunterricht an der Sonderschule für Lernbehinderte. In: ADL (Hrsg.): Sport – Lehren und Lernen. Schorndorf, Hofmann 1976, 92-97

Dornes, M.: Der kompetente Säugling.Frankfurt, Fischer 1993

Ebel, W.: Heimat. In: Lexikon der Pädagogik. Freiburg, Herder 1953

Eckert, R.A.: Psychomotorik in der Entwicklung. Geschichte, Gegenwart und Perspektiven der Psychomotorik in Deutschland, insbesondere im Hinblick auf die Arbeit mit Sprachbehinderten. In: Lotzmann: Psychomotorik in der Sprach-, Sprech- und Stimmtherapie. 1992, 61-97

Ellgring, H.: Nonverbale Kommunikation. In: Rosenbusch, H.S./Schober, O. (Hrsg.): Körpersprache in der schulischen Erziehung. Baltmannsweiler, Pädagogischer Verlag Burgbücherei Schneider 1986, 7-48

Erikson, E.H.: Kindheit und Gesellschaft. Stuttgart, Klett 1974

Erikson, E.H.: Identität und Lebenszyklus. Frankfurt, Fischer 1973

Eylarduswerk (Hrsg.): Innovation in der Jugendhilfe durch „Video-Home-Training". Bad Bentheim 1996

Fast, J.: Körpersprache. Reinbek, Rowohlt 1990

Fessler, N./Schraag, M.: Integration durch Koperation. In: Sportunterricht, 1993, 12, 519-528

Fischer, W.: Die Bedeutung der Leibesübungen für die Gesamterziehung des Menschen. In: Plessner, H. u.a.(Hrsg).: Sport und Leibeserziehung. München, Piper 1973, 158-167

Flosdorf, P.: Räume und deren strukturierender Einfluß auf das Erleben und Verhalten. In: Flosdorf,P.:Theorie und Praxis stationärer Erziehungshilfe Bd.2. Freiburg, Lambertus 1988, 9-21

Foucault, M.: Überwachen und Strafen. Frankfurt, Suhrkamp 1977

Friedrich, L.: Johann Heinrich Pestalozzi. Lüneburg, Neubauer 1991

Funke, J.: Psychomotorik in der Schule. In: Motorik 1988, 4, 119-126

Größing,S.: Bewegungskultur und Bewegungserziehung. Schorndorf, Hofmann 1993

Grüsser, O.J.: Zeit und Gehirn. In: Die Zeit. München, Piper 1989, 97 -132

Grupe, O.: Anthropologische Grundlagen und pädagogische Zielvorstellungen der Leibeserziehung. In: Grupe, O.(Hrsg.): Einführung in die Theorie der Leibeserziehung. Schorndorf Hofmann 1968, 15-43

Gstettner, P.: Die Eroberung des Kindes durch die Wissenschaft. Reinbek, Rowohlt 1981

Gutsche, K.-J.: Die historische Entwicklung der Leibeserziehung und ihrer Theorie in Deutschland bis Anfang des 20. Jahrhunderts. In:Pressedienst Wissenschaft: Sportwissenschaft in der Entwicklung. Berlin, Freie Universität 1973. 168-175

Haan de, G.: Zeit. In: Lenzen, D.(Hrsg.): Pädagogische Grundbegriffe. Reinbek, Rowohlt 1989, 1633-1637

Haas, R.: Entwicklung und Bewegung. Schorndorf, Hofmann 1999

Haas, R.: Entwicklung und Bewegung-Psychomotorische Therapie auf der Basis eines multifaktoriellen Gesamtbildes. In: Motorik 2000, 1, 11-21

Hammer, R.: Die Entwicklung der außerschulischen Erziehung durch Sport vom Beginn des 19.Jahrhunderts bis zum ersten Weltkrieg. Unveröff. Examensarbeit. München 1976

Hammer, R.: Alles im Griff – Elementare Bewegungserfahrungen mit der greifenden Hand, in: Motorik 1987, 4, 150-157.

Hammer, R.: Das Ungeheuer von Loch Ness. In: Motorik 1992, 4, 241-248.

Hammer, R.: Der Raum im Heimalltag. In: Jugendwohl 1992b, 10, 457-468

Hammer, R.: Bewegung in der Heimerziehung. Inaugur. Dissertation Univ. Dortmund 1995

Hammer, R.: Der weiße Hai. In: Passolt, M. (Hrsg.):Mototherapeutische Arbeit mit hyperaktiven Kindern. München, Reinhardt 1996, 120-142

Hammer, R.: „...in seiner Einheit von Wahrnehmen, Erleben und Bewegen..." – auf der Suche nach dem Erleben in der Psychomotorik. In: Motorik 1997, 4, 134-147

Hammer, R.: Aus Fehlern wird man klug – Ein Handlungsforschungsprojekt zur Psychomotorik in einer Heimwohngruppe. In: Motorik 1999, 3, 120-128

Hammer, R.: Psychomotorisch ins Chaos. In: Praxis der Psychomotorik 1999b, 2, 76-83

Heckhausen, H.: Lehrer-Schüler-Interaktion. In: Weinert, F.E., u.a. (Hrsg.): Pädagogische Psychologie Bd.I. Frankfurt, Fischer 1974, 547-573

Heckmair, B./Michl, W.: Erleben und Lernen. Neuwied, Luchterhand 1993

Heidemann, R.: Körpersprache vor der Klasse. Heidelberg, Quelle &Meyer 1992

Heine, B.: Raumerleben sech- bis zehnjähriger Kinder. Diss. Göttingen 1990

Heinemann, P.: Grundriß einer Pädagogik der nonverbalen Kommunikation. Saarbrücken, Aloys Henn 1976

Henley, N.M.: Körperstrategien. Frankfurt, Fischer 1991

Hentig, H.v.: Lerngelegenheiten für den Sport. In: Sportwissenschaft 1972, 3, 239-258

Hinte, W.: Erlebnis oder Pädagogik. In: Maaß, V. (Hrsg.): Erlebnispädagogik in der Erziehungshilfe. Rendsburg 1992, 20-47

Höhne, M.: Motopädagogik in der Sonderschule. In: Irmischer, T./Fischer, K. (Red.): Psychomotorik in der Entwicklung. Schorndorf, Hofmann 1989, 99-112

Hölter, G.: Leistungsmotivation und Verhaltensauffälligkeit. Inaugural Dissertation, Köln 1978

Hölter, G.: „Balancieren ist nicht immer genug!". In: Motorik, 7, 1984, 4, 167-171

Hölter, G./Mattner, D./Seewald, J.: Motopädagogik-Facette in der Sonderpädagogik oder ein neuer bewegungspädagogisdcher Ansatz? In: Scherler, K.-H- (Red.): Sportpädagogik – wohin? DVS-Protokolle Nr. 36. Clausthal – Zellerfeld 1989, 63-86

Hünnekens, H./ Kiphard,E.J.: Bewegung heilt – Psychomotorische Übungsbehandlung bei entwicklungsrückständigen Kindern. Gütersloh, Flöttmann 1960

Irmischer, T.: Didaktik des Sportunterrichts an der Schule für Lernbehinderte. Dortmund, modernes lernen 1984

Irmischer, T.: Ursprünge. In: Irmischer, T./Fischer, K. (Red.): Psychomotorik in der Entwicklung. Schorndorf, Hofmann 1989, 9-18.

Itard, J.: Gutachten und Bericht über Victor von Aveyron. In: Malson, L.u.a. (Hrsg.): Die wilden Kinder. Frankfurt, Suhrkamp 1974, 105-220

Jöhrens, H.: Der Einsatz des großen Trampolins in der psychomotorischen Förderung von sehbehinderten Kindern. In: Motorik 1999, 4, 181-186

Kadinski, D.: Die Entwicklung des Ich beim Kinde. Frankfurt, Fischer 1983

Kamper, D./Wulf, Ch.: Die Wiederkehr des Körpers. Frankfurt, Suhrkamp 1982

Kannicht, A.: Herumhängen, Blödeln, Action machen. In: deutsche jugend, 1983, 311-322

Kapustin, P./Größing, S.: Lehren und Lernen im Sportunterricht an Sonderschulen für Erziehungsschwierige/Verhaltensauffällige. In: ADL(Hrsg.): Sport – Lehren und Lernen. Schorndorf, Hofmann 1976, 73-77

Kapustin, P.: Schülerprobleme und Problemschüler. In: Sportpädagogik, 1979, 3, 6-9

Kapustin, P.: Sport mit verhaltensgestörten Kindern und Jugendlichen. Hagen, Fernuniversität o.J.

Kaufhold, R./Krumenacker, F-J.: Bruno Bettelheims Orthogenic School. In: Büttner, Ch./Elschenbroich, D./Ende, A. (Hrsg.): Kinderbilder – Männerbilder. Weinheim, Beltz 1993, S. 22-39

Khan,M.: Das Werk von D.W.Winnicott. In: Elke,D.(Hrsg.): Die Psychologie des 20.Jahrhunderts III. Freud und die Folgen Bd.2. Zürich, Kindler 1977, 348-381:

Kiphard, E.J.: Möglichkeiten der Beeinflussung kindlicher Sozialverhaltensstörungen durch heilpädagogisch orientierte Leibesübungen. In: ADL (Hrsg.): Sozialisation im Sport. Schorndorf, Hofmann 1974, 45 54

Kiphard, E.J.: Leibesübungen als Therapie. Gütersloh, Flöttmann 1980

Kiphard, E.J.: Psychomotorik in Praxis und Theorie. Gütersloh, Flöttmann 1989

Kiphard, E.J.: Psychomotorische Erziehung (Motopädagogik). In: Goetze, H./ Neukäter, H.: Pädagogik bei Verhaltensstörungen. Berlin, Marhold 1989

Klaes, R./Schnurnberger, M.: Auf dem Weg zu einer systemischen Bewegungstherapie in kinder- und jugendpsychiatrischen Kontexten. Unv. Manuskript 1998

Klafki, W.: Studien zur Bildungstheorie und Didaktik. Weinheim, Beltz 1974

Klafki, W.: Neue Studien zur Bildungstheorie und Didaktik. Weinheim, Beltz 1985

Kliphuis, M.: Die Hantierung kreativer Prozesse in Bildung und Hilfeleistung. In: Wils, L. (Hrsg): Spielenderweise. Leverkusen, Putty 1977

Koch, J.: Flüsse, Flöße, Floßgesellen. Marburg 1989

Koch, J.: Abenteuer und Risiko als pädagogische Kategorien. In: Z.f.Sportpädagogik 1994, 5, 23-37

Kopp, B.: Sport für verhaltensgestörte Kinder und Jugendliche. Schorndorf, Hofmann 1976

Kossen, J.: Rudern als Therapie bei psychisch gestörten Jugendlichen. In: Z.f.Heilpädagogik 1977, 1, 6-21

Krockow v., Chr.: Heimat. München, dtv 1992

Kükelhaus, H.: Organismus und Technik. Frankfurt, Fischer 1979

Kurz, D.: Handlungsfähigkeit im Sport – eine Leitidee einer pragmatischen Fachdidaktik. In: Spitzer,G./Schmidt, D. (Red.): Sport zwischen Eigenständigkeit und Fremdbestimmung. Schorndorf, Hofmann 1986, 28-43

Kurz, D.: Vom „Vollzug von Leibesübungen“ zur „Handlungsfähigkeit im Sport“. In: Peper, D./Christmann, E.(Hrsg.): Zur Standortbestimmung der Sportpädagogik. Schorndorf, Hofmann 1987, 52-67

Kutschmann, W.: Der Naturwissenschaftler und sein Körper. Frankfurt, Suhrkamp 1986

Lippitz, W.: Räume – von Kindern erlebt und gelebt. In: Lippitz, W./ Rittelmeyer, Chr. (Hrsg.): Phänomene des Kinderlebens. Bad Heilbrunn, Klinkhardt 1989, 93-106

Litt, Th.: Führen oder Wachsenlassen. Stuttgart, Klett 1958

Lüpke, H.v.: Der Zappelphilipp, in: Voss, R.(Hrsg.): Pillen für den Störenfried. München, Reinhardt 1983

Lüpke, v. H.: „Kinder, die nicht tun, was sie tun könnten". Motorische Entwicklungsverzögerung unter psychodynamischen Aspekten. In: Hölter, G. (Hg.): Bewegung und Therapie. Dortmund, modernes lernen 1988

Lüpke, H.v.: Hyperaktivität zwischen „Stoffwechselstörung" und Psychodynamik. In Passolt, M. (Hrsg.): Hyperaktivität zwischen Psychoanalyse, Systemtheorie und Neurobiologie. München, Reinhardt, im Druck.

Mahler,M.S./Pine, F./Bergmann,A.: Die psychische Geburt des Menschen. Frankfurt, Fischer 1985

Mahlke, W./Schwarte, N.: Wohnen als Lebenshilfe. Weinheim, Beltz 1985

Mahlke, W. u.a.: Der gestaltete Raum im Heim und in der Familie als Lebenshilfe für Kinder, Jugendliche und Erwachsene (Zwischenbericht), Nürnberg 1986

Mahlke, W. u.a.: Der gestaltete Raum (Forschungsbericht). Nürnberg 1987

Mahlke, W./Schwarte, N.: Raum für Kinder. Weinheim, Beltz 1989

Makarenko, A.S.: Eine Auswahl. Berlin, das europäische Buch 1974

Malson, L./Itard, J./ Mannoni, O.: Die wilden Kinder. Frankfurt, Suhrkamp 1974

Mattner, D.: Angewandte Motologie als ganzheitliche Therapie. Motorik, 8, 1985, 2, 67-72.

Mattner, D.: Zum Problem der Ganzheitlichkeit innerhalb der Motologie. Motorik 10, 1987, 1, 19-29

Mattner, D.: Anthropologische Bestimmungen der Mototherapie.In: Motorik,1989, 4, 142-149.

Maturana, H.R./Varela, F.J.: Der Baum der Erkenntnis. München, Goldmann 1990

Meinberg, E.: Überlegungen zum Verhältnis von Erziehungswissenschaft und Sportpädagogik. In: Peper, D./ Christmann, E.(Hrsg.): Zur Standortbestimmung der Sportpädagogik. Schorndorf, Hofmann 1987, 31-51

Metzmacher, B.: Integrative Bewegungstherapie mit Kindern. In: Petzold, H./Ramin, G.(Hrsg.): Schulen der Kinderpsychotherapie.Paderborn, Junfermann 1987

Michl, W.: Dimensionen des Lernens in der Erlebnispädagogik. In:Jugendwohl, 1994, 10, 318-326

Miller, R.: Einführung in die Ökologische Psychologie. Opladen, Leske + Budrich 1986

Mitscherlich, A.: Die Unwirtlichkeit der Städte. Frankfurt, Suhrkamp 1965

Montagu, A.: Körperkontakt. Die Bedeutung der Haut für die Entwicklung des Menschen. Stuttgart, Klett-Cotta 1994

Mundt, J.W.: Vorschulkinder und ihre Umwelt. Weinheim, Beltz 1980

Neubaur, C.: Übergänge. Spiel und Realität in der Psychoanalyse D.W.Winnicotts. Frankfurt. Athenäum 1987:

Neubert, W.: Das Erleben in der Pädagogik. Lüneburg, Neubauer (1930) 1990

Nienstedt, M./Westermann, A.: Pflegekinder. Münster, Votum 1992

Nowotny, H.: Eigenzeit. Frankfurt, Suhrkamp 1993

Oerter, R.: Zur Entwicklung der Motivation und Handlungssteuerung. In Oerter, R./Montada, L. (Hrsg.): Entwicklungspsychologie. München, Urban &Schwarzenberg 1982, 567-632

Peper, D.: Stichwort Leibesübungen. In: Röthig, P. (Red.):Sportwissenschaftliches Lexikon. Schorndorf, Hofmann 1973, 153f

Petri, H.: Zur Psychoanalyse der Hoffnung. In: Psychosozial 16, 1993, 2, 109-118

Petri, H.: Erziehungsgewalt. Frankfurt, Fischer 1989

Petzold, H.: Thymopraktik als Verfahren Integrativer Therapie. In: Petzold, H. (Hrsg.): Die neuen Körpertherapien. München, dtv 1992, 11-74

Piaget, J./Inhelder, B.: Die Psychologie des Kindes. Frankfurt, Fischer 1983

Pöppel, E.: Wo bin ich? In: Funkkolleg >Der Mensch<, Tübingen 1993, STE 20

Popplow, U.: Leibesübungen und Leibeserziehung in der griechischen Antike. Schorndorf, Hofmann 1960

Prechtl, S.: Kommt der Aspekt des subjektiven Bewegungserlebens in der Theorie der Motopädagogik zu kurz? Motorik, 9 (1986), 4, 120-126

Prenner, K.: Zum sozialen Wandel von Kindheit und Bewegungswelt. In: Irmischer, T./Fischer, K. (Red.): Psychomotorik in der Entwicklung. Schorndorf, Hofmann 1989

Prenner, K.: Psychomotorische Förderung auf dem großen Trampolin. In: Praxis der Psychomotorik 1995, 1, 37-41

Prömm, P.: Bewegungsbild und menschliche Gestalt. Stuttgart, Freies Geistesleben 1978

Projektgruppe Puma: Entwicklung eines lebensweltnahen Konzepts der psychomotorischen Förderung von Problemkindern in Heim und Familie (Zwischenbericht). Neunkirchen 1993:

Projektgruppe Puma: Entwicklung eines lebensweltnahen Konzepts der psychomotorischen Förderung von Problemkindern in Heim und Familie (Abschlußbericht). Neunkirchen 1994:

Ramin,G./Petzold,H.: Integrative Therapie mit Kindern. In:Petzold,H./Ramin, G.(Hrsg.): Schulen der Kinderpsychotherapie. Paderborn, Junfermann 1987:

Redl, F./ Wineman, D.: Kinder, die hassen. München, Piper 1984

Redl, F./ Wineman, D.: Steuerung des aggressiven Verhaltens beim Kind. München, Piper 1990

Rieder, H.: Sport als Therapie. Berlin, Bartels & Wernitz 1971

Romer, G.: Zur Prävention von Psychischen und psychosomatischen Störungen am Beispiel von Ernährungsschwierigkeiten im Säuglingsalter. Freiburg, Inaugural-Dissertation 1993

Rosenbusch, H.S.:Die Beachtung nonverbaler Kommunikation als Beitrag zur Kommunikationshygiene in Unterrichtsprozessen. In: Rosenbusch, H.S./Schober, O. (Hrsg.): Körpersprache in der schulischen Erziehung. Baltmannsweiler, Pädagogischer Verlag Burgbücherei Schneider 1986, 49-72

Roth, G.: Das Gehirn und seine Wirklichkeit. Frankfurt, Suhrkamp 1999

Rotmann, M.: Über die Bedeutung des Vaters in der „Wiederannäherungsphase". In: Psyche, 12, 1978, 1105-1147

Schäfer, G.E.: Lernen und Selbstbezug. In: Kindheit 1982, 665-75

Schäfer, G.E.: Spiel, Spielraum und Verständigung. Weinheim, Juventa 1986

Schäfer, G.E.: Spielphantasie und Spielumwelt. Weinheim, Juventa 1989

Scheller, I.: Arbeit an Haltungen. In: Scholz, R./Schubert, P. (Hrsg.): Körpererfahrung. Reinbek, Rowohlt 1982, 230-253

Scherler, K.-H.: Umwelt als Bewegungsraum. In: Sportpädagogik 3, 1979, 6, 16-25

Schick, E.-M.: Zur Bewegungserziehung in der Familie. Schorndorf, Hoffmann 1981

Schilling, F.: Das Konzept der Psychomotorik. In: Huber, G./Rieder, H./Neuhäuser, G. (Hrsg.): Psychomotorik in Therapie und Pädagogik. Dortmund, modernes lernen 1990, 57-78

Schilling, F.: Bewegung und Sport für lernbehinderte und verhaltensgestörte Schülerinnen und Schüler. In: Speike-Bardorff, S. (Hrsg.): >Integration durch Sport<. Frankfurt, Sportjugend Hessen 1992

Schleske, W.: Abenteuer – Wagnis – Risiko im Sport. Schorndorf, Hofmann 1977

Schlippe, A.v./Schweitzer, J.: Lehrbuch der systemischen Therapie und Beratung. Göttingen, Vandenhoeck & Ruprecht 1997

Schnoor, H.: Psychoanalyse der Hoffnung. Heidelberg, Asanger 1988

Schrader, W.: Heilpädagogische Heimerziehung bei Kindern und Jugendlichen mit Verhaltensstörungen und Lernbehinderungen. Frankfurt, Lang 1991

Schüler, W.W.: Sozialpädagogische Intervention durch Sport. Berlin, Marhold 1991

Schulz, M./Richter, : Erlebnispädagogik im Heimalltag. In: Standortbestimmung der Erlebnispädagogik in der Erziehungshilfe. Rendsburg, Ev. Jugenddorf 1991, 97-104

Schulz v. Thun, F.: Miteinander Reden Bd.2. Reinbek, Rowohlt 1990

Seewald, J.: Leiblichkeit und symbolische Entwicklung. Dissertation, Univ. Marburg 1989

Seewald, J.: Von der Psychomotorik zur Motologie - Über den Prozeß der Verwissenschaftlichung einer >Meisterlehre<. In: Motorik, 1991, 1, 3-16

Seewald, J.: Kritische Überlegungen zum Verhältnis von Theorie und Praxis in der Motologie. In: Motorik, 1992, 2, 80-93

Seewald, J.: Vorläufiges zu einer >verstehenden Motologie<. In: Motorik, 1992, 4, 204 - 221.

Seewald, J.: Zwischen Pädagogik und Therapie – Entwicklungsförderung als Paradigma der Psychomotorik. In: Praxis der Psychomotorik, 23 (3) 1998, 136-143

Sigrell, B.: Problemkinder in der Schule. Weinheim, Beltz 1971

Sommer, M.: Sport. In: Kanter, G.O./Speck, O. (Hrsg.): Pädagogik der Lernbehinderten. Berlin, Marhold 1980, 419-431

Spitz, R.: Vom Säugling zum Kleinkind. Stuttgart, Klett-Cotta 1987

Stahlmann, M.: Erlebnispädagogik in der Heimerziehung - Action oder Alltag?. In: Z.f. Erlebnispädagogik, 14, 1994, 9, 22 – 31

Thomae, H.: Das Individuum und seine Welt. Eine Persönlichkeitstheorie. Göttingen, Hogrefe 1988

Toballa, R.: Ziele der Leibeserziehung im deutschen Schulwesen 1842 - 1945. In: Pressedienst Wissenschaft: Sportwissenschaft in der Entwicklung. Berlin, Freie Universität 1973. 186-193

Vinnai, G.: Leibeserziehung als Ideologie. In: Vinnai, G. (Hrsg.): Sport in der Klassengesellschaft. Frankfurt, Fischer 1972, 9-25

Volkamer, M.: Leibesübungen als psychotherapeutisches Mittel bei verhaltensgestörten Kindern. In: Eggert, D./Kiphard, E.J. (Hrsg.): Die Bedeutung der Motorik für die Entwicklung normaler und behinderter Kinder. Schorndorf, Hofmann 1972, 41-53

Voß, R./Wirtz, R.: Keine Pillen für den Zappelphilipp. Reinbek, Rowohlt 1990

Wagner-Winterhager, L.: Heroische Mythen-Repressive Entsublimierung durch Gewalt-Videos? In: Trescher, H.-G./Büttner, Ch. (Hrsg.): Jahrbuch für Psychoanalytische Pädagogik 1. Mainz, Mathias-Grünewald 1989, 32-55

Watzlawick, P./Beavin, J.H./Jackson, D.D.: Menschliche Kommunikation. Bern, Huber 1990

Weizsäcker, C.F.v.: Zeit und Wissen. München, Hanser 1992

Wenz-Gahler, I.: Wohnen mit Kindern. In: Andritzky, M./Selle, G. (Hrsg.): Lernbereich Wohnen. Reinbek, Rowohlt 1987, 298-311

Wiegersma, P.H.: Psychomotorik, Körperschema und Körpererleben. In: Eggert, D./Kiphard, E.J. (Hrsg.): Die Bedeutung der Motorik für die Entwicklung normaler und behinderter Kinder. Schorndorf, Hofmann 1972

Winnicott, D.W.: Vom Spiel zur Kreativität. Stuttgart, Klett 1973

Winnicott, D.W.: Von der Kinderheilkunde zur Psychoanalyse. München, Kindler 1976

Winnicott, D.W.: Aggression. Stuttgart, Klett-Cotta 1984

Winnicott, D.W.: Der Anfang ist unsere Heimat. Stuttgart, Klett-Cotta 1990

Wolffersdorff, v. C.: Perspektiven der Jugendhilfe in der Zweidrittelgesellschaft. In: AFET 1995, 1, 4-10

Woschkind, U.: Untersuchungen zur Motorik bei Volks- und Hilfsschulkindern. In: Z.f.Heilpädagogik 1967, 1

Zeiher, H.: Die vielen Räume der Kinder. In: Preuss-Lausitz u.a. (Hrsg.): Kriegskinder, Konsumkinder, Krisenkinder. Weinheim, Beltz 1983, 176-195

Ziehe, T./Stubenrauch, H.: Plädoyer für ungewöhnliches Lernen. Reinbek, Rowohlt 1982

Zinn, H.: Der Einfluss der Wohnumwelt auf die Sozialisation von Kindern. In: Kindheit 1979, 1, 293-310

Zulliger, H.: Heilende Kräfte im kindlichen Spiel. Frankfurt, Fischer 1970